D1664643

PROverbis | Roman

Impressum

A. Schandl/E. Gressl: Jailbreak. Nur nicht im Gefängnis sterben

© 2014 PROverbis e.U., Wien

1. Auflage 2013
ISBN 978-3-902838-14-8

Satz und Gestaltung: PROverbis e.U., Wien
Umschlag: PROverbis e.U., Wien, Coverfoto: © rustyphil/123RF

Druck: Alket, Wien
Gesetzt aus der Adobe Garamond Pro

Bibliografische Information der Deutschen Bibliothek
Die Deutsche Bibliothek verzeichnet diese Publikation in der Deutschen Nationalbibliografie; detaillierte bibliografische Daten sind im Internet über http://dnb.ddb.de abrufbar.

Jailbreak

Nur nicht im Gefängnis sterben

Ein Tatsachen-Krimi

von

Adolf Schandl
und Engelbert Gressl

PROverbis | Roman

Vorwort

Meiner Tochter gewidmet:
Ich möchte mich hier bei dir in aller Form
dafür entschuldigen, dass ich nicht da war,
als du mich so dringend gebraucht hättest.
Erst heute kann ich ermessen,
was ich dir angetan habe.
Bitte verzeih mir!

Vorwort

Wenn alles so gekommen wäre, wie ich es wollte, dann würde es dieses Buch gar nicht geben. Dann wäre ich heute ein liebenswerter Pensionist, der den Herbst seines Lebens genießt und an dessen Vergangenheit gar kein Interesse besteht.

Aber bekannterweise kam es ganz anders. Auf den ersten Blick hatte ich ein abenteuerliches Leben, nur, die Wahrheit liegt wesentlich tiefer und hat viele Facetten.

Man hat mich als „Staatsfeind Nummer 1" bezeichnet, was ganz sicher eine totale Fehleinschätzung ist. Wenn ich überhaupt einen Feind habe, dann sind es die kleinen und großen Dämonen in mir, die in kurzen Phasen meines Lebens die Oberhand gewannen, was dann für lange Zeit bittere Konsequenzen nach sich zog.

Ich bin ein Mensch, dem man viele Jahre lang seine Freiheit genommen hat, aber meinen Geist konnte niemand beeinflussen, keine Isolationshaft, keine Korrekturzelle ...

Die wahren Gründe hinter all meiner Verzweiflung interessierten niemanden, all die Missverständnisse und die Verbrechen, die darauf folgten.

Ich war immer nur als kaltblütiger Ausbrecher und Geiselnehmer bekannt, als Schwerverbrecher ... Aber in Wahrheit war ich ein Verzweifelter, der ungerecht behandelt wurde – und darin liegt der Kern der Ereignisse.

Es liegt mir fern, mit diesem Buch eine Rechtfertigung für mein Handeln liefern zu wollen. Ich weiß, dass ich viel – nein, sehr viel – falsch gemacht habe, aber hinter all meinem Tun lag als Ursache das Gefühl, ungerecht behandelt worden zu sein. Und Ungerechtigkeit ertrage ich nicht, habe ich nie ertragen ...

Ich bitte Sie deshalb in aller Bescheidenheit, sich selbst eine Meinung zu bilden.

Mein allergrößter Wunsch ist, dass Sie nach der Lektüre dieses Buches meine Meinung teilen, dass die „Korrektion" in Gefängnissen keine geeignete Maßnahme ist, um gestrauchelte Menschen wieder zu guten Mitgliedern der Gesellschaft zu machen. Dieser Weg ist der unpassende Ansatz, weil er bloß den Nährboden für Verzweiflung und Aggression bildet und andererseits kaum Ansätze für irgendeine „Korrektur" mit sich bringt. Ganz im Gegenteil: Viele lernen erst im Gefängnis so richtig jene Verhaltensweisen, die unserer Gesellschaft schaden. Dann kommt oft aufgrund der erst auf diesem Nährboden entstandenen Gesinnung eine neuerliche Haft, dann wird wieder dazugelernt und die Spirale dreht sich weiter ...

Ich bitte Sie, mich nicht falsch zu verstehen: Jede Straftat an der Gesellschaft muss Konsequenzen haben. Nur, wie diese beschaffen sein sollen, dass sie die Gestrauchelten auch wieder aufrichten, darüber sollte man sich Gedanken machen.

Menschen einfach nur wegzusperren, schafft tickende Zeitbomben.

Ich war eine davon ...

20. Februar 2014

Auf der Flucht
Freiheit oder Tod

Spätestens jetzt war es klar: Fred war nicht der geübte Auto-fahrer, der er vorgegeben hatte zu sein. Völlig entnervt hatte er schon einige Male versucht, den sperrigen Bus auf der schmalen Straße zu wenden. Schweißperlen standen auf seiner Stirn und seine Bewegungen wurden immer fahriger. Nervös riss er erneut den Schaltknüppel nach hinten, dass die Zahnräder des Getriebes nur so krachten.

„Einen schönen Gruß von der Kupplung", murmelte er. Mit der – zumindest seiner Meinung nach – amüsanten Bemerkung wollte er davon ablenken, wie peinlich ihm sein Versagen gerade jetzt war. Und während er glaubte, die Situation wieder im Griff zu haben, und den Wagen zurück-setzte, hörten wir es am Heck knirschen. In der Hektik hatte Fred nicht in den Spiegel gesehen und wäre beinahe in den Graben gefahren. Das Heck unseres Fluchtfahrzeugs stand schon tief in einem Busch und die Äste kratzten am Lack.

„Bitte konzentrier dich. Wir brauchen den Wagen noch."

Fred nickte und bemühte sich.

Als er es endlich geschafft hatte, den Bus zu reversieren, blendete er die Scheinwerfer wieder auf, die er vorsichtshal-ber abgeschalten hatte, als wir auf die Nebenstraße abgebo-gen waren. Und da sahen wir sie: Zwei Gendarmeriefahr-zeuge versperrten die Ausfahrt zurück auf die Bundesstraße und einige Beamte, die mit Maschinenpistolen bewaffnet waren, hatten ihre Fahrzeuge verlassen und näherten sich uns vorsichtig. Sie mussten unser Manöver mitbekommen haben.

Ich sah zuerst dem Richter und dann Major Howanietz direkt in die Augen und sagte so entschlossen wie möglich: „Das war's dann, meine Herren! Wie Sie wissen, haben wir das nie beabsichtigt, aber jetzt kommt es zum blutigen Ende."

Ich hielt die Pistole an die Schläfe des Richters und entschuldigte mich bei ihm: „Es tut mir leid, aber nun ist es vorbei. Zuerst Sie, dann ich."

Der Richter war aschfahl im Gesicht und wirkte wie versteinert, während die Polizisten von vorne langsam auf uns zu kamen, ganz ohne jede Deckung. Offensichtlich waren sie sich ihrer Sache sehr sicher oder sie bedachten einfach die möglichen Konsequenzen ihres Handelns nicht.

„Kapieren die nicht, dass wir es ernst meinen?! Die sind doch zum Scheißen zu blöd!", brüllte Fred, dessen Nerven blank lagen. „Ich werde sie über den Haufen fahren."

„Nein, das ist sinnlos", antwortete ich, „die Autos sind so abgestellt, dass wir nicht hinaus können. Jetzt wird es ernst."

„Bitte lassen Sie mich die Angelegenheit regeln", meldete sich der ansonsten wortkarge Major zu Wort. „Ich habe versprochen, die Sache nicht eskalieren zu lassen, und das mache ich jetzt."

Ich öffnete ein Fenster des Gefangenentransporters. Kalte, frische Waldluft strömte herein. Draußen war es ruhig. Die Polizisten waren stehengeblieben, als sie bemerkten, dass sich bei uns etwas bewegte.

Die Hände mit Handschellen gefesselt streckte der bullige Mann den Kopf in die Nacht hinaus und schrie, so laut er konnte, mit sich fast überschlagender Stimme: „Seid ihr wahnsinnig? Wollt ihr hier ein Blutbad verursachen? Ich bin euer Vorgesetzter, Major Howanietz, und ich gebe euch den Befehl, sofort zu verschwinden. Macht den Weg frei! Die meinen es ernst!"

Die Gendarmen traten zusammen und nach kurzer Beratung zogen sie sich tatsächlich zurück. Sie gingen zu den Einsatzfahrzeugen, stiegen ein und fuhren im Retourgang an den Straßenrand, sodass die Ausfahrt für uns frei wurde.

Aufatmen im Fluchtfahrzeug. Gemächlich lenkte Fred den Bus zwischen den Gendarmeriefahrzeugen hindurch wieder auf die Bundesstraße und wir fuhren weiter in Richtung Wien.

„Herzlichen Dank", sagte ich zum Major und deutete eine Verbeugung an.

„Gern geschehen", murmelte dieser souverän und es huschte sogar ein kurzes Lächeln über seine Lippen.

*

Unser Ausbruch aus dem damals sichersten Gefängnis Österreichs, der Haftanstalt in Stein an der Donau, war erst ein paar Stunden her, aber mir kam es wie eine Ewigkeit vor. Wobei, noch waren wir nicht wirklich frei, noch waren wir auf der Flucht, in einem VW-Bus der Justizwache, mit zwei Geiseln, die unser Ticket in die Freiheit sein sollten. Aber da muss ich, glaube ich, früher ansetzen.

Die Justizanstalt Stein a. d. Donau, wo ich meine Strafe absitzen sollte, war – nach dem „Grauen Haus", dem Landesgericht in Wien, in dem mehr als tausend Insassen ihr Schicksal erwarten – die zweitgrößte Justizanstalt Österreichs, als Strafvollzugsanstalt war und ist sie bis heute die größte Haftanstalt der Alpenrepublik.

In Stein, von uns Häftlingen nur der „Felsen" genannt, werden nur männliche Strafgefangene untergebracht, die zu einer Haft von über eineinhalb Jahren bis zu lebenslang verurteilt wurden. Konzipiert war das Gefängnis, ein ehemaliges Redemptoristinnenkloster, das 1850 von der Justiz angekauft und dann als „k.k. Zellengefängnis" adaptiert wurde, für rund 800 Häftlinge, doch die Anzahl der

Menschen, die dort zwangsweise untergebracht sind, übersteigt diese Zahl meistens. Zusätzlich zu den „normalen" Häftlingen sind in Stein nämlich auch unzurechnungsfähige, geistig abnorme Rechtsbrecher untergebracht, Männer, die wegen ihrer Gefährlichkeit für die Allgemeinheit oder aufgrund des Strafausmaßes nicht in anderen Justizanstalten inhaftierbar sind, also besonders gesichert verwahrt werden müssen.

Heute fast vergessen sind die tragischen Ereignisse, die sich im Zusammenhang mit der Haftanstalt Stein im April 1945, also kurz vor Ende des Zweiten Weltkrieges, ereigneten: Als die Rote Armee näher rückte, entschloss sich der damalige, humanistisch gesinnte Anstaltsleiter, alle Häftlinge, die nicht als „gemeingefährlich" eingestuft waren, freizulassen. Einige Justizwachebeamte meldeten das eigenmächtige Vorgehen ihres Kommandanten der NSDAP. Die Nazis schritten sofort ein, versperrten sämtliche Ausgänge und erschossen alle noch in der Anstalt befindlichen Häftlinge, aber auch den Anstaltsleiter und einige seiner loyalen Mitarbeiter. Was dann geschah, ging als „Kremser Hasenjagd" in die Geschichte ein: Die Nationalsozialisten schwärmten aus und erschossen in der Umgebung von Stein und der Außenanstalt Hadersdorf alle bereits freigelassenen Männer, deren sie habhaft werden konnten. Es gab weit mehr als 400 Todesopfer.

Trotz des berühmt-berüchtigten Rufs dieser Anstalt empfand ich keine Hoffnungslosigkeit, als ich wegen der Delikte, die ich in den Jahren zuvor begangen hatte, verurteilt und nach 10 Monaten Untersuchungshaft in Wien nach Stein verlegt wurde. Das kam erst später. Der Gedanke allerdings, jetzt überhaupt gesiebte Luft atmen zu müssen, war für mich unerträglich. Hätte ich damals gewusst, wie viele Jahre es insgesamt in meinem Leben werden würden, hätte ich mich wohl eher mit Selbstmordgedanken als mit Fluchtplänen befasst.

Aber was hatte mich überhaupt in diese Situation gebracht? In Kürze: 1968 war ich mit meiner Freundin Alexandra nach einem Einbruch verhaftet worden. Bei den Verhören hatte ich den Großteil der Schuld auf mich genommen, sodass sie schon nach 48 Stunden wieder nach Hause gehen konnte, während ich ins Landesgericht in Untersuchungshaft überstellt wurde, wo ich meinen Prozess abzuwarten hatte. Anfangs war mich Alexandra noch einige Male besuchen gekommen, doch bereits nach wenigen Wochen hatte sie sich verabschiedet und über Umwege hörte ich davon, dass sie nun auf den Strich ging und als Animierdame in einem Club arbeitete. Zuletzt hatte ich sie 1969 schließlich bei unserer Verhandlung gesehen, wo sie mit fünfzehn Monaten bedingter Haft davonkam, ich aber zu drei Jahren unbedingt verurteilt worden war.

Dieses meines Erachtens für einen Erstmaligen – ich war ja bis dahin unbescholten gewesen – sehr hohe Strafausmaß führte dazu, dass ich meine weitere Strafe in Stein, dem damals berüchtigtsten Gefängnis Österreichs, absitzen sollte und schon kurz nach meiner Verurteilung dorthin überstellt wurde.

Schon nach wenigen Wochen „auf dem Felsen", wo ich auf der Erstmaligen-Station untergebracht worden war, ergab sich aber eine Verbesserung meiner Situation: Alle zwei bis drei Monate wurden nämlich Häftlinge ausgesucht, die in die Außenstelle Oberfucha verlegt wurden. Dort waren die Zellen bequemer und die Gitter an den Fenstern erweckten im Vergleich mit den massiven Sicherheitsvorrichtungen in Stein den Eindruck von Ziergittern. In Oberfucha saßen ständig so um die fünfzig „besserungsfähige" Inhaftierte ein. Ich kam also dorthin und nach einiger Zeit – es war kurz vor Weihnachten 1969 – fragte man mich, ob ich in einer anderen Außenstelle der Justizanstalt Stein in der Landwirtschaft arbeiten wollte. Na gut, warum nicht? Ich willigte ein und übersiedelte ein weiteres Mal. Die Außenstelle Meidling lag in einem schlossähnlichen Gebäude abseits der dichten Verbauung am Fuße des Göttweigers und beherbergte rund zehn Häftlinge, die dort im Rahmen des gelockerten Vollzugs in der Landwirtschaft arbeiteten. Ich wurde der Schweinezucht zugeteilt, wo die Tiere großgezogen wurden, bis sie in der gefängniseigenen Schlachterei getötet werden konnten, um das große Gefängnis in Stein mit Frischfleisch zu versorgen.

Da nur ein einzelner Wachebeamter in dieses locker organisierte „Gefangenenlager" abkommandiert war, war das Leben dort vergleichsweise gemütlich und zwischen Aufseher und Gefangenen herrschte ein den Umständen entsprechend gutes Verhältnis. Die Sicherheitsmaßnahmen waren so locker, dass nachts sogar einer von uns bequem über die Mauer klettern und beim Greißler alkoholische Getränke, Zigaretten und dergleichen besorgen konnte – wenn wir Geld hatten. Im Ort gab es auch einen Postkasten. Der bot eine ideale Möglichkeit, problemlos mit der Außenwelt Kontakt aufzunehmen. So stand ich in Kontakt mit einem Freund, der um die Weihnachtszeit entlassen worden war. Ich hatte seine Adresse und Telefonnummer für die Zeit nach meiner Entlassung.

Eines Tages, ich hatte schon den Großteil meiner Strafe abgesessen, trugen mir andere Gefangenen sehr beunruhigende

Geschichten zu. Meine – mittlerweile schon seit längerer Zeit ehemalige – Freundin betreute nicht nur ältere Herren mit Sonderwünschen, sondern sollte angeblich bei dieser beruflichen Betätigung herumposaunt haben, dass sie mit mir gemeinsam neben den Einbrüchen, für die wir verurteilt worden waren, auch Banküberfälle und einen Raub unternommen hatte. So war es nur eine Frage der Zeit, bis unsere noch unbekannten Aktionen auf verschlungenen Wegen in die Gehörgänge der Exekutive gelangten.

Mich erfasste Panik. Im Moment handelte es sich zwar nur um ein Gerücht, aber ein Körnchen Wahrheit lag sicher darin. Wie auch immer, ich sah mich gezwungen, zu reagieren. Ich redete mir ein, dass ich schnellstens von hier verschwinden musste, um dem schwachsinnigen Treiben meiner Ex ein Ende zu machen, bevor sie uns um Kopf und Kragen plauderte.

Bei der nächsten Gelegenheit steckte ich mir eines der Küchenmesser ein und stapfte einfach durch den Schnee davon. Bekleidet mit der blauen Montur, die wir Gefängnis-Arbeiter tragen mussten, marschierte ich in Richtung des etwa 15 km entfernten St. Pölten. Bei der erstbesten Telefonzelle, die ich am Stadtrand erreichte, warf ich Münzen ein und rief meinen entlassenen Freund an. Ich gab den Namen eines Gasthauses an, in dem er mich abholen sollte. Mein Kumpel versicherte mir, dass er mich dort in zwei bis höchstens drei Stunden abholen würde.

„Bitte komm so schnell wie möglich, bei mir brennt der Hut!", sagte ich noch zum Abschluss des Telefonats.

Da auch die Bauern der Umgebung alle Arbeitsoveralls trugen, fiel ich in der beinahe leeren Gaststätte niemandem sonderlich auf und so wartete ich, und wartete, und wartete ...

Die Zeiger der Uhr an der Wand der Gaststube schlichen nur so über das Ziffernblatt und ich fürchtete jedes Mal, wenn sich die Tür öffnete, dass ein Gendarm hereinkommen und mich sofort als flüchtigen Gefängnisinsassen erkennen würde. Aber es passierte nichts. Der Wirt stand gebückt hinter seinem Tresen, las die Zeitung und würdigte mich keines Blickes. Die paar Gäste, die meist grußlos hereinkamen, tranken nur schnell ein Glas Wein an der Theke, tauschten ein paar Worte über das Wetter oder sonstige Belanglosigkeiten des Dorflebens aus und gingen dann wieder. Niemand außer ein paar lästigen Fliegen, die über die Resopalplatte des Tisches wanderten, nahm von mir Notiz, während ich nervöser und nervöser wurde.

Endlich kam mein Freund bei der Tür herein, warf einen Blick in die Ecke, in der ich saß und bedeutete mir verschwörerisch hinauszukommen. Ich legte ein paar Münzen auf den Tresen, murmelte einen Gruß und ging hinaus. Dort wartete mein Fluchthelfer bereits in einem Wagen – einem gestohlenen FIAT. Ich stieg ein und begrüßte den Freund, der mir kommentarlos ein Bündel in die Hand drückte: Zivilkleidung!

Während ich mich umzog, fragte ich ihn nach Waffen. Ich brauchte dringend Geld, um auf meiner Flucht untertauchen zu können. Wenn wir einen Überfall begehen wollten, benötigten wir Waffen. Diese hatte mein Helfer aber in der kurzen Zeit nicht organisieren können. Auf der Fahrt in Richtung Wien erinnerte ich mich an ein Waffengeschäft in Neunkirchen bei Wiener Neustadt, wo wir problemlos an Pistolen kommen könnten. Da es mittlerweile Abend geworden war, nahmen wir uns am Stadtrand Wiens ein Zimmer in einem kleinen Hotel, das mein Freund vorerst bezahlte.

Am nächsten Tag brachen wir auf, um Waffen zu besorgen. Zuerst stahlen wir einen anderen Wagen, um nicht immer mit demselben gestohlenen Gefährt unterwegs zu sein. Als wir schließlich in Neunkirchen ankamen, konnte ich allerdings den Händler nicht finden und so fuhren wir zurück nach Wiener Neustadt. Das Auto stellten wir ganz unauffällig zwischen anderen Fahrzeugen auf einem großen Parkplatz ab. Am Abend wälzten wir noch große Pläne, was wir alles anstellen wollten, und malten uns, bevor wir zu Bett gingen, eine großartige Zukunft aus.

Und dann passierte uns ein unverzeihlicher Fehler: Wir kehrten zu einem gestohlenen Auto zurück. Als wir am nächsten Tag in der Früh auf den Parkplatz kamen, war dieser quasi leer und nur noch „unser" Auto stand dort. Völlig bedenkenlos schlenderten wir zu dem Wagen. Die Uniformierten warteten in einem Versteck aber schon auf uns und während mein Freund versuchte davonzulaufen, ließ ich mich auf ein Handgemenge mit einem der Polizisten, die auf uns losgingen, ein. Allerdings rutschten wir beide auf einer Eisscholle aus und als ich versuchte mich aufzurappeln, war auch schon ein weiterer Beamter über mir und versetzte mir einen mächtigen Schlag von oben. Ab da war jeder Widerstand zwecklos, die Handschellen klickten und ich war verhaftet.

Auch mein Freund war nicht weit gekommen und gemeinsam wurden wir auf die Wachstube in Wiener Neustadt verfrachtet, wo wir – vor allem ich – einmal wegen unseres Widerstands beamtshandelt wurden.

Recht schnell wurde meine Identität klar und dass ich aus der Haftanstalt geflohen war. Ich wurde von meinem Bekannten separiert und in eine kleine Zelle gesteckt, wo man mich einige Stunden schmoren ließ. In der Nacht lag ich auf der kalten Pritsche und dachte darüber nach, wie blöd ich gewesen war. Ohne diesen Ausbruch hätte ich bei guter Führung nur noch sechs Monate abzusitzen gehabt und wäre wieder ein freier Mann gewesen. Wer wusste denn schon, ob Alexandra tatsächlich geplaudert hatte und ob die Polizei überhaupt weitere Verdachtsmomente gegen mich in der Hand hatte? Vielleicht war es ja nur ein Gerücht oder irgendjemand hatte Spaß daran, mich nervös zu machen.

Schon am nächsten Tag wurde ich eines Besseren belehrt: Gleich in der Früh kamen Beamte vom Sicherheitsbüro in Wien. Ich wurde in ein Verhörzimmer gebracht und sie eröffneten mir, dass sie genau wussten, was ich sonst noch so alles auf dem Kerbholz hatte. Alexandra war vor einiger Zeit tatsächlich verhaftet worden. Unter dem Druck der Polizei mutierte sie zum „Singvogel", der alle Schuld von sich wies und auf mich ablud, was möglich war. Meine Ex-Freundin hatte alles gestanden, allerdings mit dem Zusatz, dass sie nur ein von mir verleitetes, unschuldiges Opfer der Umstände war. Jetzt wurde es ernst: Eine frühzeitige Entlassung würde es nach meiner Flucht natürlich nicht mehr geben und für die neuen Anklagen war mir eine weitere Strafe sicher.

Ich wurde wieder nach Wien gebracht und erneut in Untersuchungshaft gesteckt. In der neuen Anklage wurden nun sowohl ein Bankraub als auch der Überfall auf einen Postboten verhandelt, wobei mir ein versuchter Mord vorgeworfen wurde, weil ich auf den Geldboten einen Schuss abgegeben hatte. Bei der Verhandlung war die Aussage Alexandras meine größte Enttäuschung. Sie wies jede Schuld von sich, alles blieb an mir hängen. Meine ehemalige Freundin und Komplizin bekam für ihre Beteiligung vier Jahre Haft, ich erhielt zehn Jahre „Nachschlag", auch wegen des angeblichen versuchten Mordes am Postboten.

Nach dem Urteil wurde ich wieder nach Stein gebracht, mit mehr Jahren auf dem Buckel als ich je erwartet hätte. Und das Schicksal nahm seinen Lauf ...

*

Ich ertrage viel, nur Ungerechtigkeit und Verrat nicht. Deshalb ist es mir wichtig, mich – gleich am Beginn der Geschichte – zu zwei meiner wesentlichen Charaktereigenschaften zu bekennen: Da ist erstens meine Gutgläubigkeit anderen Menschen gegenüber, die zeitweise schon an Leichtfertigkeit grenzt, und zweitens der feste Wille, mich niemals unterkriegen zu lassen. Diese Verhaltensmuster haben mir – im Rückblick erkenne ich es – im Laufe meines Lebens jede Menge Probleme eingebrockt. Aber das nur im Voraus; einige der Dinge, die ich getan habe, werden dadurch verständlicher.

Meine Situation in Stein könnte man überspitzt so beschreiben: Ich hatte „25 Stunden am Tag" Zeit, um über Möglichkeiten nachzudenken, wie ich ausbrechen könnte. Ich empfand das Strafausmaß von zehn Jahren schwerem Kerker zusätzlich zu meiner ursprünglichen Strafe von drei Jahren als viel zu hart, vor allem, weil ich die Straftaten nicht so begangen hatte, wie sie mir vorgeworfen wurden. Raub ja, aber Mordversuch? Nein, niemals hatte ich jemanden umbringen wollen. Das Gericht hatte das allerdings anders gesehen, als es mich verurteilte. Ein Urteil, das ich als ungerecht empfand und so nicht in Kauf nehmen wollte.

Also ging ich ab dem ersten Tag meiner neuerlichen Haft in Stein gedanklich alle eventuell vorhandenen Möglichkeiten für eine „Entweichung", wie es im Amtsdeutsch heißt, durch und suchte Gelegenheiten, die verhasste Gefängnismauer zu überwinden.

Die Ideen waren alle ziemlich wertlos, aber allein der Gedanke, überhaupt etwas zu unternehmen, beruhigte mich. Und so halfen mir meine frühen Versuche, trotz aller Sinnlosigkeit, über meine scheinbar ausweglose Situation hinweg.

Damals gab es in der Strafanstalt Stein noch keinen Stacheldraht auf den Mauern und auch keine Überwachungskameras. Es existierten sogar noch zwei miteinander verbundene Höfe, sodass man beim Spaziergang problemlos von einem Hof in den anderen gehen konnte. Der Durchgang war so breit, dass ein Lkw locker durchfahren konnte. Ab dem Zeitpunkt, an dem der Nachtdienst seine Schicht antrat, patrouillierte nur noch ein einzelner Wachebeamter dort unten in den Höfen. Im Durchgang gab es eine Art Wachhäuschen, damit sich der Mann dort bei Schlechtwetter unterstellen konnte. Das alles beobachteten wir Häftlinge natürlich von unseren Zellenfenstern aus ganz genau. Wir hatten ja nicht viel zu tun und der Blick auf den Hof war unsere einzige Aussicht.

Zu Beginn meiner Haftzeit „am Felsen" war ich im zweiten Stock in einer Vier-Mann-Zelle im Ostflügel untergebracht. Dort lernte ich meinen späteren Komplizen Fred kennen, der sich mit mir und zwei anderen die Zelle teilte. Fred Nejedly war etwa zehn Jahre jünger als ich und saß wegen eines brutalen Raubüberfalls ein, den er aus Geldnot auf eine entfernte Verwandte begangen hatte. Er hatte acht Jahre bekommen. Klarerweise begannen wir bald damit, uns gemeinsam Fluchtpläne auszudenken. Mir kamen immer neue Ideen, wie es uns gelingen sollte, unserem Schicksal zu entkommen.

Die Gitter an den Fenstern waren zu dieser Zeit noch aus recht „weichem" Stahl und man konnte die einzelnen Stangen mit etwas Geduld und einer Säge, meist einem präparierten Messer, relativ mühelos durchschneiden. Diese Schwachstelle wollten wir in einem unserer Pläne nutzen: Wir mussten nur ein großes Stück Gitter heraussäbeln und uns dann – wie man es in alten Filmen oft sieht – an zusammengeknüpften Leintüchern abseilen. Das sollte geschehen, wenn sich der Beamte drüben im anderen Hof aufhielt, es auf unserer Seite also überhaupt keinen Wächter gab. Unseren Beobachtungen zufolge hatten wir ein Zeitfenster von zwei bis vier Minuten, das wir nutzen konnten, um in den Hof zu gelangen. Dort wollten wir uns in einer der vielen Nischen verstecken und abwarten, bis der „Kas" zurückkam.

Wir planten, ihn blitzschnell zu überwältigen, zu fesseln und ihm die Waffe wegzunehmen. Anschließend wollten wir über das Flachdach der ebenerdigen Druckerei zur Gefängnismauer laufen, um von dort aus in die Freiheit zu springen. Wir waren ja jung und auf das Flachdach zu kommen erschien uns nicht allzu schwer. Mit einer Räuberleiter wären zwei von uns auf das Dach gelangt und den dritten hätten wir ganz einfach heraufgezogen.

Es war nämlich so, dass einer der Häftlinge in unserer Zelle von Anfang an ganz klar sagte, dass er sich nicht an diesem Ausbruch beteiligen wollte, uns aber auch nicht verraten werde. Wir wären bei diesem Fluchtversuch also nur zu dritt gewesen, was aus meiner Sicht die Sache ohnehin erleichtert hätte.

Unser Plan war bald weit gereift und wir wollten schon damit beginnen, die Gitter zu zersägen, als wir von einem Tag auf den anderen ohne Angabe von Gründen in verschiedene Zellen verlegt wurden. Das zur Flucht bereite Team war genau im kritischen Moment zerschlagen worden. Sonderbar, denn eigentlich hätte niemand etwas von unserem Vorhaben wissen können.

Später, als wir von anderen Häftlingen auf den Fluchtplan angesprochen wurden, bestätigte sich meine Vermutung, dass es in diesem Haftraum einen Verräter gab, der über unsere Vorbereitungen geplaudert hatte. Aber das war ohnehin nur eine der zahlreichen Fluchtvorbereitungen, die ich mir ausdachte und die dann aus verschiedenen Gründen nicht durchgeführt wurden.

Die nächste Idee war ein Ausbruchsversuch um die Weihnachtszeit 1970 – mir schien es die ideale Zeit für eine neuerliche Aktion zu sein. Also organisierte ich in meiner Zelle eine Protestaktion, eine sogenannte „Belagsverweigerung". Gemeinsam weigerten wir uns nach dem Hofgang unter fadenscheinigen Gründen, in die schäbige Zelle zurückzukehren.

Was in so einem Fall geschah, war klar: Man verlegte uns in den Keller, wohin man zur Strafe für kleinere Vergehen während der Haft zur „Korrektur" gebracht wurde. Unter normalen Umständen war die Einzelhaft in den kalten Kellerzellen eine unangenehme Maßnahme, diesmal entsprach unsere Verbringung dorthin aber ganz unserem Plan. Aus früheren Zeiten der Isolationshaft kannten wir den Tagesablauf in diesem Bereich und die Gewohnheiten der dort zugeteilten Wächter genau. Die Wachebeamten in der Isolation versahen ihren Dienst zwar meistens alleine, waren aber immer bewaffnet und es gab kaum eine Möglichkeit an sie heranzukommen. Das wussten wir natürlich. Allerdings gab es eine Schwachstelle, die wir nützen wollten: Und zwar den Moment, wenn die Wache der Reihe nach alle Zellentüren aufsperren musste, um uns für die gesetzlich vorgeschriebene Stunde „Bewegung im Freien" herauszulassen.

Wenn schon drei von uns im Gang standen, wollte ich den Justizler von hinten anspringen, während er damit beschäftigt war, den Schlüssel ins nächste Schloss zu stecken, und ein anderer Häftling sollte seine Waffe aus dem Futteral reißen. Den Wächter wollten wir fesseln und in einer Zelle einsperren. Wir wären dann im Besitz einer Waffe und – noch viel wichtiger – des Schlüsselbunds gewesen. Innerhalb kürzester Zeit hätten wir dann verschiedene Türen geöffnet und wären zum Haupttor gelangt. Natürlich stand dort auch ein Posten, aber der sollte kein Problem sein, weil wir ja dann eine Pistole hätten und ihn damit bedrohen konnten. Wir spekulierten mit dem Überraschungsmoment und rechneten ganz fix damit, eine zweite Waffe erbeuten zu können. Dann das Haupttor aufzumachen, wäre ein Klacks gewesen – es ließ sich von innen ganz leicht mit der Hand öffnen. Automatische Tore gab es ja damals noch nicht.

Aber erstens kommt es anders und zweitens als man denkt.

Wir hatten schon an die vier oder fünf Wochen unten im Keller verbracht, die Anstaltsleitung bedrängte uns und bot uns sogar eine andere Zelle im Hauptgebäude an, aber wir weigerten uns standhaft, in den „normalen Belag" zurückzukehren. Wir warteten auf unsere Chance.

Am Tag, als unser Ausbruch durchgeführt werden sollte, der Beamte gerade die vierte Zellentür aufsperren wollte und ich schon zum Sprung bereit stand, kam völlig überraschend ein zweiter Wächter die Stiegen herunter. Er war mehr als 15 Meter weit entfernt und hätte sofort Alarm geschlagen. Das Unternehmen scheiterte also, noch bevor es überhaupt begonnen hatte.

Ob es einfach Pech war, dass der zweite Aufseher genau in diesem Moment kam, oder wieder einmal Verrat durch einen Mithäftling, konnte ich nie herausfinden. Auf jeden Fall führte die Anspannung der letzten Tage und die Panne bei der Durchführung dazu, dass meinen Komplizen das Herz in die Hose rutschte. Einer von ihnen sagte mir ganz klar: „Adi, ich halte das nervlich nicht noch einmal aus, ich bin nicht mehr mit von der Partie." Ein paar Tage später kehrten wir in unsere Zelle zurück.

Allerdings wurden Fred und ich bald darauf auf den West-E-Flügel verlegt, die Sicherheitsabteilung. Anscheinend hatte sich herumgesprochen, dass wir ständig an Flucht dachten.

*

Und dann, irgendwann im Juni 1971, war sie endlich da: die konkrete Gelegenheit zur Flucht.

Ein Mal pro Woche wurden wir in kleinen Gruppen von einem Wachebeamten zum Magazin geführt, um die Wäsche zu tauschen. Dabei kamen wir ganz nahe an die Gefängnismauer heran, wo – noch dazu auf einer kleinen Erhöhung – eine Werkstatt angebaut war. Perfekte Bedingungen für mein Vorhaben. Vom Dach dieses Gebäudes aus könnte ich mit einem kräftigen Sprung die obere Kante der Mauer erreichen. Dass es draußen mehr als sieben Meter in die Tiefe ging, vernachlässigte ich in meiner Planung großzügig. Ein schmerzhafter Fehler, wie sich herausstellen sollte.

Ich sprach mich mit Fred und einem weiteren Mithäftling, den ich beim Hofgang kennengelernt hatte, ab, diese Situation zu nutzen. Dieser dritte Mann war Walter Schubirsch.

Auch er war viel jünger als ich, erst 22 Jahre alt, und saß wegen Raubes und Erpressung ein. Er hatte sieben Jahre ausgefasst und war nicht gewillt, diese komplett abzusitzen. Fred, der damals 24 Jahre alt war, hätte noch sechs Jahre vor sich gehabt. Aber unser Plan wurde immer konkreter und gemeinsam sollten wir es schaffen. Allerdings verließen Fred am Tag vor der Aktion, als wir die Flucht noch einmal in Gedanken durchspielten, die Nerven und er beschloss, an diesem Unternehmen nicht teilzunehmen.

Der Wäschetausch war im Gefängnisalltag reine Routine und die Aufmerksamkeit des Wachpersonals dabei schien uns eher gering. Das wollten wir nützen.

Am vereinbarten Tag trotteten Walter und ich – wie immer – hinter dem Wachebeamten zum Magazin. Ich musste innerlich lächeln, wenn ich daran dachte, dass ich heute nicht meine gebrauchten Unterhosen gegen frische tauschen würde, sondern meine Haft gegen die Freiheit.

Nach einiger Zeit ließen wir uns immer weiter zum Ende der Reihe zurückfallen. Wir brauchten ja Platz für den Anlauf, um im Sprint die kleine Treppe mit etwa 20 Stufen auf das Dach in möglichst kurzer Zeit zu schaffen.

Wie üblich ging unser Bewacher voran und während er das Wäschemagazin aufsperrte, war er für einen kurzen Moment unaufmerksam. Wir gaben einander das verabredete Zeichen und rannten los.

Mir gelang es problemlos, mich auf das Hausdach zu schwingen, aber der Beamte hatte die Bewegung aus den Augenwinkeln wahrgenommen und reagierte blitzschnell.

Er konnte Walter, der wegen seiner Größe etwas langsamer war, an den Beinen festhalten und vom Dach herunter ziehen. Für Walter war die Aktion damit beendet. Schon ergriffen ihn die herbeigelaufenen anderen Wachebeamten, während eine Gruppe Häftlinge grölend daneben stand und andere die Situation noch gar nicht erfasst hatten.

Ich erreichte gerade die Mauerkante, als ein Projektil neben mir einschlug und Betonsplitter durch die Luft sirrten. Der Beamte auf dem Wachturm hatte den Tumult bemerkt und schoss mit einem Karabiner auf mich. Jetzt zählte jede Zehntelsekunde.

Ich verlor keinen Gedanken daran, dass es eigentlich unmöglich war, aus dieser Höhe hinunterzuspringen und heil zu landen. Ich musste es einfach versuchen.

Unter mir sah ich einen schmalen, betonierten Fußweg, der von einem Eisengeländer begrenzt war. Mir schoss nur durch den Kopf, dass ich auf keinen Fall gegen das Geländer prallen durfte, und ich sprang.

Der Schmerz durchfuhr mich wie ein elektrischer Schlag. Der Aufprall auf dem harten Weg hatte mir das rechte Fersenbein zerschmettert. Mit einem Aufschrei blieb ich kurz liegen, zog mich dann am Geländer hoch und humpelte, mich nur auf den linken Fuß stützend, zu einem kleinen Steg, der über einen Bach führte. Ich hätte in dieser Situation natürlich aufgeben müssen, aber die Aussicht auf die zum Greifen nahe Freiheit verhinderte, dass ich einen logischen Gedanken fassen konnte.

Vor mir lag eine Wiese mit Gras, das etwa einen Meter hoch war. In einiger Entfernung stand ein Mann, der mit gleichmäßigen Bewegungen eine Sense schwang. Hatte er mich beobachtet? Hatte er gesehen, wo ich in die Wiese verschwunden war? Instinktiv duckte ich mich ins tiefe Gras – in der Hoffnung, dass meine Verfolger mich nicht sehen würden und annahmen, ich sei schon weit weg, sodass es sinnlos wäre, mich nahe der Gefängnismauer zu suchen.

Aber so war es natürlich nicht: Einige Augenblicke später hörte ich schon den Suchtrupp und erspähte, wie der Mann mit der Sense bloß wortlos auf jene Stelle zeigte, wo ich mich versteckt hatte.

Nach einem kurzen Rascheln standen zwei Beamte breitbeinig vor mir, zogen ihre Waffen und richteten sie auf mich. Mit zusammengebissenen Zähnen bemühte ich mich, ihrem Befehl „Schandl, steh auf!" zu folgen, brach aber schmerzverkrümmt zusammen.

Ein Anstaltsfahrzeug brachte mich zurück ins Gefängnis – auf einer Bahre liegend. Meine Flucht über die Mauer war gescheitert und damit auch mein letzter Versuch, gewaltfrei aus dem Gefängnis zu entkommen.

Daran, dass ich es wieder versuchen würde, hatte ich schon in diesem Moment keinen Zweifel, aber beim nächsten Mal würde ich eine Waffe haben …

*

Meine schwere Verletzung führte dazu, dass ich vorerst einmal mit einem Gipsbein im Spital landete und dort „verwahrt" wurde. Als ich wieder einigermaßen mobil war, brachte man mich in den Hochsicherheitstrakt „West-E", wie er nur kurz genannt wurde. Walter und Fred waren von mir separiert worden und saßen in irgendwelchen anderen Zellen. Im Moment war der Kontakt zu ihnen unterbrochen.

Ich hatte dadurch genügend Zeit, um mich einerseits über mein dilettantisches Verhalten bei diesem Fluchtversuch zu ärgern, andererseits aber auch, um neue Pläne für einen – hoffentlich erfolgreicheren – Ausbruch zu schmieden.

Bei all meinen bisherigen Überlegungen war es mir wichtig gewesen, gewaltfrei und ohne Gefährdung anderer Menschen in die Freiheit zu gelangen. Aber ich bekam schnell mit, dass die Sicherheitsmaßnahmen „am Felsen" nach unserem Ausbruchsversuch massiv verschärft worden waren. Ohne Gewalt würde da gar nichts mehr gehen. Mir blieb also keine andere Wahl, als es mit Waffengewalt zu versuchen – und einer wesentlich besseren Planung als beim letzten Mal.

Aufgeben?

Niemals!

Diese Option gab es für mich einfach nicht – einen Brief gibt man auf, aber niemals seine Träume.

In den nächsten Wochen beobachtete ich möglichst viele Situationen, die eventuell Ausbruchsmöglichkeiten boten. Schon bald kam mir die Idee, dass es mit einer Geiselnahme funktionieren könnte. Und dazu benötigte ich wieder Komplizen. Idealerweise wären wir meines Erachtens zu viert. Doch dazu musste ich erst einmal drei zuverlässige Männer finden, die auch nervenstark genug und zuverlässig waren. Maulhelden gab es ja reichlich, aber wer war wirklich geeignet, mich bei dem Plan zu unterstützen.

Vorerst verließ ich mich einmal auf meine Kumpels Fred und Walter, die ich mittlerweile beim Hofgang wieder getroffen hatte. Sie saßen nun in meiner Nebenzelle und wir hatten genügend Möglichkeiten uns auch abseits des Hofgangs auszutauschen. Beide ließen mich wissen, dass sie mit von der Partie sein wollten. Fred versicherte sogar ausdrücklich, dass er diesmal die Nerven behalten würde. Er wollte unbedingt raus. Den vierten Mann fand ich in einem meiner momentanen Zellengenossen, der mitmachen wollte.

Schließlich ging es nur noch um das „Wie", das „Wo" und das „Wann".

Vorrangig mussten wir einmal an Waffen kommen. Das ging nur über die Wachen. Das Problem daran war nur, dass diese ihre Pistolen nicht immer umgeschnallt hatten. Anscheinend lag es in der freien Entscheidung eines jeden Beamten, ob er eine Waffe tragen wollte oder nicht. Wie ich später erfuhr, war es so, dass die Wachen aus genau diesem Grund dazu angehalten waren, tagsüber wenn sie Umgang mit den Häftlingen hatten, keine Schusswaffen zu tragen. Wir mussten aber mit einem Schlag in den Besitz von zumindest zwei Pistolen kommen. Wenn dann zum Zeitpunkt unserer Aktion nur einer der Wächter bewaffnet war, müssten wir das „Unternehmen Ausbruch" deswegen verschieben.

Gelegenheiten standen uns mehrere zur Auswahl: Wenn Häftlinge Besuch erhielten, wurden sie dabei natürlich von Wachebeamten beaufsichtigt. Diese Möglichkeit hatten wir zuerst im Auge, verwarfen sie aber wegen der vielen Unsicherheitsfaktoren rasch wieder.

Wesentlich attraktiver erschien uns schließlich die wöchentliche Rechtsberatung der Häftlinge durch einen Richter, die im sogenannten Kultursaal im besten Sinne des Wortes über die Bühne ging. Mir war ziemlich bald klar, dass das die ideale Gelegenheit für Geiselnahme und Flucht war.

Wochenlang beobachteten wir den ritualisierten Ablauf im Saal. Einzeln ließen wir uns beim Richter vorführen, ausschließlich zu dem Zweck, den Ablauf der ganzen Prozedur genau zu studieren: Der Richter und seine Schriftführerin saßen immer ganz vorne im Saal auf einer Art Podium

– dort, wo hin und wieder kulturelle Aufführungen stattfanden. Auf diese „Bühne" wurden am Beratungstag ein Tisch und drei Sessel gestellt. Einer für den Juristen, der andere für seine Sekretärin, der dritte für den die Beratung suchenden Häftling.

Im Saal war immer nur ein Beamter als Wache, ein zweiter hatte die Aufgabe, Gefangene, die zur Rechtsberatung angemeldet waren, in den Saal zu bringen und jene, deren Ansuchen schon besprochen war, wieder in die Haftträume zu bringen.

Zurück in unseren Zellen kamen wir nach diesen Beobachtungen zur festen Überzeugung, dass nur diese Rechtsberatung für uns die Chance bot, mit einer prominenten Geisel, dem Richter, und einer schutzbedürftigen Frau, der Schriftführerin, die Strafanstalt Stein durch das Haupttor zu verlassen.

Der springende Punkt war, dass wir alle gleichzeitig auf der Liste zur Rechtsberatung stehen mussten. Das erwies sich als beinahe unmöglich, weil es Beratungstermine sowohl am Vormittag als auch am Nachmittag gab – und wir nie gemeinsam auf diese blöde Liste kamen, so sehr wir uns auch bemühten.

Ich hatte aber sowieso die Absicht, noch eine Weile zuzuwarten, da ich ja noch stark gehbehindert war und auf einen Stock gestützt ging. Aber wo ein Wille, da ein Weg, wie es so schön heißt. Es würde schon irgendwie gehen.

Immer und immer wieder spielten wir die Geiselnahme gedanklich durch und ich hatte ein mulmiges Gefühl dabei. Nicht so sehr wegen der nervlichen Anspannung, sondern vor allem wegen meiner Gehbehinderung. Ich bat deshalb meine drei Komplizen, noch ein wenig Geduld zu haben.

Ich wollte warten, bis meine Verletzung ausgeheilt und ich voll einsatzfähig war.

Das Problem löste sich dann von selbst: Nachdem mir endlich der Gips abgenommen worden war, musste ich die vierwöchige Korrektionsstrafe für den Ausbruchsversuch antreten und wurde in den Keller verfrachtet. Dadurch hatte ich keine Möglichkeit mehr, beim Richter vorgelassen zu werden.

Die anderen drei aber hielten es vor Ungeduld nicht mehr aus. Sie wollten die Sache unbedingt und so rasch wie möglich durchziehen. Nun schätzte ich meine Partner nicht unbedingt als die großen Organisatoren ein und ließ ihnen eine Nachricht zukommen, in der ich darauf drängte, dass ich unbedingt mit dabei sein sollte. Aber meine Einwände wurden von den anderen abgeschmettert und Walter versicherte mir im Brustton der Überzeugung, dass mein Fehlen in der Anfangsphase des Unternehmens überhaupt kein Problem sei.

„Sobald wir die Geiseln in unserer Gewalt haben, lassen wir dich aus dem Keller holen und dann bist du kurz darauf mit uns in Freiheit", versicherte er mir.

Was sollte ich machen? Ich war machtlos und musste mich der Entscheidung meiner Komplizen fügen.

So eine Korrektionzelle ist schon unter normalen Umständen ein fürchterlicher Ort, an dem Depression, Wut und Verzweiflung geradezu gezüchtet werden. Was an so einer Maßnahme für einen Häftling korrigierend sein soll, verstehe ich bis heute nicht. Bei mir – und ich schätze, dass es nicht nur mir so ging – hat diese Art der Sonderbestrafung immer nur die Aggression gegen das System und meinen Widerspruchsgeist verstärkt.

Kurzum, der Tag, an dem es soweit sein sollte, war für mich ein schrecklicher Tag – an einem schrecklichen Ort, in einer extrem belastenden Situation. Ich humpelte in meinem kleinen, nasskalten Kellerverlies wie ein gefangener Tiger auf und ab und dachte: „Hoffentlich geht das gut! Wenn die nur nicht die Nerven verlieren!"

Das Warten zermürbte mich – vor allem, weil nichts geschah. Die Nacht brach an, ich wusste, dass der Richter die Anstalt schon längst verlassen haben musste, aber niemand war gekommen, um mich nach oben zu holen.

Erst Tage später, als ich wieder mit Walter und Fred unauffällig sprechen konnte, erfuhr ich, was geschehen war: Die Geiselnahme war sehr knapp misslungen und der ganze Plan wäre beinahe für immer ruiniert gewesen.

Walter, Fred und der dritte Mann waren wie geplant in den Saal gelassen worden. Walter hatte es geschafft, sich von hinten an den Wachebeamten heranzuschleichen, und hob gerade die Hände zum Würgegriff, als jener Mithäftling, der Fred und ihn beim Überfall hätte unterstützen sollen, erschrocken rief: „Walter nicht!"

Der Beamte drehte sich um und Walter konnte gerade noch so tun, als würde er sich mit der erhobenen Hand kratzen.

Die Wache hatte zwar Verdacht geschöpft, aber da nichts geschehen war, blieb es letztlich ohne Folgen.

Unser Komplize entschuldigte sich tags darauf bei den anderen damit, dass er in diesem heiklen Moment sein Kind vor sich gesehen und es einfach nicht fertiggebracht hätte, jetzt auch noch Geiselnehmer zu werden. Er versprach hoch und heilig, dass er niemandem von unseren Plänen erzählen werde. Wie sich später herausstellte, hielt der Mann auch tatsächlich dicht, wie man so sagt.

Wir waren nun also nur noch zu dritt und ich rechnete damit, dass wir jetzt eine Weile vergehen lassen würden. Meine Korrekturhaft war zwar beendet und ich befand mich wieder im normalen Strafvollzug, aber wir mussten warten, bis die Gelegenheit sich als günstig erwies.

Am Donnerstag, 4. November 1971 schließlich bot sich plötzlich die ideale Möglichkeit, den Beratungstag zu nützen und die Geiselnahme über die Bühne zu bringen. Walter wurde schon am Vormittag zur Rechtsberatung und anschließend wieder in seine Zelle gebracht, während Fred und ich erst nach dem Mittagessen und dem anschließenden Spaziergang im Hof zum Richter geführt werden sollten. Aber Walter protestierte und erklärte dem Beamten mit gut gespielter Verzweiflung, dass er dem Richter noch eine wichtige Frage zu stellen habe und unbedingt am Nachmittag noch einmal vorgelassen werden wollte. Der Beamte zeigte sich zuerst ablehnend, resignierte dann aber und sagte: „Na gut, dann gehen Sie eben noch einmal mit."

Der entscheidende Moment schien gekommen.

Ich hielt den Zeitpunkt zwar noch immer für verfrüht, weil meine nicht ausgeheilte Verletzung mich nach wie vor behinderte und ich einen Gehstock benützen musste, aber wann würden wir schon wieder zu dritt auf der Liste stehen? Es konnten Monate vergehen, bis sich wieder eine solche Gelegenheit bieten würde! Walter und Fred zerplatzten fast vor Ungeduld. Sie versicherten mir, dass meine Verletzung als Handicap nicht wichtig wäre, ich aber als Kopf des Unternehmens unverzichtbar sei.

Die wortreichen Beteuerungen schmeichelten meiner Eitelkeit und ich war letztlich einverstanden, das Unternehmen sofort anzupacken. Die Gelegenheit war auch wirklich viel zu günstig, um sie ungenützt vergehen zu lassen.

Ich beobachtete meine Hände: Sie zitterten nicht. Ich war stark. Das Nein in meinem Kopf wurde immer leiser.

Walter und Fred versprachen mir, dass sie sich – wären wir erst einmal in Freiheit – um mich kümmern würden und ich mich absolut darauf verlassen könnte, dass sie mich nicht im Stich lassen.

Aber Worte sind bekanntlich Schall und Rauch …

*

Wir wollten unsere Freiheit, jetzt und sofort.

Als wir den Kultursaal der Haftanstalt betraten, atmete ich noch einmal tief durch und beobachtete meine Komplizen: Fred war vor Aufregung ziemlich blass um die Nase und lugte nervös von einem Eck zum anderen. Zumindest Walter, der vor mir ging, vermittelte den Eindruck, gelassen und entspannt zu sein. Er war ein fast zwei Meter großer Kerl mit Bärenkräften. Er sollte den Wächter ausschalten und dessen Waffe an sich reißen. Wir warteten nur noch darauf, bis der zweite Aufseher wieder verschwand.

Dann kam Walters Angriff wie der sprichwörtliche Blitz aus heiterem Himmel. Er packte den Beamten, legte ihm den rechten Unterarm an die Gurgel und drückte mit der anderen Hand den Kopf seines Opfers nach vorne. Instinktiv griff der Uniformierte mit beiden Händen nach oben, um den Druck an seinem Hals zu lockern. Er bäumte sich auf und gab dadurch die Hüftgegend frei, wo seine Pistole im Futteral steckte.

Darauf hatten wir gewartet. Fred sprang hinzu und versuchte, die Pistole aus der Halterung zu reißen. Als der Beamte das bemerkte, griff er panisch nach unten, um Fred abzuwehren. Walter verstärkte aber seinen Würgegriff daraufhin massiv und ich glaubte sogar, ein knackendes Geräusch in der Wirbelsäule des Aufsehers gehört zu haben. Schrecken erfasste mich, denn ich dachte, dass mein Kumpel dem Mann das Genick gebrochen hatte. Der Beamte sackte in sich zusammen und hing leblos in Walters Armen.

Scheiße – ein Toter! Das hatte niemand gewollt.

In der Zwischenzeit – mir war es wie eine Ewigkeit erschienen – hatte Fred mit zittrigen Händen endlich die Pistole aus dem Halfter gezogen und durchgeladen. Das schien ihn etwas zu beruhigen.

Walter warf sich den Wächter über die Schulter und stapfte mit ihm nach vorne zum Richter, der das ganze Geschehen natürlich mitbekommen hatte und uns entgegen stürmte.

Jetzt wieder ganz kalt richtete Fred den Lauf der Waffe auf den empörten Richter und scheuchte ihn wortlos mit einer bedrohenden Geste in einen kleinen Erker beim Eingang.

Die Sekretärin saß schreckensstarr auf ihrem Sessel, schlug die Arme über dem Kopf zusammen und gab keinen Mucks von sich.

Während Walter den immer noch leblosen Wachebeamten hinauf aufs Podium trug und ihn dort ablegte, hörte ich draußen am Gang schon hallende Schritte auf dem Steinboden. Der zweite Beamte kam zurück, um weitere Gefangene zur Rechtsberatung zu bringen und uns wieder abzuholen.

Er öffnete die Tür, trat ein und blickte in die Mündung der Pistole, die Fred in Augenhöhe auf ihn richtete. Er war vollkommen überrascht und diesen Augenblick nützte ich: Ich riss seine Waffe aus dem Holster und stieß ihn gleichzeitig ein wenig zurück, um ihm keine Chance zu geben, mich irgendwie fassen zu können. Das erste Ziel war somit erreicht: Wir hatten zwei Faustfeuerwaffen. Außerdem verfügten wir über ein Messer, das Fred in den letzten Wochen aus einem seiner Besteckteile hergestellt und im Saum seiner Jacke versteckt hatte.

Eine unbekannte Größe bei unserer Planung war immer die Frage gewesen, wie die anderen Häftlinge reagieren würden, wenn sie erst mitbekamen, was da gerade geschehen war. Was, wenn einige Gefangene den Wärtern zu Hilfe kommen wollten, um Vorteile für sich selbst herauszuschinden? Oder wenn sich jemand uns anschließen wollte? Was, wenn ein Aufstand ausbrach? Ich gestehe, der Gedanke daran verursachte mir in der Planungsphase jedes Mal Magenkrämpfe.

Aber was soll's? Wir mussten es riskieren und unsere beiden Pistolen waren eine ziemlich gute Argumentationshilfe, als wir die kleine Gruppe von Gefangenen, die gerade eine Rauchpause machten, in den Saal trieben. Gemeinsam mit jenen Männern, die vom Wächter soeben gebracht worden waren, hatten wir nun insgesamt etwa zehn Häftlinge in unserer Gewalt.

„Meine Herren, bitte nehmen Sie auf den besten Plätzen Platz!", rief ich, im Mittelgang stehend, und bugsierte mit der Waffe in der Hand die Gefangenen in die hintersten Sitzreihen.

„Und macht ja keine Dummheiten. Wenn alles nach Plan verläuft, wird niemandem etwas geschehen."

Hinter mir hörte ich plötzlich von der Bühne her ein Röcheln und als ich mich umwandte, sah ich, dass der Wächter, den ich für tot gehalten hatte, mit gurgelnden Lauten nach Luft schnappte und sich bewegte. Mir fiel ein Stein vom Herzen. Walter hatte dem Beamten doch nicht das Genick gebrochen und nur den Durchmesser seiner Luftröhre kurz auf null gestellt.

„Ist das jetzt die Retourkutsche dafür, dass ich Sie beim letzten Mal erwischt hab'?", krächzte der Mann. Erst da fiel mir auf, dass das genau jener Wachebeamte war, der mich bei meinem letzten Ausbruchsversuch mit der Waffe bedroht hatte, als ich mit zerschmetterter Ferse im Gras lag.

„Reiner Zufall", gab ich trocken zurück, empfand aber zugegebenerweise eine gewisse innere Befriedigung. Ja, so kann sich das Blatt wenden, dachte ich bei mir.

Aber hervorragend, kein Toter! Nun war alles wieder in Ordnung – wenn man das in dieser angespannten Situation überhaupt so sagen konnte.

Was mir jetzt noch Sorgen bereitete, war die Tatsache, dass es an der Rückwand des Saals mehrere kleine Öffnungen gab, hinter denen sich Filmprojektoren befanden. Von dort aus würden Scharfschützen eine ideale Position haben, um uns vorne auf dem Podium ins Visier zu nehmen. Für mich war immer klar, dass wir die Wachen, den Richter und seine Sekretärin als lebendige Schutzschilde ständig so hinzusetzen hatten, dass wir dahinter in Deckung gehen konnten.

Fred stellte weitere Sessel oben auf das Holzpodium und wir fesselten die beiden Beamten mit Gürteln, die uns die Mitgefangenen mehr oder weniger freiwillig überließen. Den Richter – eigentlich war er Richteramtsanwärter, wie sich später herausstellte – banden wir mit seiner Krawatte an den Stuhl und da ich schon immer Wert auf Etikette gelegt habe, blieb die Sekretärin ungefesselt. Sie war aber ohnehin so eingeschüchtert, dass sie sich keinen Millimeter bewegte.

Bis jetzt war der Überfall ja noch nicht bemerkt worden und es gab noch keinen Großalarm. Nun war es aber an der Zeit, auf uns aufmerksam zu machen und die zweite Phase unseres Ausbruchs in die Wege zu leiten.

Nachdem wir die drei Männer also wie Pakete verschnürt hatten, sagte ich – von der Bühne herunter – zu den Häftlingen auf den hinteren Sitzreihen: „Die Vorstellung kann beginnen! Nun brauchen wir einen Freiwilligen."

Ich zog den vorbereiteten Zettel aus der Tasche, schwenkte ihn und fragte ganz ruhig: „Wer hat den Mumm, diese Forderungen der Anstaltsleitung zu überbringen?"

Sofort stand einer der Männer auf, kam nach vorne und nahm mir wortlos den Zettel aus der Hand nahm. Wenn ich daran zurückdenke, glaube ich mich zu erinnern, dass ein Lächeln über das Gesicht des Boten huschte, ehe er sich umdrehte und dann langsam aus dem Saal ging.

Draußen befand sich am Ende des Ganges ein Fenster, vor dem immer ein Wächter patrouillierte. Dort sollte der Kurier unsere Forderungen übergeben.

Ich hatte erwartet, dass sich die Justizanstalt binnen kürzester Zeit in einen Hexenkessel verwandeln würde. Aber nichts! Keine wütenden Schreie, keine Befehle oder Pfiffe von Trillerpfeifen, mit denen die Häftlinge in ihre Zellen kommandiert wurden. Nichts! Im Gerichtssaal herrschte nervös angespannte Stille und auch von draußen war nichts zu hören ...

*

Unsere Botschaft war eindeutig: Wir informierten den Anstaltsleiter über unsere Bewaffnung, die Geiseln in unserer Gewalt und über unsere Forderungen. Innerhalb von längstens zwei Stunden sollte uns die persönliche Zivilkleidung gebracht werden und musste ein Fluchtfahrzeug bereitstehen. Weiters forderten wir 100 000 Schilling, viel Geld zur damaligen Zeit, heute ein eher lächerlicher Betrag.

Die Spannung war fast unerträglich.

Wir warteten auf die Reaktion der Anstaltsleitung und die ließ uns gewissermaßen im eigenen Saft schmoren. Ich beobachtete ständig die dunklen Löcher für die Filmprojektoren an der Rückwand, aber nichts war dort oben zu bemerken, nicht die geringste Bewegung wahrnehmbar.

Erst nach etwa einer Dreiviertelstunde, es war schon später Nachmittag, klopfte es endlich.

Zaghaft bewegte sich die Klinke der Eingangstür. Ganz vorsichtig wurde sie heruntergedrückt. Die Tür öffnete sich einen Spalt weit und zwei Gestalten erschienen.

Noch konnten wir nicht genau erkennen, um wen es sich handelte. An der Innenseite der Tür hatten wir nämlich einige Sessel aufeinandergeworfen und ineinander verkeilt. Mit dieser Vorsichtsmaßnahme wollten wir verhindern, dass ein schwer bewaffneter Trupp in einem Überraschungsangriff den Saal stürmen und uns überrumpeln konnte. Die Verhandler sollten sich jedesmal an den Sesseln vorbei durch einen engen Spalt hindurchdrängen.

Nervenzerfetzend langsam wurde die Tür schließlich geöffnet und der stellvertretende Anstaltsleiter, begleitet von einem Major, trat zögerlich in den Türrahmen, die Hände über den Kopf erhoben und neugierig um sich spähend.

„Können wir die Hände herunternehmen?", fragte er unsicher und betont höflich. „Und dürfen wir den Saal betreten?"

„Ja, aber keine dummen Spielchen!", entgegnete ich in bedrohlichem Tonfall und richtete meine Pistole gut sichtbar auf den Kopf des Richters.

Die Männer senkten die Arme und zwängten sich umständlich an der Sessel-Barrikade vorbei.

Es war schon ein komisches Gefühl. Sehr ungewohnt. Vor nicht einmal einer Stunde war ich noch ein dahinhumpelnder Häftling, der die Befehle und den rauen Ton des Wachpersonals hinnehmen musste – jetzt hatten wir den Spieß umgedreht. Jetzt waren wir auf einmal diejenigen, die die Befehle gaben.

Zu allem entschlossen standen wir hinter den Geiseln. Das heißt, ich befand mich hinter dem Richter, der mir als lebendes Schutzschild diente, und richtete meine Waffe auf die Schläfe des Mannes. Walter bedrohte die Sekretärin, die aschfahl und zusammengesunken auf ihrem Sessel saß. Fred duckte sich hinter den beiden gefesselten Wachebeamten und hielt einem von ihnen sein Messer an die Gurgel.

So starteten wir die Verhandlungen.

Ich wusste, dass die ersten Sekunden entscheidend waren. Wir mussten klar machen, wie ernst wir es meinten.

Die beiden hochrangigen Beamten waren seit dem Bekanntwerden der Geiselnahme sicherlich von Gefängnispsychologen beraten worden, wie sie die Gespräche mit uns zu führen hatten. Nach dem Motto: die Geiselnehmer nur ja nicht aufregen und immer versuchen, eine ruhige Stimmung zu bewahren.

Das konnten sie haben. An uns sollte es nicht liegen.

Der Oberst erklärte in einem geradezu freundschaflichen Tonfall, dass der Anstaltsleiter nicht im Haus wäre, aber auf dem Weg zu uns in den Kultursaal. In der Zwischenzeit sollte er als sein Stellvertreter die Verhandlungen führen.

Mit langen Worten versuchte er, uns von der Sinnlosigkeit des Ausbruchsversuches zu überzeugen. Wir ließen ihn einfach reden. Er gab uns sein Wort, dass wir bei einer freiwilligen Aufgabe nur mit einer geringen zusätzlichen

Korrekturstrafe davonkommen würden. Walter lachte kurz auf. Glaubte dieser Mann tatsächlich, dass wir ihm das abnehmen würden?

Nach seinem Vortrag entstand eine kurze Pause. Er musste einsehen, dass seine Psychologie bei uns nicht griff.

Nun war es an mir, die Ernsthaftigkeit unseres Vorhabens zu unterstreichen.

„Ihre Worte sind wie der Versuch, mit dem Vogelkäfig Milch zu holen – völlig sinnlos. Unsere Forderungen sind klar. Sie stehen auf dem Zettel, also reden wir darüber", sagte ich schließlich fast im Plauderton, ganz ruhig und relativ leise.

„Aber ..."

„Nein, kein Aber, es geht nur hopp oder dropp!"

Mein Tonfall war nun entschlossener, viel bedrohlicher.

„Entweder wir bekommen unsere Freiheit unter den geforderten Bedingungen oder es gibt hier in zwei Stunden Tote. Zuerst töten wir die Geiseln und dann uns selbst."

Wieder eine kurze Pause. Wie ein Schauspieler, der ich ja gewissermaßen auf dieser Bühne war, wollte ich die Spannung bis zum Zerreißen erhöhen. Ich fühlte, wie das Adrenalin von meinem Körper Besitz ergriff. Das machte es mir leicht, die Rolle des an der Grenze der Belastung befindlichen Täters zu spielen. In Wahrheit war ich innerlich erstaunlich ruhig.

„Wollen Sie das? Wollen Sie ein Blutbad verantworten?", fragte ich nach einer gefühlten Ewigkeit, die aber sicherlich nicht mehr als ein paar Sekunden dauerte.

„Nein, natürlich nicht!", stammelte der Oberst, dem nun völlig klar war, dass wir von unseren Forderungen nicht abweichen würden. So kalmierend wie möglich sagte er schließlich, dass er sich erst beraten musste und vor allem seinen Vorgesetzten und den Justizminister anzurufen habe, bevor er irgendwelche Zusagen machen konnte.

„Tun Sie, was Sie tun müssen", sage ich und hob den Kopf kurz hinter dem Richter, um zu zeigen, dass ich dabei lächelte.

Ich war hochzufrieden.

Meiner Einschätzung nach handelte es sich beim damaligen Justizminister Christian Broda um einen Mann, der es seinen Beamten mit an Sicherheit grenzender Wahrscheinlichkeit niemals gestatten würde, Gewalt anzuwenden und die Geiseln zu gefährden. Er war bekannt für seine humane Geisteshaltung.

Schließlich fragte der Oberst, ob wir denn zumindest die Häftlinge wieder in ihre Zellen zurückkehren lassen würden.

Wir sahen uns kurz an und schließlich sagte ich zu, dass das so geschehen sollte. Wir brauchten sie ja nicht mehr. Wir hatten unsere Geiseln, die restlichen Männer wären nur ein Unsicherheitsfaktor gewesen.

Der Oberst und sein Begleiter wollten sich schon umdrehen, als ich noch ein Schäuflein nachlegte.

„Nur, damit es klar ist: Eine Hinhaltetaktik akzeptieren wir nicht!", rief ich ihnen nach, „ das Ultimatum von zwei Stunden bleibt aufrecht. Geschieht bis dahin nichts, beginnen wir mit dem Vorspiel zum blutigen Finale. Wir werden einen Ihrer Kapp'lträger ins Knie schießen und an ihm demonstrieren, wie scharf unser Messer ist. Es schneidet wie eine Rasierklinge! Das tun wir aber nur, wenn Sie uns dazu zwingen! Bitte richten Sie das auch dem Herrn Justizminister aus. Wir wollen nur unsere Freiheit, aber wir wollen niemanden verletzen! Was von nun an geschieht, liegt einzig und allein bei Ihnen. Wir warten auf Ihre Entscheidung!"

„Auf Wiedersehen und dalli, dalli!", schrie Fred, dessen Nerven anscheinend schon wie Drahtseile gespannt waren.

„Und bringt's uns unser G'wand!", rief Walter.

Der Oberst seufzte hörbar und verließ dann mit seinem Begleiter den Saal.

Als sie draußen waren, gab ich den Häftlingen auf den „Logenplätzen" mit der Hand ein Zeichen und befahl ihnen knapp: „Ihr habt es gehört! Geht jetzt bitte einzeln hinaus, aber langsam. Wir wollen alles sehen können."

Kommentarlos folgten sie meinen Anweisungen und verließen einer nach dem anderen den Saal.

Ein weiteres Warten begann. Immer wieder blickte ich nach oben zu den Projektoröffnungen, die wie Schießscharten auf uns herunterstarrten. Aber alles blieb ruhig.

Erst viel später, beim Prozess gegen uns, erfuhr ich aus den Akten, dass man anfangs tatsächlich die Möglichkeit ins Kalkül gezogen hatte, uns von dort aus von Scharfschützen abknallen zu lassen. Aber letztlich war entschieden worden, diesen Versuch doch nicht zu wagen – das Risiko war den Verantwortlichen einfach zu groß.

Nach etwa einer halben Stunde wurde wieder zaghaft an die Tür geklopft. Ich verließ die Bühne nicht.

Ein Gefangener trat ein. Am Arm trug er unser Zivilgewand, das fein säuberlich auf drei Kleiderhaken hing.

Ich musste lächeln.

Jetzt kam Bewegung in die Sache.

„Halt!", rief ich und der Mann blieb wie angewurzelt stehen.

„Tür zu! Die müssen da draußen nicht alles mitkriegen!"

Wie von Geisterhand schloss sich die Tür. Da stand also tatsächlich jemand knapp dahinter, der mithörte.

Auf mein Nicken wurstelte sich der Häftling hinter den Sesseln vorbei, kam nach vorne zum Podium und legte das Gewand vor unsere Füße.

Fragend sah er auf zu uns. Ich bedankte mich und er verließ den Saal wieder, augenscheinlich glücklich, dass wir ihn nicht hierbehielten.

Ich blickte auf die Kleider. Das bunt karierte Sakko Walters war derartig hässlich und auffallend, dass wir dieses Ding in Freiheit so schnell wie möglich loswerden mussten. Einfach unglaublich, dass sich ein Mensch so etwas kaufen kann. Genauso gut hätte er sich auch als Clown verkleiden können.

Wie auch immer, jetzt mussten wir uns beeilen und umziehen. Jeden Augenblick konnten die Verhandler zurückkehren und dann durften wir keine Zeit verlieren.

Während einer von uns die Kleider wechselte, bewachten die beiden anderen die Geiseln und ließen auch die dunklen Projektoröffnungen nicht aus den Augen. Wir durften ihnen keine Gelegenheit bieten.

Als nächster kam der Anstaltseiter persönlich und auch er bemühte sich, möglichst beruhigend auf uns einzuwirken. Er informierte uns in knappen Worten, dass er mit Herrn Broda telefoniert habe und der Justizminister selbst zu uns kommen wolle, um mit uns zu verhandeln.

„Wozu?", fragte ich süffisant lächelnd. „Es ist ja alles klar. Sie kennen unsere Forderungen. Wollen Sie sie erfüllen oder nicht? Nur darum geht es! Glauben Sie im Ernst, dass wir Ihren Plan nicht durchschauen? Sie wollen uns hinhalten und Zeit gewinnen! Nur, das funktioniert so nicht – Sie haben nur noch wenig Zeit. Die zwei Stunden sind bald um!"

Ich hob kurz die Pistole, um meinen Worten den nötigen Nachdruck zu verleihen.

Im Endeffekt dauerten die Verhandlungen dann trotzdem etwa sechs Stunden. Vor allem spießte es sich beim Lösegeld. Uns wurde erklärt, dass die Banken bereits geschlossen hätten und das Geld erst in der Früh bereitgestellt werden könne. Wir wussten natürlich, dass dies eine Ausrede war, aber ich beschloss dann – gewissermaßen als Reaktion auf die schon so weit vorgeschrittene Zeit, die Nervenanspannung und die Befürchtung, dass wir bald extrem übermüdet sein würden –, auf das Geld zu verzichten.

Fred und Walter waren damit zuerst nicht einverstanden, aber es gelang mir, ihnen eine Alternative vorzuschlagen. Ich flüsterte ihnen zu: „Seid's gescheit, Burschen! Wir müssen so schnell wie möglich verschwinden. Sind wir erst einmal draußen, machen wir ein paar Banken. Wir haben ja Waffen. Ich kenne Filialen, deren Tresorinhalt jeden einzelnen von uns reich macht."

Da gaben Fred und dann auch Walter nach.

Im Laufe der weiteren Verhandlungen entpuppte sich unsere ursprüngliche Idee, mit dem Auto des Richters zu türmen, als unrealistisch. Der fahrbare Untersatz des Herrn Weiß, so war sein Name, bot für uns alle zusammen viel zu wenig Platz. Es musste eine andere Möglichkeit gefunden werden und die Lösung war nicht schwer. Wir verlangten den – selbstverständlich voll getankten – Anstaltsbus.

Aber so ganz ohne Geld ging es natürlich nicht. Zuvorkommend, wie ich unter normalen Lebensumständen nun einmal bin, bat ich den Richter höflich um sein Geld, jedoch nicht ohne eine begleitende Erklärung.

„Herr Rat, leider müssen wir uns von Ihnen Geld borgen."
Der Richter sah mich verdutzt an.

„Was, was meinen Sie damit?", stammelte er. „Nehmen Sie einfach das Geld, es ist eh nicht viel."

„Nein, nein!", entgegnete ich entrüstet. „Ich meine es ernst. Wie Sie sehen, sind wir in einer akuten pekuniären Notlage und müssen uns von Ihnen Geld ausleihen. Ich bezahle Ihnen bei nächster Gelegenheit den doppelten Betrag zurück. Ich werde ihn umgehend zu Ihren Handen an die Anstaltsleitung der Haftanstalt Stein schicken."

Plötzlich tauchte in der Tür der Anstaltsleiter in Begleitung eines Mannes auf, der sich als Major Howanietz auswies. Er war der Polizeikommandant von Krems und bat – wirklich sehr höflich, weil er wusste, dass er bei mir damit die größten Aussichten auf Erfolg hatte – gegen die Frau als Geisel ausgetauscht zu werden. Der Major begründete seinen Vorschlag damit, dass er uns auf der Flucht helfen konnte, sollte es Schwierigkeiten geben und nebenbei appellierte er auch an unser Mitgefühl. Die erst 25-jährige Frau sei verheiratet und hätte eine Familie, außerdem sei sie aufgrund ihres katastrophalen nervlichen Zustandes für uns eine gewaltige Belastung und so weiter ...

Der langen Rede kurzer Sinn: Wir überlegten und es erschien uns gut, dem Tausch zuzustimmen, aber nicht ganz ohne Bedingung. Die junge Schriftführerin würde von uns erst freigelassen werden, wenn wir die Anstalt verlassen und die Donaubrücke bei Mautern überquert haben würden.

„Geben sie mir darauf ihr Wort?", fragte der Major.

„Ja, ich verspreche es Ihnen!"

Damit war der Menschenhandel sozusagen amtlich. Major Howanietz beteuerte, dass er keine Waffe bei sich trage, und zeigte uns ein paar Handschellen, mit denen wir ihn fesseln sollten.

Gut, wenn er es uns so freundlich und von sich aus anbot, dann konnten wir ihm diesen Wunsch natürlich nicht abschlagen. Wir legten ihm die „Achter" an – wie man Handschellen in gewissen Kreisen nennt – und durchsuchten den Major nach versteckten Waffen, aber er war tatsächlich sauber.

Der Beamte, den Walter zu Beginn der ganzen Sache in den zugegebenermaßen etwas festeren Schwitzkasten genommen hatte, witterte seine Chance und verwandelte sich umgehend in einen massiven Hypochonder. Er hustete permanent, rollte mit den Augen und simulierte Ohnmachtsanfälle.

Ich frage ihn: „Kennen Sie Molière?"

Er schüttelte den Kopf.

„Dabei spielt der doch bei Rapid", gab ich schelmisch zur Antwort, um dann gleich korrigierend nachzusetzen: „Nein, Blödsinn. Molière? Dichter? Der eingebildete Kranke! Sagt Ihnen nichts? Nur weil wir uns hier auf einer Bühne befinden, müssen Sie sich nicht als Schauspieler versuchen."

Der Justizler, der sonst im Gefängnis eher als „harter Hund" bekannt war, benahm sich im Augenblick einfach nur noch jämmerlich. Als er nun auch noch begann, leise vor sich hin zu jammern, beschloss ich insgeheim, den Kerl so schnell wie möglich loszuwerden.

Auf seine dauernden Bitten und sein Gejammer über die Schmerzen ließen wir den Gefängnisarzt holen, um ihn zu untersuchen. Nach wenigen Augenblicken hatte der auch schon die Diagnose parat, dass der Wachebeamte „schwerstens verletzt" sei ...

Offiziell als Zeichen unseres guten Willens – in Wahrheit natürlich, um nicht das ganze Unternehmen zu gefährden –

erklärten wir uns bereit, den Beamten freizulassen, lösten seine Fesseln und ließen ihn abtransportieren.

Das „Showprogramm" im Kultursaal näherte sich seinem Finale, denn endlich – mehr als vier Stunden später als erhofft – waren alle Modalitäten erledigt. Die Anstaltsleitung hatte die Verhandlungen wieder und wieder verschleppt und mit immer anderen Ausreden versucht, Zeit zu gewinnen, um die Lage in den Griff zu bekommen. Aber zwecklos! Wir waren einfach in der besseren Position.

Schließlich wurde uns gesagt, dass wir nun durch den Hinterausgang des Saals die Anstalt verlassen konnten und der Bus beim großen Tor für uns bereit stand.

Dies war der wahrscheinlich heikelste Moment des ganzen Unternehmens. Ich wusste, dass es gegenüber der Anstalt ein großes Firmengebäude gab, von dessen Dach aus man hervorragend auf uns würde schießen können. Ich ging davon aus, dass dort bereits Scharfschützen postiert waren. Wenn wir durch das Tor auf die Straße rannten, würden wir ungedeckt auf dem Präsentierteller stehen.

„Zum Verarschen gehören bekanntlich immer zwei. Da spielen wir nicht mit", flüsterte ich meinen Kumpanen zu, die eifrig nickten, obwohl mir nicht klar war, ob sie mich auch verstanden hatten.

„Wir verlassen diesen Kultursaal nicht gemeinsam, sondern einzeln!", erklärte ich, „jeder mit einer Geisel. Dann können sie uns nicht einfach abknallen."

Jetzt verstanden sie und stimmten dem Plan grinsend zu. Jeder schnappte sich eine Geisel und einzeln gingen wir zu Tür.

Als Erster verließ Fred mit Major Howanietz den Saal, während ich bei der Hintertür stand, um das Geschehen zu beobachten.

Ich konnte direkt spüren, wie sich unsere Gegner ärgerten. Wieder waren wir klüger gewesen als sie. Chancenlos mussten sie zusehen, wie wir einer nach dem anderen das sicherste Gefängnis Österreichs verließen. Und sie konnten nichts dagegen tun, ohne das Leben der Geiseln aufs Spiel zu setzen ...

*

Die Scharfschützen am Dach mussten ganz schön frustriert sein, als Walter als Zweiter aus dem Haus kam und mit der Sekretärin quer über den Hof zum Bus ging. Immer wieder sah er sich nach oben und hinten um, aber nichts geschah. Alles blieb ruhig.

Obwohl mir bewusst war, dass wir von vielen Augenpaaren beobachtet wurden, kam ich schließlich mit dem Richter nach und ging mit ihm die etwa 30 Meter zum Fluchtfahrzeug. Ich drückte dem Herrn Rat meine Pistole zwischen die Rippen und zog ihn eng an mich, um den Scharfschützen nur ja kein Ziel zu bieten.

Den zweiten Wachebeamten, der uns ebenfalls nur zur Last gefallen wäre, hatte ich gefesselt im Kultursaal zurückgelassen. Er hatte seine Schuldigkeit getan ...

Als wir schließlich alle im Wagen saßen, die Geiseln noch immer jeweils knapp neben uns platziert, nahm Fred hinter dem Steuer Platz, drehte den Zündschlüssel um und der Wagen sprang tatsächlich sofort an.

Ich atmete erleichtert auf. Ich hätte denen alle Tricks zugetraut, aber anscheinend war ich zu misstrauisch. Sie hätten nur das Kabel von der Zündspule nehmen müssen, und schon hätten wir eine Menge Probleme gehabt und sie die Möglichkeit, uns von den Geiseln zu trennen und zu überwältigen.

So aber rollte der Bus gemächlich an und eine Zivilperson öffnete das große Schubtor. Gemächlich verließen wir das Gelände der Strafanstalt.

Ich konnte mir nicht verkneifen, zu salutieren – inkorrekterweise zwar mit der linken Hand, aber immerhin. In der rechten Hand hielt ich ja die Waffe, die ich an die Schläfe des Richters hielt.

Noch immer angespannt, aber voller Enthusiasmus, endlich draußen zu sein, fuhren wir davon. Immer wieder warfen wir verunsicherte Blicke zurück, ob uns nicht doch schon jemand nachfuhr oder auf einmal aus einer Seitengasse unsere Verfolger auftauchten, um uns auf offener Landstraße zu stellen. Aber nichts geschah.

Die Gefängnisleitung hielt Wort und ließ uns den in der Abmachung versprochenen Vorsprung. Es war vereinbart, dass uns niemand folgen würde und auch Fahndungsfotos erst nach zwei Tagen ausgegeben werden durften. Wenn uns irgendetwas auffallen sollte, würden wir die Geiseln töten.

Aber auch ich hielt mein Wort.

Kaum hatten wir die Brücke bei Mautern überquert, blinkte Fred, genau nach den Vorschriften der StVO, und hielt am Straßenrand. Nun war es Zeit, der Schriftführerin „Adieu" zu sagen. Sie stieg zaghaft aus, nahm dann all ihren Mut zusammen, drehte sich beherzt noch einmal um und bat uns, dem Herrn Richteramtsanwärter nur ja nichts anzutun.

„Bitte verschonen Sie den Herrn Doktor Weiß", flehte sie und warf uns – alter Frauentrick – einen schmachtenden Blick mit ihren Kulleraugen zu. Ich tat völlig unbeeindruckt und sagte nur lapidar: „Das hängt nicht von uns ab! Wie Sie wissen, haben wir 24 Stunden freies Geleit ausgehandelt. Ob sich die Justiz an ihr Versprechen hält, werden wir ja bald wissen. Leben Sie wohl!"

Dann zog ich die Schiebetür zu und wir rasten davon. Das Mädchen blieb am Straßenrand zurück. Sicher würde schon Augenblicke später ein Einsatzfahrzeug auftauchen, dessen Besatzung sich ihrer annehmen würde.

Es war nun schon finster und die Chancen standen gut, dass wir uns irgendwo unbemerkt absentieren konnten. Die Geiseln würden wir dann einfach zurücklassen und wenn wir uns erst einmal Geld besorgt hätten, sollte es für jeden von uns recht einfach sein, unterzutauchen. So dachten wir.

Aber seien wir realistisch: Uns war natürlich vollkommen klar, was passieren würde, falls sie uns erwischten. Wir waren ja nicht, wie man auf gut Wienerisch sagt, „auf der Nudelsuppe dahergeschwommen". Daher gab es zwischen uns eine Übereinkunft, die da lautete: „Freiheit oder Tod!" – ziemlich naiv, aber unter den gegebenen Umständen verständlich. Falls irgendetwas schief gehen sollte, waren wir bereit, unsere Haut so teuer wie nur möglich zu verkaufen.

Fred steuerte den Fluchtwagen, einen typischen Justiz-Bus, der sonst für Gefangenentransporte genutzt wurde, auf der Bundesstraße in Richtung Wien. Ich drehte mich immer wieder um, weil ich die Befürchtung hegte, dass die Zusage, uns einen Vorsprung zu geben und uns in diesem Zeitraum nicht zu verfolgen, nur heiße Luft war.

„Ich kann mir nicht vorstellen, dass die uns in Ruhe lassen", murmelte ich und meine beiden Komplizen nickten. Sie waren derselben Ansicht.

Jetzt waren wir zwar draußen, aber paradoxerweise führte gerade das zu erhöhtem Stress. Wir hatten ein gewaltiges

Risiko auf uns genommen, um so weit zu gelangen, aber nun mehrten sich die Befürchtungen, dass wir die neu gewonnene Freiheit bald wieder verlieren könnten. Dass die Polizei schon längst mit den Vorbereitungen für eine flächendeckende Großfahndung beschäftigt war, stand außer Zweifel und mit dem Gefängnisbus waren wir in etwa so unauffällig wie eine rote Kuh auf der grünen Weide. Zum Glück war es mittlerweile dunkel.

In finsterer Nacht – ich glaube, es war so um 21.30 Uhr – fuhren wir durch relativ dünn besiedeltes Gebiet in Richtung Wien, als wir an einer kleinen Ausweichstelle anhielten, um uns zu erleichtern.

Fred schaltete die Beleuchtung des Autos aus.

Nur Sekunden später tauchten hinter uns die Scheinwerfer eines Fahrzeuges auf. Der Wagen war ziemlich flott unterwegs und anscheinend bemerkte der Fahrer den unbeleuchteten Bus am Straßenrand viel zu spät. Erst als er einige Meter an uns vorüber war, stieg er in die Eisen und das Auto blieb mit quietschenden Reifen stehen. Ganz deutlich handelte es sich um einen Polizeiwagen. Sie verfolgten uns also doch!

Und dann kam das schier Unfassbare. Es war wie in einer Slapstick-Komödie. Die Hüter des Gesetzes fuhren nicht etwa weiter, um uns in Sicherheit zu wiegen, nein, der Fahrer legte den Retourgang ein, schob zurück und verschwand rückwärts fahrend hinter dem Hügel, über den er soeben gekommen war.

„Gut, nun wissen wir, was von der Zusage Ihrer Untergebenen zu halten ist", sagte ich zum Polizeikommandanten und der murmelte kaum hörbar einige Bezeichnungen für seine Kollegen, die ich ihm kaum zugetraut hätte. Schmeichelhafte Worte für effiziente Polizeiarbeit waren es jedenfalls nicht.

Wir fuhren weiter und immer wieder – wenn Fred absichtlich das Tempo verringerte – sahen wir die Scheinwerfer hinter uns auftauchen. Wie an einem unsichtbaren Gummiband zogen wir die Verfolger hinter uns her. Aber was sollten wir tun?

Ich drehte mich vom Beifahrersitz aus zu Major Howanietz um: „Vielleicht sollten Sie bei diesen Beamten, die da hinten im Wagen sitzen, einen Intelligenztest machen lassen, wenn das alles hier vorbei ist", sagte ich mit einem Lächeln.

Der Major antwortete nicht, aber ich sah, dass er meinen Vorschlag gar nicht für so abwegig hielt. Was da geboten wurde, war ja auch wirklich mehr als dilettantisch.

Es kam aber noch schlimmer.

Als wir kurz vor Wien über den Riederberg fuhren, sahen wir schon zwei Gendarmerieautos knapp hinter uns und unsere Verfolger gaben sich offensichtlich gar keine Mühe mehr, unbemerkt zu bleiben. Die Wortspenden des Majors über die Kompetenz seiner Untergebenen kamen zu unserem Amüsement nun direkt und unverhohlen. Wie gesagt, als unbeteiligter Zuseher hätte man an den Vorgängen hier auf der nächtlichen Straße seine Freude gehabt.

Je länger die Fahrt allerdings dauerte, umso deutlicher wurde, dass Fred ziemliche Mühe mit dem Steuern des Fluchtfahrzeugs hatte. Immer wieder verschaltete er sich, brachte den Motor dazu, besorgniserregend aufzuheulen oder fuhr im vierten Gang bergauf und der Wagen machte Anstalten, hustend zu verenden ... Ein Wunder, dass es zu keinem Auffahrunfall kam, so knapp wie uns unsere Verfolger schon auf den Fersen waren.

Ständig irgendwelche Fahrfehler, hinter uns die Scheinwerfer der Streifenwagen und das auf einer Fahrt, die uns schon endlos erschien. Im Wagen war die Stimmung am Kippen. Alle waren gereizt und die anfängliche Zuversicht war in Anbetracht unserer Verfolger so gut wie verschwunden. Die Katastrophe war absehbar.

So ging es nicht weiter.

Beiläufig erinnerte ich Major Howanietz daran, dass er versprochen hatte, uns zu helfen, wenn es nötig sein sollte. Dieser Notfall bahnte sich nun eindeutig an.

Der Major nickte.

„Sie können sich auf mich verlassen. Ich halte mein Wort", brummte er zustimmend.

Da hatte Walter eine Idee.

„Ich weiß, wie wir sie abschütteln", sagte er im Brustton der Überzeugung. „Ich bin in Purkersdorf aufgewachsen und habe dort auch gewohnt. Ich kenne einen Schleichweg, auf dem wir sie los werden."

„Gut, dann machen wir das", stimmte ich zu.

Walter erklärte grinsend, dass die Einheimischen diese Seitenstraße als Ausweichroute nahmen, wenn sie völlig besoffen auf dem Heimweg vom Heurigen waren, und gleich darauf gab er Fred ein Zeichen, in eine schmale Straße abzubiegen. Aber die Anspannung war anscheinend so groß, dass sie das Erinnerungsvermögen Walters getrübt hatte. Der angebliche Geheimpfad war eine Sackgasse und an ihrem Ende ging es nicht mehr weiter. Da standen wir nun also mitten im Wald, die Verfolger nicht weit hinter uns …

Wie nah sie uns waren, mussten wir bald feststellen.

Nachdem Fred den Wagen, wie schon am Beginn erzählt, mühsam gewendet hatte, sahen wir, dass wir in der Falle saßen. Nur der Ehrenhaftigkeit des Majors war es zu verdanken, dass wir aus diesem Schlamassel schadlos wieder herauskamen und unsere Flucht fortsetzen konnten

*

Nach diesem Zwischenfall auf dem Riederberg nahmen die Gendarmen ganz offen wieder die Verfolgung auf. Sie hielten zwar Abstand, aber wir wussten, dass sie da waren.

Schließlich erreichten wir von Westen her die Bundeshauptstadt. Im Gewirr der kleinen Gassen sollte es uns ein Leichtes sein, unseren Verfolgern zu entkommen. In der Stadt bestand die beste Möglichkeit, unterzutauchen. Die Freiheit war nun tatsächlich zum Greifen nah.

Obwohl die vergangenen Stunden durch die ständige Anspannung erschöpfend waren, empfand keiner von uns Müdigkeit, aber Hunger und Durst wurden schön langsam unangenehm.

Darauf hatte ich völlig vergessen. Wir hätten auch Verpflegung fordern sollen. Aber wahrscheinlich war es ohnehin besser so, redete ich mir ein. Vielleicht hätten sie dem Wasser irgendein Schlafmittel beigesetzt. Ideen dieser Art traute ich ihnen ohne weiteres zu.

Fred lenkte den Bus durch den 14. Bezirk bis hinunter zum Gürtel und schließlich zum Westbahnhof. Dort fuhr er genau vor dem Bahnhof auf den Gehsteig. Parkplätze waren in dieser Gegend schon damals Mangelware. Hier sollte es uns aber gelingen, ein neues Auto zu bekommen und so die lästigen Verfolger loszuwerden. Es war definitiv an der Zeit, den Bus zu verlassen. Er war doch etwas zu auffällig.

Gerade als wir mit den Geiseln aussteigen wollten, näherte sich eine junge Zeitungsverkäuferin. Anscheinend nahm sie an, dass wir eine Zeitung bei ihr kaufen wollten.

Walter packte die überraschte Frau und zerrte sie ins Auto. Damit hatten wir wieder eine dritte Geisel. Die verängstigte Frau machte keinerlei Versuch, sich zu wehren, und ich erklärte ihr in der mir eigenen Höflichkeit, dass ihr nichts passieren würde, wenn sie sich ruhig verhielt.

Schließlich stiegen wir aus dem Bus und während wir mit unseren Geiseln durch das Hauptportal in die Bahnhofshalle gingen, sahen wir auch schon, wie die beiden Polizeiautos, die uns die ganze Zeit über verfolgt hatten, vor dem Bahnhof vorfuhren. Die Gendarmen stellten sie neben unserem alten Fluchtfahrzeug ab und stiegen nach allen Seiten Ausschau haltend aus. Gleich darauf gesellten sich auch noch ein paar Kriminalbeamte zu ihnen, die anscheinend über Funk verständigt worden waren.

Sie waren nur noch wenige Schritte hinter uns, zögerten aber. So spät in der Nacht waren natürlich kaum Menschen in der Halle, aber genug, um die Situation für die Polizisten heikel zu machen. Uns konnte das nur recht sein.

Major Howanietz kannte anscheinend einen der Zivilbeamten. Ich weiß nicht, ob der Mann tatsächlich so hieß, aber ich weiß noch ganz genau, was der Major schrie: „Hirnschrot, seid's ihr total deppert? Wenn ihr nicht sofort verschwindet, gibt es hier ein Massaker. Haut's endlich ab und lasst's uns unbehelligt weiterfahren – wie zugesagt!"

Dieser Herr Hirnschrot, der mir irgendwie von früher bekannt vorkam, antwortete nur kurz: „Ist in Ordnung", gab den Männern ein Zeichen und endlich traten die Polizisten tatsächlich den Rückzug an.

Wir liefen, die Geiseln im Schlepptau, die Treppe hoch auf die Bahnsteig-Ebene des Bahnhofs. Zuerst überlegten wir, ob wir in einen der Züge steigen sollten, entschieden uns dann aber doch anders und steuerten auf den Seitenausgang des Bahnhofs Richtung Felberstraße zu.

Da kamen uns plötzlich zwei uniformierte Polizeibeamte entgegen, die anscheinend gerade zufällig ihren Kontrollgang durch das Bahnhofsgebäude machten. Die Situation war eindeutig. Die Pistolen, die wir den Geiseln in die Rippen stießen, konnten ihnen ja nicht verborgen bleiben.

„Verdammt", zischte ich, „jetzt haben wir den Salat."

Jetzt war Feuer am Dach. Ich spürte förmlich das Adrenalin in meinen Körper schießen.

Die beiden Polizisten blieben kurz stehen, musterten uns mit strengem, amtlichem Blick. Nur noch Sekunden, bis die beiden reagieren und zu ihren Waffen greifen würden. Ich war auf alles gefasst und spürte meinen Finger sich um den Abzug spannen. Doch in dem Moment gingen die Polizisten einfach weiter. So als ob hier gar nichts Außergewöhnliches vor sich ginge.

Hatten sie die Situation wirklich nicht erfasst? Oder hatten sie gerade das getan und wollten uns zu nichts provozieren?

Keine Ahnung, was sie dachten, ob sie überhaupt etwas dachten. Vielleicht war für sie auch bald Dienstschluss. Was sich in ihren Köpfen abspielte, ich weiß es nicht.

Später sagten diese Polizisten zu ihrer Rechtfertigung aus, sie hätten angenommen, dass es sich um Filmaufnahmen in der Bahnhofshalle handelte. Angesichts dessen, dass nirgendwo Kamerateams standen und auch von dem auf einem Drehort üblichen Tohuwabohu nichts zu bemerken war, war das nicht nachvollziehbar. Aber egal, es war wie es war: Wir hatten mehr Glück als Verstand, die beiden Polizisten gingen ihres Wegs und wir setzten unsere Flucht fort.

Dabei beging ich – rückblickend – einen Fehler. Wir hätten die Beamten sofort bedrohen und ihnen ihre Waffen abnehmen sollen. Die hätten wir gut gebrauchen können.

Wir hetzten also weiter, so gut das mit den Geiseln ging, und beim Ausgang Felberstraße stiegen wir in das erstbeste Taxi, das dort auf Fahrgäste wartete. Wir rissen die Türen der Mercedes-Limousine auf und drängten ins Innere. Ich zwängte mich mit dem Richter, Walter und der ägyptischen Zeitungsverkäuferin auf die Sitzbank im Fond, während sich Fred mit dem Major auf den Beifahrersitz quetschte. Wirklich bequem war das nicht.

Der Taxilenker wollte protestieren, aber ich hatte keine Lust auf lange Diskussionen. Da es im Auto ein Radio gab, das eingeschaltet war, ging ich davon aus, dass der Mann Nachrichten gehört hatte.

„Wir sind die Stein-Ausbrecher", stellte ich uns vor. „Leider müssen wir Ihnen ein paar Unannehmlichkeiten bereiten."

Der Taxifahrer fasste sich überraschend schnell und ich hatte den Eindruck, dass ihm das unerwartete Abenteuer gar nicht unangenehm war.

„Is' in Urdnung, Burschn. Wohin soi's denn geh'n?"

Ja, wenn wir das nur gewusst hätten!

Da schaltete sich erneut der Major ein. Er riet uns, direkt zum Polizeipräsidium zu fahren und dort mit den obersten Verantwortlichen zu verhandeln. Im Moment sei die Situation verfahren und es bestehe kaum eine Chance für uns, der Verfolgung zu entkommen. Das klang plausibel. Vor allem mussten wir hier weg, wenn wir unsere Drohung, erst die Geiseln und dann uns zu töten, nicht gleich hier auf dem Bahnhof wahr machen wollten.

„Bringen Sie uns zum Polizeipräsidium!"

„Na, dann! Geh ma's an!"

Der Taxifahrer startete den Mercedes und fuhr hinaus auf den Gürtel. Schon nach der ersten Ampel bemerkten wir, dass wir nicht alleine waren: Hinter uns reihten sich Einsatzfahrzeuge der Polizei und etliche Zivilfahrzeuge, wahrscheinlich neugierige Journalisten, die gierig auf die ersten Bilder waren. Viel auffälliger ging es wohl nicht – aber das war jetzt nicht unbedingt ein Nachteil.

Im Konvoi fuhren wir in Richtung Ring. Vor dem Polizei-Hauptquartier parkte der Taxilenker sein Auto.

„Wos jetzt?", fragte er bewunderswert ruhig. Der Mann hatte wirklich Nerven.

„Gehen Sie bitte hinein und richten Sie aus, dass wir mit dem Polizeipräsidenten reden wollen", antwortete ich.

Obwohl es schon spät in der Nacht war, ging ich davon aus, dass sich der Präsident angesichts der extremen Situation in seinem Büro bei einer Krisensitzung befand.

Der Taxilenker schüttelte den Kopf: „Der ist do um de Zeit sicher nimma do."

„Das glaube ich schon!", entgegnete ich. „Heute ist ein aufregender Tag für die Polizei und der Herr Präsident wird ohnehin schon wissen, dass wir in Wien angekommen sind. Da gibt es sicherlich viel zu besprechen für ihn." Ich lächelte den Mann freundlich an. „Bitte gehen Sie. Aber lassen Sie den Schlüssel stecken – nur für alle Fälle!"

Nach etwa zehn Minuten, in denen wir angespannt im Wagen saßen und nicht wussten, was weiter passieren würde, kam der Mann zurück und stieg wieder in das Taxi. Er berichtete, dass er die Nachricht überbracht hatte, und bat uns, schelmisch lächelnd, um Nachsicht, dass wir so lange hatten warten mussten. Mittlerweile hatten sich etliche Schaulustige eingefunden und die Polizei errichtete Sperren, um die neugierigen Menschenmassen und die Presse von uns abzuhalten.

„Die Kieberer hab'n da drin gewoitig Druck g'mocht, dass ich nur jo ned zum Taxi z'ruckgeh. Aber des kennan s' vergessn. Ein guter Taxler lässt seinen Wagen nicht im Stich!", grinste er. „Ich hab' ihnen g'sagt, dass ihr mir versprochen habts, dass mir nix passiert. No, und euch glaub' ich's sogar."

Wie ich vermutet hatte, hatte der Taxilenker offensichtlich großes Interesse daran, dieses Abenteuer weiterhin hautnah mitzuerleben. Außerdem glaube ich, dass er viel mehr mit uns sympathisierte als mit den uniformierten Straßenräubern, die ihm täglich seine Arbeit erschwerten.

Ein paar Minuten später tauchte dann auch wirklich Polizeipräsident Josef Holaubek in Begleitung des Sicherheitsdirektors auf. Er stellte sich an jene Seite des Fahrzeuges, wo Walter saß, der andere Mann kam zu mir herüber. Ich kurbelte die Scheibe ein wenig herunter und hielt die Pistole – so bedrohlich wie möglich – dem Richter an die Schläfe. Showtime!

Eigentlich war ich gar nicht gewillt, Herrn Weiß zu erschießen. Ich hatte ihn bisher auf unserer Flucht als netten Menschen kennengelernt und hoffte, dass wir ihn und auch die anderen Geiseln, schon bald freilassen konnten. Aber jetzt musste ich zumindest den Eindruck erwecken, dass das Leben unserer Geiseln an einem seidenen Faden hing und wir zu allem bereit waren.

„Wenn Sie wollen, können Sie ruhig mit dem Richter sprechen", sagte ich so freundlich wie möglich zum Sicherheitsdirektor, der neugierig durch das Fahrzeugfenster lugte, wohl, um sich ein Bild der Lage im Auto zu machen.

Er aber schüttelte den Kopf. „Wie soll ich denn mit ihm reden, wenn Sie ihn mit der Waffe bedrohen?"

Polizisten haben hin und wieder eine sonderbare Logik.

„Ich halte dem Herrn Doktor ja nicht den Mund zu, sondern nur den Lauf an die Schläfe", antwortete ich, „und diese Notwendigkeit werden Sie ja wohl verstehen. Also, was hindert Sie daran, mit ihm zu reden? Kein Problem!"

Während im Hintergrund die Blitzlichter der Pressefotografen aufflammten, beugte sich der Sicherheitsdirektor zum Fensterschlitz und wandte sich an den Richter.

„Wir haben Ihre Familie informiert. Die wissen jetzt, dass Sie wohlauf sind und es Ihnen den Umständen entsprechend gut geht."

„Noch!", warf ich frech ein, um das Bedrohungsszenario aufrecht zu erhalten.

„Beruhigen Sie sich", wurde der Sicherheitsdirektor nervös, „wir werden ja alles tun, dass hier niemand zu Schaden kommt."

Ich fand seine Beschwichtigungsstrategie erheiternd. Ich bin ja noch heute davon überzeugt, dass uns etliche Polizisten am liebsten einfach erschossen hätten, wenn sie denn eine Möglichkeit gehabt hätten. Das hätte den Ordnungshütern eine Menge Ärger und Papierkram erspart.

„Lassen Sie das! Sie wissen, dass es nicht so ist!", fuhr ich ihn ärgerlich an.

In der Zwischenzeit hatte Walter mit dem Polizeipräsidenten gesprochen. Da allgemein bekannt war, wie Holaubek gestrickt war – nämlich ähnlich human wie der Justizminister Broda –, sahen wir eine gute Chance, unsere Flucht fortsetzen zu können, wenn wir geschickt verhandelten.

Ich hörte, wie Walter den Polizeipräsidenten in vorwurfsvollem Ton daran erinnerte, dass wir die Zusage bekommen hatten, vierundzwanzig Stunden lang unbehelligt zu bleiben und nicht verfolgt zu werden.

Zuckerbrot und Peitsche. Auf der einen Seite der fast freundschaftliche Ton Walters im Gespräch mit Holaubek, auf der anderen Seite ich, der den Bösen spielte.

Welche Sensation unsere Geiselnahme mittlerweile war, erkannten wir am Presserummel, den wir verursachten. Im Abstand von rund 30 Metern – zurückgehalten von den Polizisten – drängten sich die Presseleute. Fotografen, Kameramänner und Journalisten scharten sich in einer großen Gruppe im Halbkreis um den Mercedes.

Ich versteckte mich, so gut es ging, hinter dem Richter, um nicht fotografiert zu werden.

Ziemlich aussichtslos.

Andererseits half uns diese Öffentlichkeit vielleicht sogar. Im Blitzlichtgewitter konnte die Polizei wohl schwer zu einem Angriff übergehen und versuchen, uns zu überwältigen. Die Gefahr, dass dabei die Geiseln und eventuell auch einige der unbeteiligten Gaffer zu Schaden gekommen wären, war einfach zu groß. Also setzte die Polizei auf Beruhigung, Deeskalation, wie man heute sagen würde.

Die Verhandlungen verliefen letztlich erfolgreich für uns. Der Polizeipräsident sagte zu, dass wir von nun an das versprochene freie Geleit bekommen würden. Schwierig daran war jetzt nur, auch die Presseleute davon abzuhalten, uns zu folgen.

Holaubek winkte zwei Verkehrspolizisten heran, die vor ihm stramm standen, während er ihnen, für uns gut hörbar, unmissverständlich seine Befehle gab.

„Sie fahren jetzt mit ihrem Einsatzfahrzeug hinter dem Taxi her. Verstanden?"

„Jawohl, Herr Präsident!"

„Wenn Sie ein Handzeichen von der Beifahrerseite des Taxis bekommen, halten sie an und haben von mir den Auftrag, die Presseleute aufzuhalten. Verstanden?"

„Jawohl, Herr Präsident!"

„Und es darf dann keine weitere Verfolgung des Taxis geben. Von niemandem. Verstanden?"

„Jawohl, Herr Präsident!"

Im Gegenzug und als Geste des guten Willens ließen wir die Zeitungsverkäuferin aussteigen. Sichtlich erleichtert lief sie sofort in Richtung der Journalisten, die sie umgehend mit Fragen überhäuften.

*

Mittlerweile war es ungefähr Mitternacht. Nachdem die Polizisten uns den Weg durch die Menge frei gemacht hatten – jeder wollte natürlich ein Bild der gefährlichen Stein-Ausbrecher oder zumindest des Fluchtfahrzeugs haben – fuhren wir los. Einen VW-Käfer der Polizei im Schlepptau ließen wir den Taxifahrer in Richtung 22. Bezirk fahren. Fred stammte aus dieser Gegend und versicherte uns, dass er sich dort gut auskannte.

„Na hoffentlich kennst du dich dort besser aus als der Walter am Riederberg", konnte ich mir nicht verkneifen. Aber Walter ignorierte den schnippischen Seitenhieb.

Fred winkte empört ab: „Nein, ich kenne da wirklich ein paar ideale Verstecke. Ich habe lange in der Quadenstraße gewohnt. Dort gibt es hinter den Gemeindebauten etliche abgelegene Gassen und Feldwege. Dort können wir uns dann perfekt absetzen. Glaubt mir."

„Ja, ja, wir haben ohnehin keine andere Wahl", entgegnete ich. Wenn sich die Polizei diesmal an ihre Versprechungen hält, dachte ich insgeheim. Wir konnten ja nicht ewig mit drei Geiseln durch die Gegend kutschieren.

Über die Reichsbrücke – damals noch jene, die ich aus meiner Kindheit kannte – ging es über die Donau und dann immer weiter stadtauswärts. Nach dem Kagranerplatz gab Fred das vereinbarte Handzeichen.

Beim VW-Käfer hinter uns wurde das Blaulicht eingeschaltet. Die Beamten stellten den Wagen quer, sprangen heraus, schwangen die beleuchtete rote Kelle und stoppten damit die hinten nachfahrende Schlange der Journalistenautos. Ende der Dienstfahrt für die schreibende und fotografierende Zunft, aber auch für die Polizei.

Sicherheitshalber ließen wir das Taxi mehrmals anhalten und spähten nach hinten. Tatsächlich, es hatte funktioniert. Endlich waren wir alle lästigen Verfolger los.

Nachdem wir eine Weile kreuz und quer durch immer enger werdende Gassen gefahren waren, dirigierte Fred den Taxifahrer in einen kleine Gasse, die eigentlich schon mehr ein Schotterweg war und die keine Straßenbeleuchtung mehr hatte. Auf beiden Seiten des Weges lagen Felder und in der Entfernung konnten wir die Lichter der Stadt sehen.

Dort hielten wir an, um über die weitere Vorgehensweise zu beraten. Wir stiegen aus dem Auto. Die Geiseln mussten ja nicht unbedingt mitkriegen, was wir vorhatten.

Genau in diesem Augenblick kam uns auf der Schotterstraße ein Auto entgegen geholpert.

Perfekt! Das war die Gelegenheit, um das der Polizei bekannte Taxi schnellstens los zu werden und das Fluchtfahrzeug wechseln.

Walter und Fred reagierten sofort und schnappten die Pistolen. Sie stoppten das Auto und wie sich sogleich herausstellte, war auch diese schmale Seitengasse eine Art Schleichweg für Betrunkene: Im Fahrzeug befanden sich zwei äußerst gut gelaunte junge Burschen, die stark alkoholisiert waren.

Und zur Überraschung aller kannten sie Fred.

„Jessas na!", rief einer von ihnen in tiefstem Wienerisch, als sie endlich mühsam ausgestiegen waren. „Mei Hawara, der Fredl."

„Na, sowas! Der Fredl! Sog, wos is denn los, Fredl?", lallte der andere und ergänzte leise flüsternd, als ob es um ein Geheimnis ging: „Ollas suacht di." Offensichtlich war man schon bestens über den Ausbruch informiert. Die Medien hatten schnell gearbeitet.

Fred klopfte einem der beiden Betrunkenen auf die Schulter und sagte in einem mitleidsvollen Tonfall: „Tut mir leid Burschen, wir brauchen euer Auto. Das Taxi ist zu heiß geworden, die Kieberer kennen's schon und wir müssen wechseln."

„Kaa Problem, Fredl ...", lallte der Fahrer, „... einverstanden! Wos soi ma mochen?"

„Nicht gleich zur Polizei gehen, sonst ist der Führerschein weg", antwortete Fred mit einem Lächeln, „zuerst ausnüchtern. Und jetzt lasst's uns ins Auto, Burschen."

Nachdem die beiden sich etwas von ihrem Fahrzeug entfernt hatten, stieg auch ich aus dem Taxi und gemeinsam verfrachteten wir die Geiseln in das neue Fluchtauto. Dann humpelte ich zum Taxifahrer, der mittlerweile bei den beiden Trunkenbolden stand, und bedankte mich bei ihm. „Wie Sie sich wahrscheinlich vorstellen können, haben wir kein Geld und können Ihnen die Fahrt nicht bezahlen. Aber ich denke, dass Sie ihre Unannehmlichkeiten dadurch wett-machen können, wenn Sie Ihre Story an eine Zeitschrift verkaufen."

„Jo, jo, is scho in da Urdnung", nickte er.

„Leider müssen wir Sie fesseln", sagte ich bedauernd, fügte jedoch tröstend hinzu: „Aber das macht die Geschichte noch besser." Dann band ich die Hände des Mannes ziem-lich locker, damit er sich bald befreien konnte, an das Lenk-rad. Nachdem wir aus zwei Reifen die Luft ausgelassen hatten, klemmten wir zum Schluss noch die Batterie ab, damit das Funkgerät für eine Weile außer Betrieb war, und verabschiedeten uns.

„Viel Glück, Burschen!", rief er uns noch nach.

Die beiden jungen Männer nahmen wir noch ein Stück mit und setzten sie dann mitten auf dem Weg zwischen den Feldern aus. Fred versicherte ihnen, dass er ganz bestimmt gut auf ihr Auto aufpassen würde und wir es ja ohnehin nur kurze Zeit benötigten.

Zu unserem Glück, lag im Auto ein kleines, tragbares, Radiogerät. Um ein Uhr in der Früh hörten wir die Nach-richten. Unsere Flucht war natürlich die Sensationsmel-dung. Mit Befriedigung vernahmen wir, dass die Polizei bekannt gab, unsere Spur verloren zu haben.

Aufatmen. Das war geschafft.

Aber was nun?

Wir waren völlig planlos.

Da die Polizei wusste, dass wir uns auf dieser Seite der Donau befanden, sollten wir also entweder Wien verlas-sen oder in die entgegengesetzte Richtung wieder auf die andere Seite der Stadt fahren. Schließlich waren wir uns einig, in Wien bleiben zu wollen, und fuhren quer durch die nächtliche Stadt in den 19. Bezirk, ständig auf der Lauer, ob nicht irgendwo ein Streifenwagen unseren Weg kreuzte. Dort wollten wir wieder das Fahrzeug wechseln.

Schließlich bemerkten wir am Straßenrand eine geparkte Jaguar-Limousine.

„Setzen wir doch die Reise in diesem Schlitten fort. Ein bisschen Luxus kann nicht schaden und ich rieche das Leder in so einem Jaguar wirklich gerne", sagte ich lächelnd.

Fred behauptete, dass er Autos knacken könnte, und brachte es tatsächlich zustande, die Tür des Briten zu öffnen, aber dann war Endstation. Eine Zeitlang fingerte er an den Zündkabeln herum, hin und wieder zischte es und Funken leuchteten in der Dunkelheit des holzgetäfelten Armaturenbretts auf, um gleich wieder zu erlöschen. Der Motor machte keinen Mucks.

„Lucas, King of Darkness", murmelte ich, als ich die erfolglosen Versuche meines Komplizen beobachtete. Zur Erklärung: Damals wurden die elektrischen Anlagen in jedem Jaguar von der Firma Lucas hergestellt und die hatte keinen besonders guten Ruf. Im Endeffekt gaben wir das Vorhaben auf und ließen den Jaguar stehen.

„Es hat keinen Sinn. Wir müssen uns jetzt endlich irgendwo verstecken", schlug ich vor. „In ein paar Stunden wird es hell und ich möchte nicht mehr auf der Straße sein, wenn die Leute in die Arbeit gehen. Spätestens mit den Morgenausgaben kennt dann jeder unsere Gesichter."

Noch immer mit dem Auto der beiden Burschen fuhren wir dann in den 14. Bezirk, zum etwas abgelegenen Bierhäuselberg. Dort kannte Walter eine, wie er sie nannte, ältere Dame, mit der er früher ein Verhältnis gehabt hatte.

Mittlerweile wusste die Polizei sicherlich auch schon von unserem neuen fahrbaren Untersatz und fahndete schon danach. Also sollten wir den Wagen schleunigst irgendwo stehen lassen. Dabei wollten wir auch gleich die Geiseln loswerden. Sie waren nun keine Hilfe mehr und erschwerten unsere weitere Flucht. Also beschlossen wir, den Wagen und die Geiseln in einer Seitengasse abzustellen und dann zu Fuß den Rest der Strecke bis zur Wohnung von Walters Bekannter zurückzulegen. Vor den Geiseln sprachen wir laut darüber, unsere Flucht mit der Stadtbahn fortsetzen zu wollen.

Der Major versprach, zwanzig Minuten lang keine Polizei anzurufen. Da wir ihn bisher als Ehrenmann kennengelernt hatten, der zu seinen Versprechen stand, glaubten wir ihm. Er hielt, wie wir später erfuhren, tatsächlich Wort und wartete die ausgemachte Zeit, bis er seine Kollegen verständigte.

Walters Ex-Freundin wohnte gemeinsam mit ihrer Tochter in einem Gemeindebau ganz in der Nähe. Das klang etwas heikel, denn es war ja gar nicht sicher, ob sie uns in Anbetracht der Situation überhaupt Unterschlupf gewähren würde. Immerhin waren wir im Moment die am meisten gesuchten Männer Österreichs. Also mussten wir uns wahrscheinlich eines Tricks bedienen, um von der Dame überhaupt eingelassen zu werden.

Die Wohnung lag in einem jener typischen Bauten der Wiener Nachkriegszeit: billige Behausungen für schlecht verdienende Menschen, kalt, grau, anonym.

Nachdem es noch sehr zeitig in der Früh war, lagen die Straßen noch in nächtlicher Ruhe und kein Mensch war zu sehen. So um sechs Uhr in der Früh betraten wir vorsichtig das Haus. Innerlich angespannt läutete ich dann an der Wohnungstür, während Walter und Fred sich einen Halbstock höher versteckten.

Nach mehrmaligem Läuten hörte ich drinnen etwas und konnte schließlich feststellen, dass jemand durch das Guckloch der Tür blickte. In seriösem Ton sagte ich, dass ich ein Telegramm zu übergeben habe.

Der Trick funktionierte, die Frau öffnete die Tür. Meine Überraschung war groß, als anstelle einer „älteren" Dame eine Frau aufmachte, die gerade einmal ein paar Jahre jünger war als ich selbst. Das musste die Tochter sein.

Ich drängte die Frau, die eben erst aufgestanden sein musste, in die Wohnung und hielt ihr den Mund zu. Nun sollten Walter und Fred nachkommen, um unsere Lage zu erklären. Es kam aber niemand. Ich blickte ins Stiegenhaus, aber keiner der beiden war zu sehen.

Stattdessen stand plötzlich ein kleines Mädchen im Zimmer. Die tatsächliche Tochter, durch den Tumult wach geworden, sah, dass ich ihre Mutter – für den erst 22-jährigen Walter eine „ältere Dame" – zur Wand drückte und ihr den Mund zuhielt. Das Kind begann augenblicklich gellend zu schreien.

Nebenan wurden Türen geöffnet und Leute in Pyjamas und Nachthemden traten in den Gang oder spähten bei ihren Türen heraus. Als sie mich mit der Pistole herumfuchteln sahen, verschwanden sie augenblicklich wieder in ihren Wohnungen. Noch immer keine Spur von Walter und Fred. Ich musste davon ausgehen, dass irgendeiner der Nachbarn die Polizei anrief.

Hier konnte ich nicht bleiben. Also humpelte ich die Treppe hinunter in Richtung Straße. Wo waren – verdammt noch einmal – Walter und Fred?

Draußen auf der Straße sah ich sie schließlich, wie sie schon etwa 40 Meter entfernt davonliefen. Ich rief ihnen nach und sie blieben stehen.

„Seid ihr übergeschnappt? Was war denn los?"

„Na ja, das Kind hat geplärrt", rechtfertigte sich Fred.

„Aber Walter, es wäre doch deine Aufgabe gewesen, schnell nachzukommen und die Frau zu beruhigen – die Tür war ja offen."

Der so vorwurfsvoll Angesprochene gab keine Antwort und mir kamen die ersten Zweifel, ob es wirklich klug war, die Flucht gemeinsam fortzusetzen. Aber ich beruhigte mich wieder und vielleicht würde es mit den beiden ja doch noch klappen.

Nun musste aber ein neuer Wagen her. Die freigelassenen Geiseln hatten mittlerweile sicherlich um Hilfe angerufen und ihren Standort bekannt gegeben. Es konnte nur noch Minuten dauern, bis der Bezirk vor Polizei wimmelte.

Da kam uns das Glück zu Hilfe: Einige Meter vor uns war eine Parklücke und ein Lenker hielt gerade an, um sein Auto dort abzustellen. Walter und Fred sprinteten los und bedrohten den Mann mit der Waffe.

„Wir sind die Stein-Ausbrecher. Wir brauchen Ihr Auto."

Doch der Lenker erwies sich als stur. „Nein, kommt nicht in Frage!", schrie er empört. „Schleicht's euch!"

In der Zwischenzeit war auch ich herangehumpelt und sah dem Mann streng direkt in die Augen. Höflich, aber bestimmt sagte ich: „Machen Sie keine Probleme, wir brauchen das Auto und Ihr Protest ist sinnlos."

Als ich zur Unterstützung meiner Drohung den Hahn der Pistole spannte, gab der Mann auf. Wir stiegen zu dem mittlerweile resignierten Fahrer in den Wagen und befahlen ihm, uns über die Linzer Straße in die Nähe der Stadthalle zu chauffieren. Dort lebte eine Freundin meiner Schwester. Bei ihr sollten wir nun doch endlich Unterschlupf finden.

Während der Fahrt durchsuchte Fred, der vorne saß, das Handschuhfach des Autos und fand die Fahrzeugpapiere des Mannes.

„Jetzt wissen wir, wie du heißt und wo du wohnst", sagte er. „Geh ja nicht zur Polizei und verrate denen, wo wir ausgestiegen sind. Wenn du singst, kommen wir dich besuchen. Und das willst du doch nicht, oder?"

Schweißtropfen standen trotz der winterlichen Kälte auf der Stirn des verängstigten Fahrers, als er nickte und beteuerte: „Nein, nein, ich werde euch sicher nicht verraten."

Er atmete hörbar auf, als wir ihm sagten, wo er am Straßenrand anhalten sollte, und raste mit quietschenden Reifen davon, sowie wir ausgestiegen waren.

Wir verschwanden in einer der Seitengassen und machten uns auf die Suche nach der Wohnung meiner Bekannten. Es wurde endlich Zeit, von der Straße zu verschwinden.

Aber der nächste Rückschlag kam sogleich: Die Freundin meiner Schwester war nicht zu Hause. Wir standen vor versperrter Tür.

Nach kurzer Beratung und der Feststellung, dass wir alle noch so voller Adrenalin waren, dass keiner von uns Müdigkeit verspürte, obwohl wir mittlerweile schon mehr als 24 Stunden nicht geschlafen hatten.

Bei unserer Planung hatten wir besprochen, dass wir gleich am Tag nach unserem Ausbruch in der Früh eine Bank überfallen wollten, um das für die weitere Flucht benötigte Kleingeld aufzustellen.

Das Institut meiner Wahl befand sich am Graben im 1. Bezirk. Ich hatte dort früher einmal – in einem, wie es mir schien, anderen Leben – ein Konto gehabt und kannte mich einigermaßen gut aus. Ich konnte mich erinnern, dass die drei riesengroßen Tresore immer offen standen und mit Geldscheinen prall gefüllt waren. Eine echte Einladung! Wir brauchten uns nur zu bedienen und wären mit einem Schlag unser Geldproblem los.

Unser Plan sah so aus: Einer von uns sollte beim Eingang stehen, die Kunden zwar hereinlassen, aber niemanden mehr hinaus. Der zweite war dazu bestimmt, die Leute mit der Waffe in Schach zu halten, während der dritte – in diesem Fall ich – zwei Taschen mit Geld voll stopfte. Meiner Einschätzung nach hätte es sich um mehrere Millionen Schilling gehandelt.

Das Geld sollte zu gleichen Teilen aufgeteilt werden und dann wollten wir uns trennen. Wir hätten jeder ausreichend Bares gehabt, um sich falsche Papiere zu besorgen und ins Ausland abzusetzen. Ich wollte wieder zurück nach Australien, wo ich ja bereits einige Jahre gelebt hatte. Walter und Fred wollten sich nach Jugoslawien absetzen, wo sie der Arm des Gesetztes nicht erreichen konnte, weil es kein Auslieferungsabkommen mit Österreich gab. Dafür gab es dort Häfen, von denen aus man überallhin gelangen konnte.

Wir machten uns also auf den Weg stadteinwärts, um unseren Plan gleich in die Tat umzusetzen. Noch waren recht wenige Menschen auf der Straße, da sollten wir unbemerkt ins Zentrum gelangen können. Da trafen wir in der Nähe des Gürtels eine Bekannte aus meiner Jugendzeit. Sie wusste natürlich bereits aus den Nachrichten, was geschehen war, und war ganz erstaunt, mich hier auf der Straße anzutreffen.

Als ich ihr unsere Situation beschrieb, erklärte sie mir zwar nett, aber bestimmt, dass sie mich keinesfalls bei sich einquartieren konnte. Sie sei verheiratet und ihr Mann würde so etwas ganz bestimmt nicht tolerieren.

Ich küsste sie sanft auf die Wange, bedankte mich und humpelte weiter, um den Anschluss an die anderen nicht zu verlieren. Mittlerweile spürte ich mein Bein, das sich seit dem letzten Ausbruch nicht mehr richtig erholt hatte.

Aus den Medien – wir hatten uns unterwegs eine Tageszeitung besorgt – wusste ich, was sie über uns schrieben. Auf den Titelseiten gab es riesengroße Bilder von uns und die Menschen wussten, dass ich gehbehindert war. Wenn ich mich aber betont langsam fortbewegte, fiel mein Hinken kaum auf.

Ich hatte ganz besonders wegen Walter ein ungutes Gefühl. Sein grauenvoll kariertes Sakko fiel extrem auf.

„Das Nächste, was wir tun müssen, ist dieses Sakko zu entsorgen", schlug ich vor, „damit fällst du auf wie ein bunter Hund." Er murrte nur, war aber nicht gewillt, dieses Scheusal von Kleidungsstück wegzuschmeißen.

Mittlerweile war es aber schon 7.30 Uhr und schön langsam füllten sich die Gehsteige. Wir brauchten unbedingt ein Auto, wenn wir nicht Gefahr laufen wollten, erkannt zu werden.

Mittlerweile hatten wir es auf unserem Weg zur Bank den Gürtel überquert und schlugen uns durch den 7. Bezirk in Richtung Innenstadt. In einer Seitengasse, der Bernardgasse, sahen wir vor uns einen Mercedes, dessen Fahrer gerade krampfhaft versuchte, den Wagen in eine sehr enge Parklücke zu manövrieren.

„Das ist er", sagte ich, „den holen wir uns."

Walter stimmte zu und Fred bat mich, ihm meine Waffe zu geben, damit auch er den Mann bedrohen konnte.

„Gib das Ding schon her. Wir müssen uns beeilen und du bist ja so langsam wie eine Schnecke."

Nur widerwillig gab ich ihm die Waffe.

Er hatte zwar recht, nur war ich ab diesem Augenblick quasi wehrlos.

„Aber wartet auf mich! Ihr wisst, dass ich mit meinem kaputten Fuß nicht so schnell nachkomme!", rief ich ihm noch nach und erinnerte ihn an ihr Versprechen, dass sie bei der Flucht auf meine Behinderung Rücksicht nehmen und mich nicht zurücklassen würden.

„Eh klar, Adi", sagte er und klopfte mir bestärkend auf die Schulter, bevor er hinter Walter her zu dem Mercedes lief.

*

Meine Kumpane bedrohten den Mann im Mercedes und riefen: „Wir sind die Stein-Ausbrecher und wir brauchen das Auto!"

„Kommt nicht in Frage!", schrie der etwa 50-jährige Mann und stieg aus. Er war sehr groß gewachsen und vermittelte den Eindruck, dass es besser war, mit ihm keinen Streit vom Zaun zu brechen.

Ich sah das alles aus einiger Entfernung und wusste gleich, dass meine beiden Komplizen sich wieder nicht an die bei der Planung ausgemachten Details hielten. Im Fall, dass wir ein Auto kapern mussten, sollte der Lenker niemals aussteigen dürfen, damit er nur ja kein Publikum hatte und für Aufsehen sorgen konnte. Nun war es aber zu spät. Der Mann sperrte provokant sein Auto zu und warf die Schlüssel nach hinten quer über die Straße.

Sie fielen mir damit praktisch direkt vor die Füße.

Und dann passierte, was ich nie für möglich gehalten hätte: Fred und Walter, durch die Übermüdung und Anspannung offensichtlich am Ende ihrer Nerven, bedrohten mit ihren

Waffen wild herumfuchtelnd den Mann, der ungerührt wenige Meter bis zum nächsten Hauseingang ging und dort laut um Hilfe rief.

Einige Männer stürmten heraus und wild gestikulierend schien der Autolenker ihnen die Situation zu erklären. Das erschreckte meine Kameraden so sehr, dass sie wie die Kinder wegliefen, sich immer wieder umdrehend – sichtlich von Panik erfasst.

Fred rief mir noch zu: „Adi, komm, renn!"

Dabei wusste er, dass ich nur humpeln konnte und niemals in der Lage war, zu rennen. Walter hatte ihn mit seiner Panik angesteckt und jetzt drehte er durch und war noch dazu dabei, die Meute aufgebrachter Männer auf mich aufmerksam zu machen.

Die waren aber in ihrer Wut nur auf die beiden Autodiebe in spe konzentriert und machten sich an deren Verfolgung.

Ich blieb alleine zurück.

Ich sah Fred und Walter noch ein letztes Mal in der Ferne, als sie um die Ecke bogen. Dann hörte ich Schüsse und befürchtete das Schlimmste.

Betont langsam bückte ich mich und mit den Schlüsseln in der Hand ging ich dann zum zwischenzeitlich verwaisten Mercedes, sperrte ihn auf, stieg ein, startete den Wagen und fuhr davon.

Unglücklicherweise war die Bernardgasse eine enge Einbahnstraße und Fred und Walter waren gegen die Fahrtrichtung davongerannt.

Ich raste um den Häuserblock, in der Hoffnung, die beiden irgendwo einsammeln zu können. Aber sie waren wie vom Erdboden verschluckt. Ich konnte sie nirgends entdecken.

Als ich aber über den Häusern einen Hubschrauber hörte, war es auch mit meiner Fassung vorbei. Nichts wie weg, nur nicht geschnappt werden.

Ab jetzt musste ich mich also allein durchschlagen.

So unauffällig wie nur möglich, also unter Einhaltung aller Verkehrsregeln, fuhr ich durch die engen Gassen der Innenbezirke, wo auch die Hubschrauberpiloten keine allzu gute Sicht hatten. Aber früher oder später musste ich den Wagen wieder loswerden.

Schließlich fand ich mich im 10. Bezirk wieder, wo ich in der Nähe der Quellenstraße das Fahrzeug parkte und zu Fuß weiterging. Wenn du kein sicheres Versteck hast, bleibe in Bewegung! Von Block zu Block wuchs aber meine Verzweiflung. Waffe weg, Komplizen weg! An eine Geldbeschaffungsaktion war im Moment nicht zu denken. Im Moment war ich nur ein gehbehinderter, wehrloser Ausbrecher. Und auf der Straße waren immer mehr Menschen, die mich anhand der Zeitungsfotos erkennen und leicht überwältigen konnten. Wenn mir nicht bald etwas einfiel, war meine Flucht wohl gescheitert.

Ich erinnerte mich, dass Walter von einer Bekannten erzählt hatte, die im 2. Bezirk wohnte und eventuell als Fluchthelferin herhalten sollte. Vielleicht waren die beiden dorthin geflüchtet.

Ich hatte noch etwa 150 Schilling von dem Geld, das wir uns vom Richter „geborgt" hatten, in der der Tasche und stieg in ein Taxi. Vom Rücksitz aus beobachtete ich mit Argusaugen den Fahrer, ob er irgendeine Reaktion zeigte. Aber es war eindeutig, dass er mich nicht erkannte. Und wenn doch, verstellte er sich grandios.

Am Ziel angekommen, bezahlte ich den Taxifahrer und schlich etwas in der von Walter beschriebenen Gegend herum, getrieben von der Hoffnung, die zwei irgendwo zu sehen. Aber eine Stecknadel im Heuhaufen wäre wohl leichter zu finden gewesen. Walter und Fred waren spurlos verschwunden und ich sollte sie erst unter wenig erfreulichen Umständen wiedersehen ...

Mit hochgeschlagenem Kragen drückte ich mich an den Passanten vorbei, ständig fürchtend erkannt zu werden. Und als ich mir so das Hirn zermarterte, wie ich aus dieser Situation entkommen konnte, fiel mir plötzlich das Gespräch mit einem Mithäftling in Stein ein, dem ich seinerzeit nicht allzu viel Beachtung geschenkt hatte. Dieser Gefangene hatte gewusst, dass ich flüchten wollte, mich aber nicht verpfiffen, sondern mir für den Notfall die Adresse seiner Mutter verraten, was mir damals eher seltsam vorgekommen war.

Der Notfall war nun aber definitiv eingetreten: Ich war gehbehindert, unbewaffnet und praktisch pleite.

Die ältere Dame lebte angeblich alleine und hatte – um es vorsichtig auszudrücken – keine besonders hohe Meinung von der Justiz. Dies galt natürlich erweiternd auch für Polizei, Gendarmerie und alle anderen Uniformierten, wenn es nicht gerade Rettungsfahrer oder Feuerwehrmänner waren.

„Bei meiner Mama kannst du dich sicher verstecken und davon ausgehen, dass sie dich unter keinen Umständen verrät. Ganz im Gegenteil, sie wird dich unterstützen, wenn es notwendig sein sollte. Du brauchst nur zu sagen, ich schicke dich", lautete das Angebot, das ich damals nicht ernst genommen hatte.

Nun aber beschloss ich, mit der Straßenbahn zur angegebenen Adresse in den 17. Bezirk zu fahren. Mittlerweile war es so um die Mittagszeit.

Die Anspannung, die während der Tramfahrt meinen Körper beinahe lähmte, war unbeschreiblich und noch heute bekomme ich – wenn ich daran denke – eine Gänsehaut. Gefangen in dieser rollenden Konservendose peinigten mich Angstzustände und in meiner Vorstellung warteten schon an jeder Haltestelle meine Verfolger und Sekunden später würden die Handschellen klicken.

Aber nichts geschah.

Eigentlich war es wie in einer Komödie. Ich stand mitten unter diesen vielen Fahrgästen, hielt mich am Haltegriff fest und beobachtete angestrengt, ob irgendjemand ein Anzeichen gab, mich erkannt zu haben. Das war deshalb so surreal, weil die Leute massenhaft in ihren Zeitungen lasen und die Blätter voll waren mit Bildern, Porträts von uns, Aufnahmen vor der Polizeizentrale und so weiter ...

Schließlich stieg ich an der Rosensteingasse aus und ging in eine der Nebengassen in Richtung 16. Bezirk, weil ich sicher gehen wollte, dass mir niemand folgte. Wie ich später erfuhr, war das eine Fügung des Schicksals: Es hatte mich auf der langen Fahrt mit dem 43er tatsächlich jemand erkannt und die Polizei informiert. Angeblich hätten die Uniformierten schon bei der nächsten Station in der Wattgasse auf mich gewartet! Nur dass ich dort eben nie ankam und sie umsonst dort lauerten.

Mehr und mehr verstärkte sich mein Gefühl, in einem Film mitzuwirken. Umgeben von den Fotos meiner Flucht bewegte ich mich kreuz und quer durch die Stadt! Der Stein-Ausbruch war das Thema des Tages und nun stand ich hier, mitten in der Wiener Vorstadt, und überlegte, mir gegen meine Müdigkeit, immerhin hatte ich schon ewig nicht mehr geschlafen, in einem Espresso einen starken Mokka zu genehmigen.

Ich ließ es darauf ankommen und betrat ein kleines Eck-café. Dort gab es erstens eine Toilette und zweitens auch Plätze, wo ich mich abseits hinsetzen konnte, um ungesehen nachdenken zu können.

Ich durchquerte zielstrebig das kleine Lokal und setzte mich an einen winzigen Tisch hinter einer Pflanze, möglichst abseits von Tresen und Fenstern.

Eine vom Leben gezeichnete Serviererin mit eingefallenen Wangen und tief liegenden Augen kam und ich war auf alles gefasst. Sie nahm aber einfach nur meine Bestellung auf und fragte teilnahmslos: „Wollen der Herr vielleicht auch eine Zeitung?"

Ich nickte und bekam gleich darauf Mokka und Zeitung.

Dabei beobachtete ich die Dame sehr genau, aber sie reagierte nicht. Sie bediente mich wie jeden anderen. Schließlich setzte sie sich an einen Tisch, um mit einem Burschen zu plaudern, der sie wesentlich mehr interessierte als ich. An der Bar saß ein einsamer Mann, dem man ansah, dass er die Nacht zuvor nicht zuhause verbracht hatte. Den interessierte im Moment gar nichts. Nur mit Mühe hielt er seinen Kopf aufrecht und verhinderte mit ruckhaften Bewegungen, dass seine Stirn gegen die Theke knallte.

Ich erinnerte mich, dass gar nicht weit von hier an der Ecke zur Thaliastraße ein Jugendfreund mit seinen Eltern gewohnt hatte. Mit Heinz war ich seinerzeit nach Australien ausgewandert. Er blieb dort, ich kehrte zurück.

Wäre ich doch nur auch in Australien geblieben, schoss es mir durch den Kopf.

Ich überlegte, dass ich es zumindest versuchen sollte, die Eltern meines Freundes aufzusuchen, um herauszufinden, ob sie mir eventuell weiterhelfen konnten ... und sei es nur mit etwas Geld.

Wieder so eine surreale Situation: Ich sitze in einem Kaffeehaus, trinke scheinbar entspannt meinen Mokka, lese die Berichte über uns angeblich so gefährliche Stein-Ausbrecher und denke darüber nach, ob ich die Eltern eines Freundes besuchen sollte.

Und nichts geschah! Kein Aufschrei des Erkennens, keine Sirenen, keine Polizei!

Ich weiß nicht, ob ich in diesem Moment der Müdigkeit nicht sogar meine Festnahme herbeigewünscht habe. Dann hätte diese Tortur zumindest ein Ende gehabt!

Ich atmete tief durch, beruhigte mich ein wenig, bezahlte meinen Kaffee und verließ das Lokal. An der Ecke entschied ich mich: Betont langsam, damit mein Hinken nicht auffiel, machte ich mich auf den Weg zur Wohnung der Eltern meines einstigen Freundes.

Mit einem etwas mulmigen Gefühl im Bauch betrat ich das Haus. Die Jugend mit Heinz, als ich sogar manchmal zu Besuch bei der Familie war, und die gemeinsame Zeit in Australien lagen ja doch schon Jahre zurück und ich hatte keine Ahnung, ob die Eltern sich überhaupt an mich erinnern konnten. Außerdem bestand ja auch die Gefahr, dass sie mich erst gar nicht einlassen, sondern die Polizei rufen würden. Immerhin war ich schon lange nicht mehr der unbescholtene junge Mann, den sie einst gekannt hatten.

Ich klopfte und die Mutter meines Freundes öffnete. Als sie mich sah, wurde sie aschfahl im Gesicht, stammelte eine kurze Begrüßung, zog mich dann aber sanft in die Wohnung. Alles war ruhig, anscheinend war sie allein zu Hause.

„Adolf, das ist furchtbar! Was hast du da wieder angestellt! Ich verstehe das nicht! ... Aber es ist ja dein Leben und du hast es so entschieden."

Ich sah ihr direkt in die Augen.

„Ja, es sieht ganz danach aus", antwortete ich betont freundlich, „der Drang nach Freiheit war einfach stärker als alles andere. Ich hab es nicht mehr ausgehalten! Sie machen sich ja keine Vorstellungen darüber, wie das da drinnen ist. Den ganzen Tag nur Gitter, schlechtes Essen, nichts Vernünftiges zu tun ... und das über Jahre ... Nein, das halte ich nicht aus!"

Die Frau seufzte: „In gewisser Weise verstehe ich dich, wenn auch nicht ganz."

Sie erklärte mir, dass ich hier keinen Unterschlupf finden konnte, zum Glück sei ihr Mann nicht zu Hause. In kurzen Worten erzählte sie mir, dass der Vater meines Freundes nun schon seit einiger Zeit in Pension war und unten in seinem Stammbeisel Karten spielte, wie jeden Tag.

„Ich verrate dich ganz sicher nicht, aber es ist besser, wenn du schnell wieder gehst. Ich kann nicht dafür garantieren, dass mein Mann dicht hält, wenn er erfährt, dass du da warst. Du weißt ja, ein paar G'spritzte lockern meistens die Zunge. Im Rausch könnte er es seinen Wirtshaus-Spezis erzählen und dann ist die Wahrscheinlichkeit groß, dass einer von denen die Polizei anruft. Es ist nur zu deinem Schutz. Und schau bitte, dass dich im Haus keiner sieht."

Zum Abschied gab mir die Frau noch einen Hut ihres Mannes, damit ich mich wenigstens ein bisschen unkenntlich machen konnte.

Ich stieg wieder in eine Straßenbahn und fuhr zurück nach Hernals. Und wieder die gleiche Situation: Um mich drängten sich die Leute, aber niemand zeigte auch nur das geringste Anzeichen, mich erkannt zu haben. In der Nähe der Taubergasse stieg ich aus und ging zu jener Wohnung, wo die Mutter des Mithäftlings im ersten Stock eines recht heruntergekommenen, älteren Hauses wohnte.

Immer stärker fühlte ich die entsetzliche Müdigkeit und ich hatte Hunger. Was sollte ich tun, wenn mich diese Frau – entgegen der Einschätzung ihres Sohnes – nicht bei sich Unterschlupf finden ließ?

*

Da stand ich nun also in diesem Stiegenhaus in der Taubergasse, erschöpft und desperat. Meine Flucht gestaltete sich ganz anders, als ich mir das vorgestellt hatte. Aber noch war ich frei und diesen einen Hoffnungsschimmer hatte ich noch.

Kurz lauschte ich, ob hinter der Tür irgendetwas zu hören war, aber außer dem tropfenden Wasserhahn der Bassena hinter mir und einer brüllenden Männerstimme ein Stockwerk höher war nichts zu vernehmen.

Eher zaghaft klopfte ich an die Tür. Ich wusste ja nur, dass die Frau so um die 70 Jahre alt war. Mehr Informationen hatte ich nicht, abgesehen von der Kenntnis bezüglich ihrer Einstellung zur „Obrigkeit". Aber als ob ich bereits erwartet worden wäre, wurde die Tür vorsichtig einen Spalt breit geöffnet.

„Ja bitte?", fragte ein ernster, aber nicht unsympathischer Gesichtsausschnitt über die vorgelegte Sicherheitskette hinweg.

„Ich komme zu Ihnen, weil mir Ihr Sohn, der Bertl, diesen Rat gegeben hat. Ich bin ein Freund von ihm. Bitte darf ich eintreten und Ihnen die Sache erklären?"

Mit einem Schlag zeigte sich ein erfreutes Lachen auf dem Gesicht der alten Frau. Sie nahm die Sicherheitskette ab, ließ mich in die Wohnung und bat mich im Wohnzimmer Platz zu nehmen, während sie in der Küche verschwand.

Wie ein artiger Schuljunge auf der Couch sitzend erklärte ich durch die offene Tür hinweg in ein paar kurzen Sätzen die näheren Umstände meines Auftauchens. Zu meinem Erstaunen wirkte die Frau keineswegs beunruhigt, als sie zurück ins Wohnzimmer kam – eher um mich besorgt.

Wortlos stellte sie einige stärkende Happen auf den Tisch und setzte sich zu mir.

„Herr Schandl, das ist ja schrecklich", sagte sie und fasste mich freundlich am Oberarm, wohl zum Zeichen, dass ich keinerlei Bedenken zu haben brauchte und mich bei ihr sicher fühlen konnte. „Was werden Sie jetzt tun?"

Ich seufzte.

„Na ja, der Bertl hat mir gesagt, dass ich mich bei Ihnen verstecken könnte, wenn es notwendig sein sollte." Ich machte eine kurze Pause. „Und jetzt ist es notwendig."

Beim Klang des Namens ihres Sohnes wurde ihr sorgenvolles Gesicht wieder weicher und sie nickte: „Na gut. Aber wir müssen ganz vorsichtig sein und dürfen nur ja keine Aufmerksamkeit bei den Nachbarn erregen. Wie Sie sehen, ist dies eine Substandard-Wohnung, das heißt, die Toilette ist am Gang. Die Leute im Haus wissen, dass ich alleinstehend bin. Und sie werden ganz sicher beobachten, wenn Sie auf den Gang aufs Klo gehen. Denen entgeht nichts! Da müssen Sie aufpassen!"

Damit war für sie die Sache anscheinend auch schon geklärt und sie begann, mich mit Fragen über ihren Sohn in Stein zu überschütten. Geduldig und froh darüber, endlich Unterschlupf gefunden zu haben, berichtete ich ihr alles, was ich über ihren Bertl wusste. Vor allem wollte sie natürlich wissen, wie es dazu gekommen war, dass mir ihr Sohn diesen Schlupfwinkel angeboten hatte. Am Ende unseres Gesprächs sagte sie in einem sorgenvollen Ton, den ich sogar als mitfühlend-liebevoll empfand: „Ja, Sie können hier bleiben."

Immer wieder bat sie mich, nur ja nicht aufzufallen und mich so ruhig wie möglich zu verhalten.

Das versprach ich ihr natürlich. Gleichzeitig sagte ich ihr auch, dass wir uns für den Fall, dass ich trotz ihrer Hilfe aufgefunden und verhaftet werden sollte, auf eine gleich lautende Aussage verständigen sollten. Sie sollte dann unbedingt angeben, dass ich sie massiv bedroht und eingeschüchtert hätte. Bei meiner Vorgeschichte würden die Ermittler ihr das sicherlich abnehmen und ihr würden nicht im Nachhinein Probleme entstehen.

Meine Gastgeberin legte großen Wert darauf, dass die Nachbarn nicht mitbekamen, dass ich mich in ihrer Wohnung befand. Das ging sogar so weit, dass ich, um nur ja nicht aufzufallen, meine Notdurft in einen Nachttopf erledigte, der dann freundlicherweise von ihr in der Toilette am Gang entsorgt wurde.

In den folgenden Tagen sollte sich diese Frau als lupenreiner Schatz erweisen. Sie war einfach großartig.

Ich bin heute sehr froh darüber, dass ich diesem hilfsbereiten Menschen letztlich keine Schwierigkeiten bereitet habe. Das kann man rückblickend ja nicht von vielen Menschen behaupten, mit denen ich zu tun hatte.

Nachdem ich mich gestärkt hatte, fragte sie mich, ob ich mich nicht waschen und frisch machen wollte. An Schlaf war noch nicht zu denken, obwohl ich eigentlich wie ein Holzpflock umfallen und sehr lange schlafen hätte müssen. Aber die Anspannung ließ es nicht zu.

Draußen war es inzwischen längst dunkel geworden – wir hatten ja Mitte November – und ich war mittlerweile fast zwei Tage lang unterwegs. Aber zum ersten Mal hatte ich das Gefühl, dass ich meine Flucht nach Australien doch noch schaffen könnte.

Um 19.30 Uhr schalteten wir den Fernseher ein, um uns „Zeit im Bild" anzusehen. Ich war gierig darauf, quasi aus erster Hand zu erfahren, was und wie in den Nachrichten über unseren Ausbruch und unsere Flucht berichtet wurde und was es Neues gab. Vor allem wollte ich natürlich wissen, ob es irgendwelche Neuigkeiten über Fred und Walter gab.

Es war erschütternd.

Wie ich richtig vermutet hatte, waren die beiden planlos durch die Gegend gelaufen, gewissermaßen schon auf dem Präsentierteller für eine baldige Verhaftung, und hatten noch ziemlich viel Aufregung verursacht.

Die Journalisten waren darüber hoch erfreut, die Polizei eher weniger.

Von mir war im Moment wenig die Rede.

Das freute wiederum mich.

***

Ich bin's, der Präsident!
Das legendäre Intermezzo

Was ich in den nächsten Tagen über die Medien, also vor allem aus den Zeitungen, erfuhr bestätigte meine Entscheidung, nach dem missglückten Autodiebstahl in der Bernardgasse die Flucht allein fortzusetzen und nicht weiter nach meinen Komplizen zu suchen. Ohne mich waren Walter und Fred vorerst ziel- und planlos herumgeirrt, wie gehetzte Tiere, die man in die Enge getrieben hatte.

Anscheinend auf Anraten von Walter – den ich unter den gegebenen Umständen als Anführer einschätzte – waren die beiden, wie ich erfuhr, am Vormittag zuerst nach Penzing entkommen. Walter hatte keine andere Idee, als in seine gewohnte Umgebung zurückzukehren. Er war ja in Purkersdorf zu Hause und von Penzing ist es dorthin nicht sehr weit.

Das war natürlich der völlig falsche Ansatz. Sie hätten wissen müssen, dass sämtliche Bezugspersonen, also alle Freunde und Familienmitglieder längst überwacht wurden. Aber sie tappten geradewegs in die Falle. Dümmer hätte man es nicht machen können.

Sie trieben sich zuerst um den Hütteldorfer Bahnhof herum und Walter – der noch immer sein grauenvolles Clown-Sakko trug – hätte nicht auffallender sein können. Ein Namensschild hätte er noch auf dem Revers befestigen können, aber das war eigentlich nicht notwendig. Man wusste auch so, wer er war.

Aber auch auf der anderen Seite passierten Fehler: Es dauerte natürlich nicht lange und die Polizei erhielt einen zweckdienlichen Hinweis. Unverständlicherweise wurde nur ein einzelner Polizist geschickt, der seinen Dienstwagen, einen VW-Käfer, startete und allein zum Bahnhof fuhr, um dort eine routinemäßige Amtshandlung zu begehen, obwohl mittlerweile wohl klar gewesen sein müsste, um wen es sich bei den beiden Männern in der Bahnhofshalle handelte. Der Rest der Polizisten blieb am Wachzimmer.

Der Beamte steuerte direkt auf Walter zu, der aufgrund seiner Größe, aber mehr noch durch seine undezente Kleidung auffiel. Als Zielobjekt war er sozusagen klar erkennbar.

Bei der Ausweiskontrolle, die der Polizist zur Feststellung der Identität des Verdächtigen durchführen wollte, geschah das Unvermeidliche: Walter begann zu stottern, nannte irgendeinen Namen und es dauerte bloß Zehntelsekunden, bis der Staatsdiener die Nerven verlor, seine Waffe zog und ihn verhaften wollte. In diesem Moment hielt aber Fred, der etwas abseits gestanden hatte, dem überraschten Staatsdiener seine Waffe ins Genick und forderte ihn auf, seine Pistole fallen zu lassen. Auf einmal hatten die beiden wieder eine Geisel und eine zusätzliche Schusswaffe. Walter und Fred bugsierten den Mann zum VW-Käfer und fuhren los. Der Polizist steuerte den Wagen, während Walter ihm die Pistole an den Kopf hielt.

Und dann begann diese irre und völlig sinnlose Odyssee, die von Anfang an keine Aussicht auf Erfolg hatte und schließlich ja auch kläglich scheitern sollte. Aber für die Zeitungen war es ein Fest. Schon die Abendausgaben am Freitag waren voll mit diversen Berichten, jeder noch so unbedeutende Journalist wusste etwas mehr als der andere, Fotos aus dem Kultursaal und Bilder von unseren Gesprächen mit Holaubek wurden abgedruckt. Sogar die Polizeibilder von uns fanden ihren Weg auf die Titelseiten.

Besonders bejubelt wurde, und ich gönnte es ihm, der Major Howanietz für sein taktisches Geschick im Umgang mit uns gefährlichen Geiselnehmern. Eine Zeitung titelte sogar, dass das Leben der Geiseln manchmal nur an einem seidenen Faden gehangen hätte.

Während ich am Freitag also auf „Herbergssuche" war, waren Walter und Fred in eine Situation geraten, aus der sie unmöglich herauskommen konnten.

Nachdem die beiden den Polizisten als Geisel genommen und sich das Polizeiauto für die Weiterfahrt angeeignet hatten, waren sie sogar so unverfroren, über den Polizeifunk die Kollegen ihrer Geisel über den aktuellen Status ihrer wenig durchdachten Handlung zu informieren. Sie gaben vollmundig bekannt, dass sie keinesfalls daran dachten, jetzt aufzugeben, ganz im Gegenteil. Sie fuhren mit dem auffälligen Streifenwagen kreuz und quer durch die Bundeshauptstadt – von da an natürlich immer genau beobachtet. Die Zeitungen berichteten schon in der Abendausgabe bis ins kleinste Detail über jede Phase ihrer Flucht.

Am Ring hielten Walter und Fred kurz an, um eine weitere Geisel zu nehmen. Eine junge Frau am Straßenrand schien das optimale Opfer. Dabei dürfte sich eine kleine Episode wiederholt haben, die mir aus dem Verlauf unserer gemeinsamen Flucht noch in Erinnerung war. Wien war ja im Grunde genommen und im internationalen Vergleich zu dieser Zeit ein Dorf, in dem über ein paar Ecken jeder fast jeden kannte. So war es auch hier: Die etwa 20-Jährige am Straßenrand dürfte zufälligerweise aus Freds Heimatbezirk gewesen sein und ihn noch von früher gekannt haben.

Jedenfalls fügte sich die Frau in ihr Schicksal und soll laut Medien ohne Fremdeinwirkung in den VW-Käfer gestiegen sein.

„Geiselnahme ohne Gewalteinwirkung", dachte ich, „auch nicht schlecht!"

Inzwischen war die Polizei-Maschinerie auf Hochtouren angelaufen und alles, was sich nur irgendwie bewegen konnte, war auf den Straßen. Vielleicht hatte mir die unbedachte Vorgehensweise der beiden geholfen. Während sich die Polizei um Walter und Fred kümmerte, konnte ich unbeobachtet mit der Straßenbahn Wien durchqueren. Anscheinend war ich vom Radar der Polizei verschwunden. Ich musste jetzt nur stillhalten, dachte ich bei mir.

Im 2. Bezirk hatte Fred das Auto schließlich vor einem Kommissariat angehalten und es waren wieder Verhandlungen aufgenommen worden. Meine zwei Ex-Komplizen hatten nun aufgrund der Vorerfahrung mit Joschi Holaubek & Co schon etwas Routine in solchen Angelegenheiten. Wieder war natürlich die Presse da und umringte das Polizeifahrzeug. Meine beiden Ex-Komplizen bemühten sich zwar, wie zu allem entschlossene Geiselgangster aufzutreten, aber im Endeffekt war die Sache für sie schon verloren.

Schon als ich am Freitagabend die Berichte sah, dachte ich mir: So, wie sie sich verhalten, haben sie keine Chance.

Ich war mir fast sicher, dass man die Angelegenheit dort vor dem Kommissariat in der Leopoldstadt an Ort und Stelle bereits beenden wollte.

Walter und Fred waren mit ihren Nerven am Ende und es schien offensichtlich, dass die Polizei sie nun nicht mehr entkommen lassen würde.

Vor dem Fernseher sitzend überlegte ich – sogar mit einem gewissen Bedauern –, wie die Lage wohl aussehen würde, wenn alles nach Plan gelaufen wäre. Da wir ja Waffen gehabt hatten, wäre der geplante Banküberfall ein Kinderspiel gewesen. Wir hätten schon mehrere hunderttausend Schilling erbeutet und hätten uns nun in Ruhe und in einem sicheren Versteck die Beute teilen können. Mit dem Geld wäre es nicht schwierig gewesen, sich am Wochenende ins Ausland abzusetzen.

So saß ich aber im Wohnzimmer einer alten Frau, zwar momentan sicher, aber perspektivlos, und meine Kumpels saßen mit ein paar Geiseln im Auto vor einem Kommissariat mit keiner realistischen Chance zu entkommen.

„Ihre zwei Freunde sitzen ganz schön in der Tinte.", sagte die Dame neben mir, als der Nachrichten vorbei waren.

„Das sind nicht mehr meine Freunde", erwiderte ich trocken. „Sie haben nicht Wort gehalten und mich einfach so zurückgelassen, ohne sich auch nur einen Deut darum zu scheren, was aus mir wird. Aber Sie haben recht: Das, was sie da machen, kann nicht gut gehen."

Ich seufzte. Hätte ich vor einiger Zeit geahnt, was ich nun wusste, hätte ich mit diesen beiden Kerlen niemals einen Ausbruchsversuch unternommen. Aber im Gefängnis, drinnen in Stein, da spielten sie recht gut die Rolle der Kaltblütigen, auf die man sich verlassen konnte. Wie schnell sie mich dann verlassen hatten, habe ich ja gesehen.

„Sie sollten jetzt endlich einmal ein wenig schlafen. Sie fallen ja schon fast um", sagte meine Gastgeberin bemutternd. „Ich hole eine Decke und einen Polster. Sie können hier am Sofa schlafen."

Als ob ihre Worte Zauberwirkung gehabt hätten, fühlte ich mit einem Schlag die gesamte Last der letzten beiden Tage, die Anspannung, die Angst, die Müdigkeit ... Dankbar nahm ich das Bettzeug entgegen und binnen weniger Minuten fiel ich in einen traumlosen Schlaf der Erschöpfung. Einmal wurde ich nachts wach und musste mich erst einmal orientieren, wo ich war. Zufrieden stellte ich fest, dass ich bei der alten Frau tatsächlich eine gute Seele gefunden hatte, die mir, wenn auch nur aus Liebe zu ihrem Sohn, helfen und mich nicht verraten würde. Also drehte ich mich um und schlief wieder ein.

Als ich erwachte, war es bereits Samstagvormittag. Ich sprang auf und erneut vermisste ich im ersten Moment mein gewohntes Umfeld: die Gefängniszelle. Als ich aber leises Klappern aus der Küche hörte und den Duft von Kaffee roch, wusste ich wieder, wo ich war.

Durch meine Bewegungen aufmerksam geworden, kam Bertls Mutter herein und fragte mich, ob ich frühstücken wollte. Außerdem legte sie mir die Morgenzeitung auf den Tisch.

„Neuigkeiten von der Front", sagte sie nur und verschwand wieder in der Küche, um mir Kaffee zu holen.

Begierig nach den letzten Entwicklungen griff ich nach den Blättern. Im Prinzip fand sich aber nicht viel Neues:

Die Verhandler beim Kommissariat hatten Walters Mutter zur Hilfe geholt, die versuchen sollte, ihren Sohn zur Aufgabe zu überreden.

Keine Chance.

Gutes Zureden half nicht.

Im Gegenteil: Walter kündigte an, sich eher umzubringen, als noch einmal ins Gefängnis zu gehen.

Also holten sie den Chefpsychologen, Dr. Sluga, der die Geiselnehmer von der Sinnlosigkeit ihres Vorhabens überzeugen und sie davon abhalten sollte, sich selbst zu töten. Aus der Zeitung wusste ich, dass Dr. Sluga ein enger Mitarbeiter von Justizminister Broda war, und sein Auftauchen bestätigte, dass immer noch versucht wurde, die Sache ohne Gewalteinwirkung zu beenden.

Nach stundenlangen Verhandlungen – es war schon nach Mitternacht – hatte man endlich zugestimmt, den Geiselnehmern freies Geleit zu gewähren. Als Lösegeld für das Mädchen hatten Fred und Walter 50 000 Schilling gefordert und auch bekommen.

Ohne Verfolger waren sie schließlich in den 22. Bezirk gefahren, wo sie das auffällige Polizeiauto in einer Seitenstraße anhielten und den Polizisten mit seinen Handschellen ans Lenkrad fesselten. Dann waren sie verschwunden.

Sollten sie es tatsächlich geschafft haben?

Im Laufe des Vormittags hörte man immer wieder verschiedene Nachrichten, wo die beiden gesehen worden waren, aber alle Hinweise stellten sich als Irrwege heraus. Ich kam in den Nachrichten momentan gar nicht mehr vor.

Sehr gut!

Fred hatte Walter schließlich zur Wohnung früherer Bekannter geführt, die natürlich alles andere als erfreut waren, die Kerle bei sich zu sehen. Die Familie – sie hatte mehrere Kinder, eines davon war noch ein Baby – fügte sich zuerst einmal, wahrscheinlich auch in Anbetracht der Tasche voller Geld, als Fred versicherte, dass sie nur für kurze Zeit Unterschlupf finden und sich ausschlafen wollten.

Am frühen Vormittag erfuhr die Exekutive schließlich den Aufenthaltsort der Geiselnehmer. Angeblich soll einer der Söhne sie verraten haben, den sie ausschickten, um Perücken zu besorgen. Damit saßen sie in der Falle.

Innerhalb kürzester Zeit war das Haus von schwer bewaffneten Einsatztrupps umstellt und wieder begannen Verhandlungen – mit der Erfolgsaussicht Null für die beiden.

Ich sah das alles im Fernsehen und war fassungslos.

Wie schon erwähnt, halte ich mich für einen Menschen, auf den man sich bedingungslos verlassen kann. Deshalb überlegte ich kurz, ob ich nicht in den 22. Bezirk fahren sollte, um meine Komplizen irgendwie aus ihrem Dilemma herauszureißen.

Das Haus war zwar umstellt, aber vielleicht gab es doch noch irgendeine Möglichkeit zur Flucht. Mich reizte auch die Tatsache, dass es dort Waffen und Bargeld gab. Beides hätte ich gut gebrauchen können ...

Einerseits fühlte ich mich Walter und Fred noch immer irgendwie verpflichtet, aber schlussendlich überwog doch der Egoismus. Ich verwarf den Gedanken wieder und war froh, nicht Teil dieses Trauerspiels sein zu müssen.

*

Vor dem Haus in der Siebenbürgener Straße in Kagran hatten sich mittlerweile – wie nun schon fast Routine – die Journalisten und etliche Schaulustige versammelt, welche die Verhandlungen aus der Entfernung kommentierten und es genossen, Teil des Spektakels zu sein.

Schließlich, nachdem alle Gespräche gescheitert waren, kam noch – medienwirksam inszeniert – der Herr Polizei-präsident höchstpersönlich. Er war natürlich ein Mann, dem Popularität nicht gerade unangenehm zu sein schien, aber mehr noch glaube ich, dass er von ganz ehrlichem Bestreben angetrieben war, diese leidliche Geschichte hier und jetzt zu einem unblutigen Ende zu bringen. Er machte seine Sache gut und der Großteil der Familie durfte schon kurz darauf tatsächlich die Wohnung verlassen.

Fred war als erster der beiden zermürbt und tat etwas, was ihm offenbar Sympathien einbringen sollte: Er kam heraus und trug das Baby auf dem Arm.

Die Handschellen klickten dennoch und für Fred war dieses Abenteuer damit vorbei.

Währenddessen saß Walter oben auf den Stufen vor der Wohnung und trank sich Mut an. Bei ihm war nur noch der

Familienvater, mehr oder weniger als Geisel. Wie angekündigt, wollte sich Walter eher das Leben nehmen, als noch einmal ins Gefängnis zu gehen.

Und dann fiel jener berühmte Satz, der Holaubek in gewisser Weise unsterblich gemacht hat. Erstaunlicherweise wird dieser Satz immer wieder mit meiner Verhaftung in Zusammenhang gebracht, dabei war ich kilometerweit vom Geschehen entfernt und saß vor dem Fernseher.

Der Polizeipräsident nahm ein Megaphon und rief: „Walter, kumm ausse!"

„Nein!", schrie Walter und seine Stimme hallte im Stiegenhaus.

Die Spannung war fast unerträglich, aber Holaubek blieb ganz ruhig. Er redete Walter gut zu, versprach ihm zu helfen und versuchte es mit Güte.

„Walter, bitte, kumm ausse, i bin's, der Präsident!"

Walter war schließlich nicht entschlossen genug, seine Drohung wahr zu machen. Er stand auf, kam aus dem Haus und ergab sich.

Holaubek gab den Polizisten um sich mit einer Handbewegung zu verstehen, dass sie sich zurückhalten sollten.

Ganz allein ging er auf Walter zu, der ihm widerstandslos die Waffe gab. Der Präsident nahm ihn fast väterlich in den Arm und führte ihn weg.

Das war das Ende. Aber nicht für mich.

***

Verrat!
Im Untergrund statt „down under“

Ich wusste natürlich, was nun in Folge passieren würde. In Kürze schon würden Fred und Walter beim Verhör im Sicherheitsbüro mehr oder weniger sanft befragt werden. Denn mich, den „Kopf" des ganzen Unternehmens, den hatten sie noch nicht. Für die Polizei, die Medien und die Menschen da draußen war ich wie vom Erdboden verschluckt.

Die Hilflosigkeit der Exekutive ging so weit, dass bereits einige Tage nach seiner Festnahme ein Aufruf Freds gesendet wurde, in dem er mich aufforderte, „die Puff'n wegzuschmeißen" und mich ebenfalls zu stellen. Der Aufruf wurde mehrere Male hintereinander gesendet.

Ich sah mir das an und dachte: „Niemals! Bevor ich im Gefängnis verende, sterbe ich lieber gleich."

Auch der spätere Bürgermeister Wiens, Helmut Zilk, der zu dieser Zeit noch beim staatlichen Rundfunk arbeitete, ließ in seiner legeren Art über das Fernsehen verlauten, dass er „den dritten Geiselnehmer, Herrn Schandl, der ja noch auf freiem Fuße sei, sollte er zusehen, grüßen lasse."

Um mich entstand ein richtiger Hype, wie man das heute nennen würde. Zum Beispiel wurde rasch ein Hit jener Tage umgetextet. Im Original hieß es „Ja, wir sind mit'm Radl da", in angeheiterter Beisel-Stimmung wurde aber lauthals gesungen: „Jo, wir san mit'm Schandl do, holladrio ..."

Es gab aber auch andere Auswirkungen meiner plötzlichen Popularität: So überfiel zum Beispiel jemand am Montag nach der Festnahme meiner beiden Komplizen eine Bank. Der Täter war angeblich unbewaffnet und sagte nur: „Da draußen sitzt der Schandl im Auto. Also Geld her!" Die Dame am Schalter händigte diesem Mann sofort das Geld aus und er verschwand mit einem Grinsen auf Nimmerwiedersehen.

Im sicheren Versteck der Wohnung meiner Helferin überlegte ich angestrengt, welche Optionen mir nun noch blieben, um einer Verhaftung zu entgehen, während ich über Zeitung und Fernsehen täglich neue Spekulationen über meinen Verbleib erfuhr.

Negativ zu bewerten waren eindeutig meine Gehbehinderung und der Umstand, dass ich weder Waffe noch Geld hatte. Positiv war, dass die Polizei anscheinend wirklich völlig im Dunkeln tappte, ich also etwas Zeit gewonnen hatte.

Wahrscheinlich hätte mir die Frau sogar etwas von ihren kärglichen Ersparnissen überlassen, wenn ich sie danach gefragt hätte und ihr nicht unbedingt auf die Nase gebunden hätte, dass ich damit eine Waffe besorgen würde.

Aber das wollte ich einfach nicht. Sie ließ mich ohnedies schon bei sich wohnen und hielt mich praktisch aus.

Rückblickend war das wahrscheinlich ein Fehler – vielleicht hätte sich dann die ganze Sache anders entwickelt.

Im Prinzip ging es um etwa 2 000 Schilling, also rund 150 Euro. So viel kostete damals eine „Arminius 22", die es zu dieser Zeit – ganz anders als heute – für Menschen über 18 Jahre frei und ganz problemlos zu kaufen gab.

Und da reifte in mir ein Plan, der von Anfang an „überreif" – also faul – war. Wie sich später herausstellte, war ich wieder einmal viel zu naiv und glaubte an das Gute im Menschen. Meinen Glauben an die Gerechtigkeit hatte ich schon nach meiner ersten Verurteilung aufgegeben.

Aber zurück zum aktuellen Geschehen: Ich wusste, ich brauchte eine Waffe, wenn ich zu mehr Geld für meine Flucht kommen wollte. Ich hätte mir unter den gegebenen Umständen ja kaum einen Job suchen können.

Als Lösung des Problems dachte ich an meine Schwester. Wenn ich sie hier als „Perle" bezeichne, dann ist dies eine

Untertreibung. Meine Schwester hielt immer zu mir, in guten, wie in schlechten Zeiten.

Nur, wie sollte ich Kontakt mit ihr aufnehmen?

Ich nahm – wie sich später als richtig herausstellte – an, dass ihr Telefon überwacht wurde. Ich konnte sie also nicht direkt anrufen, so viel war klar.

Ich vermutete auch, dass ihr Postkasten kontrolliert wurde, also konnte ich ihr auch nicht schreiben.

Ich brauchte dringend eine andere Möglichkeit, um sie zu bitten, mir Geld zukommen zu lassen. Dass sie das tun würde, stand für mich fest. Aber, wie sollte ich dann zu dem Geld kommen?

Und da beging ich dann den fatalen Fehler: Ich kontaktierte eine angeblich „gute Freundin", die mich mit meiner Schwester in Kontakt bringen sollte.

*

Wie ich später herausfand, war meine Einschätzung völlig richtig, dass die Polizei beim Haus meiner Schwester auf der Lauer lag und hoffte, dass ich dort auftauchen würde. Meine Schwester und ihre Familie wurden regelrecht belagert. Gegenüber ihrem Haus quartierten sich Scharfschützen in der Volksschule ein und hielten Wache, die Gewehre immer griffbereit neben sich ...

Jedes Mal, wenn meine Schwester das Haus verließ, zum Beispiel wenn sie nur kurz zum Einkaufen ging, wurde sie professionell durchsucht – und dann weiter beschattet. Natürlich galt das alles auch für ihren Ehemann, meinen Schwager. Kamen sie zurück, dann wurde die volle Einkaufstasche penibel untersucht – natürlich völlig erfolglos, weil sie nichts Verdächtiges bei sich hatten. Wie sollten sie auch? Sie hatten ja keine Ahnung, wo ich mich versteckte, und ich war erfahren genug, nicht einfach so mit ihnen Kontakt aufzunehmen.

Allerdings wollte ich diesen unbedingt herstellen – denn ich war ja definitiv in einer Notlage: ohne finanzielle Mittel, ohne Waffe und gehbehindert. Ohne Geld war nicht daran zu denken, dass ich meine Flucht fortsetzen und mich ins Ausland absetzen konnte. Falsche Papiere waren ohne Bares nicht zu bekommen. Mein ursprünglicher Plan, mir mit einem Banküberfall Geld zu verschaffen, war aussichtslos, weil ich ja keine Waffe hatte. Natürlich hätte ich meine Kontakte nutzen können, um im Untergrund eine Waffe zu besorgen – aber ohne Geld war auch das ein Ding der Unmöglichkeit.

Ich konnte es drehen und wenden wie ich wollte. Im Nachhinein ärgerte ich mich darüber, dass ich den beiden Beamten im Westbahnhof ihre Pistolen nicht abgenommen hatte. Das wäre so leicht gewesen und ich hätte jetzt ein entscheidendes Problem weniger.

Es führte also kein Weg daran vorbei, irgendwie meine Schwester zu informieren. Ich war mir sicher, dass ich von ihr das benötigte Geld für die Waffe bekäme und damit mein schwerwiegendstes Problem – den „Pleitegeier" – beseitigen konnte. In meiner Phantasie malte ich mir aus, wie ich die Waffe – emotional scheinbar völlig ruhig – einsetzte und beim geöffneten Tresor des Instituts meines Vertrauens eine große Tasche mit Tausenderscheinen vollstopfte. Ich musste grinsen, wenn ich daran dachte, dass ich schon bald danach unter falschem Namen den Sonnenuntergang an die Reling eines Schiffs gelehnt genießen würde. Mein Plan war, mich nach Südamerika abzusetzen. Ich war sicher, dass die beamteten Überwacher die Einreise in Australien, wo ich ja schon längere Zeit gelebt hatte, kontrollierten, und deshalb konnte ich, zumindest vorläufig, nicht dorthin zurück, während es in Südamerika mit etwas „Kohle" in der Tasche ziemlich einfach gewesen wäre, unterzutauchen.

Jetzt war aber einmal der Kontakt zu meiner Schwester unverzichtbar. Nur, wie sollte ich ihn zustande bringen? Nach einigem Grübeln fiel mir eine Lösung ein: Ich beschloss, den Umweg über eine Kontaktperson zu versuchen. Ich kannte eine, damals, gute Freundin meiner Schwester, von der ich annahm, dass ich ihr vertrauen konnte.

Rückblickend muss ich sagen, dass angeblich gute Freunde nicht immer solche sind und man ihnen nicht vorbehaltlos das Vertrauen schenken sollte. Das hatte ich damals noch nicht gelernt. Ich war diesbezüglich, wie schon gesagt, ziemlich naiv. Nur weil ich selbst zu meinem Wort stand und zuverlässig war, galt das noch lange nicht im Allgemeinen. Vom strafrechtlich relevanten Unrechtsempfinden einmal abgesehen, das bei mir damals ziemlich schwach ausgeprägt war, ging ich davon aus, dass das Vertrauen zu Freunden auf rein menschlicher Ebene eine Selbstverständlichkeit sein müsste.

Heute ist mir hingegen aufgrund meiner Lebenserfahrung klar, dass sich der wahre Charakter von Menschen erst zeigt, wenn sie entweder mächtig geworden sind – zum Beispiel als Politiker – oder wenn man diese angeblichen Freunde um Hilfe bittet, was im Alltag ja häufig vorkommt. Warum ich hier in diesem Absatz gerade Politiker erwähnt habe, werde ich etwas später erklären …

Um den Plan umzusetzen und die Freundin meiner Schwester zu erreichen, musste ich die Wohnung meiner betagten Gastgeberin verlassen und von einem Münzfernsprecher aus telefonieren.

Vorsichtig schlich ich aus dem Haus. Jetzt ging es darum, nur ja nicht aufzufallen. Ich bewegte mich langsam, damit meine Gehbehinderung nicht so offensichtlich erkennbar war und jemanden auf mich aufmerksam machte. Permanent sah ich mich um, konnte aber nichts Außergewöhnliches bemerken. Keine Verfolger weit und breit. Ich atmete erleichtert auf und humpelte weiter. Weil ich pausenlos nur die Passanten beobachtet hatte, achtete ich zu wenig auf die am Straßenrand geparkten Autos.

Sekunden später erfasste mich Panik – aber es war zu spät, um noch reagieren und den Rückzug antreten zu können. Äußerlich blieb ich zwar gelassen, mein Herzschlag begann zu rasen. Jetzt war alles aus! Nur wenige Schritte vor mir sah ich hinter einem Kastenwagen am Straßenrand ein Dienstfahrzeug, in dem gemütlich zwei Polizisten saßen.

Für einen Wechsel der Straßenseite war es eindeutig zu spät. Blieb ich abrupt stehen, war diese Reaktion mehr als auffällig und sie würden es im Rückspiegel bemerken. Was blieb mir also anderes übrig, als scheinbar gelassen und betont langsam weiterzugehen? Ich hatte gar keine andere Wahl.

Und was musste ich als Erstes sehen, als ich im Schneckentempo vorbeischlich? Ein großes Porträtfoto aus dem „Polizeiakt Schandl"! Das Bild sah mich gewissermaßen an, denn die Beamten hatten es so an der Windschutzscheibe der Funkstreife befestigt,dass die Passanten es sehen konnten.

„Verdammt", schoss es mir durch den Kopf, „wenn sie nur minimal aufmerksam sind, dann erkennen sie mich. Ich bin sozusagen ein aufgelegter Elfmeter."

Innerlich gab ich in diesem Moment bereits auf. Als Gehbehinderter konnte ich nicht davonlaufen, als einzige Tarnung hatte ich nur den tief in die Stirn gezogenen Hut auf dem Kopf und ich verfügte über keine Waffe, um mich zur Wehr zu setzen.

Einer der Beamten bewegte sich, drehte sich gemächlich zu mir, gähnte – und sah mir direkt ins Gesicht. Ich erwartete, dass er die Tür aufstieß, heraussprang und schrie: „Sie sind verhaftet!"

Aber nichts geschah. Der in aller Gemütlichkeit seine Dienstzeit ableistende „Freund und Helfer" machte seinem Namen alle Ehre, erkannte mich nicht und blieb im Auto sitzen.

Ich atmete durch und verschwand so langsam wie möglich, aber in gewisser Weise nicht unflott, hinter der nächsten Straßenecke.

Doch ich kam gar nicht dazu, mich zu beruhigen. Nur paar Meter weiter kam ein Polizist just in dem Moment um die Ecke Kalvarienberggasse/Geblergasse, als ich genau dort ankam. Fast stießen wir zusammen. Mir stockte der Atem. Ein muskulöser, großer Mann mit sehr strengem Blick. Eine beeindruckende „Amtsperson". Der Uniformierte hätte nur die Hand ausstrecken müssen, um mich am „Krawattl" zu packen, wie man in Wien so sagt. Dann hätte er den Adolf S., gesuchten Ausbrecher und Geiselnehmer, wesentlich kleiner als er und des Davonrennens nicht fähig, sofort verhaften können. Aber er starrte nur an mir vorbei, obwohl ich mir sicher war, dass er ein Porträtfoto von mir in der Brusttasche trug, das er sich zu Dienstbeginn kurz angesehen hatte. So ein Bild trugen sicherlich alle Polizisten in Wien und Umgebung seit Dienstantritt bei sich. Der Polizist ließ mich anstandslos vorbeigehen, sah mich sogar an, reagierte aber nicht. Nichts geschah! Keine Reaktion!

Vielleicht hatte ihn auch mein Hut irritiert, ich habe keine Ahnung …

Ich atmete erleichtert auf, musste innerlich schmunzeln und mir fiel spontan eine Textzeile aus einem Kabarettprogramm von Georg Kreisler ein, in der es heißt: „Schützen wir die Polizei vor Verdruss und Schererei."

Vom nächsten öffentlichen Münztelefon aus – den Begriff „Telefonzelle" vermeide ich auch heute noch aus verständlichen Gründen – rief ich die, meiner Vermutung nach, vertrauenswürdige Kontaktperson an. Ich wusste, wo sie arbeitete, und rief sie an ihrem Arbeitsplatz an, weil ich davon ausging, dass der Telefonanschluss einer großen Firma, zu der ich keinerlei Bezug hatte, nicht überwacht wurde.

Gleich zu Beginn unseres Gesprächs machte ich der Freundin meiner Schwester klar, dass sie für den Fall, dass sie Probleme mit meiner Bitte haben sollte, augenblicklich auflegen und die Sache als erledigt betrachten sollte. „Ich würde Verständnis dafür haben", ergänzte ich, „also sag mir bitte jetzt klipp und klar, ob ich mich auf dich verlassen kann?"

Sie antwortete gelassen, dass ich bedenkenlos mit ihr sprechen könne und sie auf keinen Fall die Polizei alarmieren würde. Ich atmete erleichtert auf und berichtete ihr von meiner Situation. Zum Schluss bat ich sie, meine Schwester zu besuchen und ihr auszurichten, dass ich Geld brauche. Wofür, sagte ich natürlich nicht. Und dann beging ich den schlimmsten – genau genommen den entscheidenden – Fehler: Ich gab ihr die Adresse meines Aufenthaltsortes, wo ich das Geld übernehmen wollte. Irgendjemand sollte es mir in einem Kuvert überbringen.

Anonym. Problemlos. Einfach so.

*

Was dann geschah, konnte ich nie vollständig herausfinden. Ich weiß nur, dass diese angebliche „Freundin" die Polizei erst ein paar Stunden später verständigte und ihr die Adresse bekannt gab. Ich weiß nicht, warum sie das getan hat, nehme aber an, dass sie mich verriet, um sich selbst in ein besseres Licht zu stellen.

Ich hatte nach dem Telefonat schon Bedenken, ob das jetzt richtig war, wischte diese jedoch beiseite und redete mir ein, dass es sich bei Freunden immer um Menschen handelt, auf die man sich verlassen kann.

Aber, wie man weiß: Vertrauen ist gut, Kontrolle besser. Also postierte ich mich in einiger Entfernung zum Haus, in dem ich Unterschlupf gefunden hatte, und beobachtete den Eingang. War die Polizei alarmiert, würde sie in Kürze dort auftauchen und den Wohnblock umstellen.

Nichts geschah.

Ich fühlte mich, eng an ein Tor in der Hernalser Hauptstraße gepresst, als Beobachter fast außer Sichtweite und deshalb einigermaßen in Sicherheit. Nach und nach beruhigte ich mich. Keinerlei Auffälligkeiten waren zu bemerken.

Nein, sie würden nicht kommen und das Haus umstellen, um mich hoppzunehmen.

Ich wartete ungefähr vier Stunden, hatte aber trotzdem ein ganz schlechtes Gefühl, sozusagen ein miserables „Bauchgefühl": Auf das hätte ich mich damals verlassen und sofort verschwinden sollen. Heute weiß ich, dass dieses Bauchgefühl das einzig Wahre ist. Nur darauf kann man wirklich vertrauen. Das innere Empfinden sagt immer, was richtig ist und was falsch.

Ich kehrte in die Wohnung zurück und das schlechte Gefühl war immer noch da. Ich konnte nicht schlafen, war die ganze Zeit über hellwach und spitzte die Ohren, um verdächtige Geräusche wahrzunehmen. Aber alles blieb ruhig und ich dachte mir, dass es vielleicht doch geklappt hat und ich morgen das Kuvert mit dem Geld in Händen halten würde. Dann wäre es nicht schwierig gewesen, eine Waffe zu besorgen und so rasch wie möglich eine Bank zu überfallen. Wo ich falsche Ausweise bekommen konnte, wusste ich schon. Mit ausreichend Geld und den falschen Papieren ausgestattet wollte ich dann auf Nimmerwiedersehen ins Ausland verschwinden.

Ich beruhigte mich damit, dass mein Plan gut war. Sozusagen ein realistischer Weg in eine Zukunft ohne Gefängnisgitter. So war ich einerseits voller Hoffnung, aber andererseits immer verzweifelter. Ich konnte nicht schlafen. Die Unsicherheit ließ mich keinen Schlaf finden …

Und dann geschah es und alle meine Hoffnungen zerbrachen innerhalb weniger Augenblicke.

Ich begriff sofort, dass die Flucht zu Ende war, als ich Geräusche im Hof hinter dem Haus hörte. Ich humpelte zum Fenster und sah durch einen Spalt zwischen Vorhang und Fensterstock die leeren Mannschaftswagen unten stehen.

Die „Freundin" hatte mich also doch verpfiffen.

Der Zugriff, wie es im Polizeijargon heißt, erfolgte um etwa drei Uhr in der Früh. Jede Menge Polizisten mit Stahlhelmen auf dem Kopf und Schnellfeuergewehren in der Hand hatten das Haus umstellt. Auch einige Hunde waren mitgebracht worden. Unten auf der Straße stand auch schon der Arrestwagen.

Im Gang hörte ich Stiefelgetrampel und Sekunden später klopfte jemand kräftig an die Tür.

Ein Polizist rief: „Aufmachen!"

Ich wusste, Widerstand hätte keinen Sinn.

Meine Gastgeberin dachte wie ich, nahm die Sicherheitskette der Tür ab, öffnete, wurde zur Seite gedrängt und die Meute stürmte in das Zimmer.

Ich hielt ihnen gleich die Hände hin, damit sie mir Handschellen anlegen konnten. Aus und vorbei.

Oder doch nicht? Der Kriminalbeamte, der mir die „Achter" anlegen sollte, war sich seiner Sache allzu sicher und deponierte die Dienstwaffe achtlos ganz knapp neben mir auf den Tisch. Ein schneller „Zugriff" der etwas anderen Art und ich wäre in der Lage gewesen, mir die Pistole zu schnappen. Zuerst den Kripo-Beamten und dann mich selbst zu erschießen, wäre quasi ein Kinderspiel gewesen, aber eine innere Stimme hielt mich davon ab, hier und jetzt Mord und Selbstmord zu begehen.

*

Ohne Widerstand ließ ich mich festnehmen und nachdem mich die Polizisten unsanft die Treppe hinuntergezerrt und in den Arrestwagen bugsiert hatten, brachten sie mich sofort ins Sicherheitsbüro.

Sie führten mich nach oben, im Verhörzimmer nahmen sie mir die Handschellen ab und ich setzte mich.

Die an dieser Stelle vielleicht auftretende Erwartung, dass nun beim Verhör raue Polizeigewalt zum Einsatz kam, muss ich enttäuschen. Der Umgang mit mir war fast zuvorkommend – auf jeden Fall korrekt und keinesfalls ruppig. Ich glaubte sogar, ein klein wenig freundliches Entgegenkommen zu spüren.

„Nun Herr Schandl, jetzt ist auch für Sie diese Flucht zu Ende", meinte ein Beamter, der sich auf der anderen Seite des Tisches niedergelassen hatte.

Ich antwortete nicht und sah nur niedergeschlagen zu Boden. Ein anderer Polizist ergänzte: „Dass das Ganze ein völlig sinnloses Unternehmen war, hätten Sie bei ihrer Intelligenz doch von Anfang an wissen müssen."

Ich atmete tief durch und sagte leise: „Auch der sinnloseste Versuch, sich seine Freiheit zurückzuholen, ist vielleicht verständlich, wenn man zu Unrecht eine viel zu hohe Strafe bekommen hat, wie es bei mir der Fall war. Hierin liegt im Grunde genommen meine Motivation für diesen Fluchtversuch."

„Ja, ist aber blöd gelaufen. Jetzt kommen noch ein paar Jahre im Gefängnis auf sie zu."

Das war mir natürlich klar – und in dem Moment beschloss ich, so bald es ging, meinem Leben ein Ende zu bereiten.

Ich hatte alles verloren: die Freiheit und jede Hoffnung für die Zukunft.

Selbstverständlich wollten sie ganz genau wissen, wo ich während der Zeit meines Verschwindens gewesen war, und ich sagte aus, dass ich mich immer irgendwo versteckt hatte und nur zu dieser Frau gekommen war, um Geld entgegenzunehmen, das mir ein Bote von meiner Schwester überbringen sollte. Natürlich gab ich weiter an, dass ich diese bedauernswerte Frau massiv eingeschüchtert hätte und nur kurz bei ihr in der Wohnung war. Wie gesagt, zur Geldübernahme. Dass diese Absicht der Polizei durch den Verrat meiner angeblichen Vertrauensperson ohnehin bekannt war, setzte ich voraus.

Sie nahmen mir meine Aussage ab, denn – wie besprochen – hatte auch die Frau eine gleich lautende Angabe gemacht. Ich konnte meine Helferin vollkommen heraushalten. Es würde schon schwierig genug für sie sein, in ihrem Wohnhaus die Stänkereien der anderen Hausparteien zu ertragen.

Kurz darauf kam auch der Chef des Sicherheitsbüros und machte sich ein Bild vom Fortschritt der Befragung. So einen prominenten Häftling hatte man schließlich nicht alle Tage im Haus.

Schon am nächsten Tag brachte man mich ins Landesgericht. Ich kam jedoch nicht in den normalen Zellentrakt, sondern umgehend in den Absonderungsbereich im Keller. Bis kurz zuvor hatten sich dort noch Fred und Walter befunden, aber die waren sofort weggebracht worden, damit es keine Verständigung zwischen uns geben konnte.

Da es ja November war und die Zelle kaum beheizt wurde, verbrachte ich dort eine qualvolle Zeit: 28 Tage, um genau zu sein. Man hatte mir die mieseste Anstaltskleidung gegeben, die aufzutreiben war, löchrig, schmuddelig und viel zu weit. Die Schuhe – klarerweise ohne Schuhbänder – waren mir etwa drei Nummern zu groß, ich latschte in ihnen wie ein Clown. Jeden Tag durfte ich eine Stunde lang abgesondert und blamabel anzusehen in einen kleinen Hinterhof. Diese Stunde „Bewegung im Freien" musste es vom Gesetz aus auch für Sonderfälle wie mich geben und sie wollten es mir so peinlich wie möglich machen. Die Wachen grinsten mich hämisch an, wenn ich an ihnen vorbeischlurfte.

Dieser rückwärtig im Landesgericht liegende Hof war im Prinzip nur ein enger Schlauch und man nannte ihn den „Galgenhof".

Mir war bekannt, dass hier 1950 die letzte Todesstrafe vollstreckt worden war, die durch den Strang erfolgte. Es gab sogar noch das viereckige Loch im Beton, wo man seinerzeit den Balken des Galgens eingeschoben hatte. Diese

Öffnung war jetzt aber durch einen Blechdeckel, wenn auch nur notdürftig, abgedeckt.

Das alles trug natürlich nicht unbedingt dazu bei, meine Depressionen geringer werden zu lassen. Es heißt ja immer, wenn man einen Menschen brechen will, soll man ihm die Hoffnung rauben, ihm jeden Strohhalm, an den er sich geistig klammern könnte, wegnehmen. Nun, das funktionierte fast: Suizid erschien mir auf einmal als denkbare Option.

Der Galgenhof war auf der einen Seite durch eine hohe Mauer begrenzt, auf der anderen Seite befanden sich die vergitterten Fenster der Frauenabteilung. Ich war dort natürlich die Sensation und die Mädels hingen in großen Gruppen hinter den Gittern. Viel Abwechslung hatten sie ja nicht ...

Ich quälte mich in den zu großen Schuhen, behindert durch meine Fußverletzung und gekleidet wie der verkommenste Landstreicher an der großen Gruppe weiblicher Beobachter vorbei.

Ein Wächter hatte sich so postiert, dass es keinerlei Gelegenheit für mich gab, mit den Damen auch nur ein Wort zu wechseln. Im Prinzip handelte es sich um Straftäterinnen, die eher kleinere Delikte begangen hatten und deshalb im „Landl" einsaßen. Unter ihnen gab es natürlich auch zahlreiche Mädels, die im angeblich „ältesten Gewerbe" der Welt tätig waren und die, dieses Umfeld schon gewöhnt, überhaupt nicht schreckhaft oder schüchtern waren. Nicht selten gab es Zurufe, die mich aufbauen sollten: „Guat g'mocht Adi, du warst wenigstens a bisserl draußen!" oder „Gib nicht auf!" und so weiter.

Der mir zugerufene Satz „Lass den Kopf nicht hängen" war zwar freundlich gemeint, baute mich hier im Galgenhof aber eher wenig auf, muss ich zugeben. Ich bemühte mich, hin und wieder zu lächeln, obwohl mir nicht danach zumute war.

Eines Tages bemerkte ich unter all diesen Damen das Gesicht einer Frau, die ich von früher kannte. Sie gab mir ein Zeichen und rief: „Servas, Adi! I hau dir hinten ein paar Tschick obi."

Sie meinte damit eine Stelle hinter jenem Platz, an dem der Wachebeamte stand. Ich schlenderte also unauffällig dorthin und suchte, ein Auge immer auf den Wächter gerichtet, nach dem richtigen Fenster. Ich wusste, dass jene besagte Dame eine begnadete Taschendiebin war, und stellte nun fest, dass sie auch im Gefängnis offensichtlich nichts von ihrer Geschicklichkeit eingebüßt hatte. Zielsicher warf sie mir das „Bündel" durch die Gitterstäbe hinweg zu. Obwohl ich Handschellen tragen musste, gelang es mir, das Tabakpäckchen mit Zigarettenpapier und Zündholzschachtel zu fangen und schnell in der Jackentasche verschwinden zu lassen. Entweder hatte der „Kas" die Transaktion nicht gesehen oder – was ich eher annahm – nicht sehen wollen. Es war einer der eher lockeren Beamten und wahrscheinlich hat er es einfach toleriert, denn er drehte sich demonstrativ weg.

Bedauerlicherweise gab es gar nicht wenige Beamte, die mir im besten Fall zynisch begegneten und mich entsprechend herablassend bis schikanös behandelten, manche schienen sogar direkt Freude dabei zu empfinden, wenn sie mir etwas zufleiß tun und mir „einen Hund einedrah'n" konnten, wie man so sagt. Vielleicht wurden sie privat zu Hause unterdrückt und mussten ihr Machtvakuum auf diese Weise kompensieren – ich weiß es nicht. Wie auch immer die Situation im Gefängnis gerade war, ich musste mich ja ohnehin wohl oder übel damit abfinden.

Manchmal, wenn eben eher lockere Beamte die Aufsicht hatten, leistete ich mir den Luxus von ein paar Zügen aus einer selbstgedrehten Zigarette. Man konnte es sicher riechen, aber diese wenigen verständnisvollen Männer taten so, als würden sie es nicht bemerken. Waren strengere Aufseher im Dienst, unterließ ich die Raucherei selbstverständlich. Mein Bestreben, noch länger im Keller bleiben zu müssen, war enden wollend ...

Nach 28 Tagen brachte man mich endlich nach oben in eine Zelle im dritten Stock, ich glaube, im Trakt B des Landesgerichts, aber genau weiß ich es nicht mehr. Was ich aber weiß: Ich befand mich dort im sogenannten „kurzen Gang", also in unmittelbarer Gesellschaft von Schwerkriminellen wie Mördern, Terroristen und so weiter. In dieser illustren Runde war ich der Einzige ohne Tötungsdelikt, aber die Justiz schätzte mich eben als „extrem gefährlich" ein.

In so einer Situation freut man sich natürlich schon über den allerkleinsten Lichtblick. Einige Tage später stellte ich auf meinem Rundgang im Hof fest, dass sich Fred in einer Zelle befand, von deren Fenster aus er mich sehen konnte. Auch kurze Zurufe waren möglich. So erfuhr ich von der Wesenswandlung meines Ex-Freundes Walter, der mir alle Schuld in die – um drei Nummern zu großen – Schuhe schob.

Später erst hat man mir berichtet, dass Fred und Walter nach ihrer Festnahme in benachbarten Korrektionszellen untergebracht waren. Ich vermute, dass draußen jemand mithörte, um so vielleicht mehr über mich zu erfahren.

Walter soll zu diesem Zeitpunkt Fred über den Gang zugerufen haben: „Fredl, wenn ich wüsste, wo der Adi ist, ich würde es ihnen sagen, damit er auch wieder herinnen ist.

Fred war empört und rief zurück: „Halt die Gosch'n, du Charakterschwein! Seien wir doch froh, dass wenigstens einem von uns die Flucht gelungen ist."

Aber Walter änderte von dieser Zeit an an seine Haltung. Er behauptete, dass alles an dieser Geiselnahme einzig und allein auf mich zurückzuführen war, er von mir gewissermaßen verführt wurde und das alles nie gewollt hatte ...

Diese Behauptungen wurden dann später beim Prozess auch seine Verteidigungslinie.

Soviel zum Wesen meines ehemaligen Freundes.

Fred bedauerte aufrichtig, dass schlussendlich auch ich geschnappt worden war, und lehnte seit jenen Tagen in der Korrekturzelle jeden Kontakt mit Walter ab.

*

Dass der Prozess gegen mich Schlagzeilen machen würde, war mir klar – ebenso die Tatsache, dass mich die Justiz zur Abschreckung exemplarisch hart bestrafen wollte. Gerechtigkeit hin, Ungerechtigkeit her – an diesem Schandl musste ein Exempel statuiert werden.

Ich befand mich noch nicht einmal eine Woche in U-Haft, als man mich zu einem Gespräch „vorführte". In der Kommunikationszelle, einem winzig kleinen Raum, in dem man seinem Besuch an einem Tisch gegenüber sitzt, wartete eine freundliche, junge Frau, die ich noch nie im Leben gesehen hatte. Sie stellte sich als Rechtsanwältin vor und fiel gleich mit der Tür ins Haus: „Herr Schandl, ich möchte Sie gerne verteidigen!"

Ich lächelte sie mitleidig an.

„Sehr geehrte Frau Doktor, ich bin arm wie die sprichwörtliche Kirchenmaus, ich habe keinen Schilling, bin absolut blank, wie man so sagt."

„Das macht überhaupt nichts. Ich erwarte gar nicht, dass Sie mir ein Honorar zahlen." Jetzt wurde ich hellhörig und fragte: „Warum das?"

„Ich bin gemeinsam mit meinem Kompagnon gerade im Begriff, eine Anwaltskanzlei aufzubauen. Und wie Sie sich sicher vorstellen können, ist in so einer Phase kostenlose Werbung nicht gerade ein Nachteil. Mit einem derartig prominenten Angeklagten, wie Sie es sind, wird es nicht schwer sein, oft in den Medien genannt zu werden, und wir können uns einen Namen als gute Verteidiger machen."

Völlig klar und absolut ehrlich. Ich war natürlich einverstanden und unterschrieb sofort die schon vorbereitete Vollmacht.

„Das ist sehr lieb von Ihnen", sagte ich ihr noch zum Abschied – in der miserablen Situation, in der ich mich befand, war ich für jede Unterstützung dankbar.

In mir keimte dann sogar kurz die Hoffnung, dass der Prozess gegen mich vielleicht gar nicht so katastrophal enden musste, als wenige Tage später besagter Kompagnon zu mir kam, um mir ganz passable Neuigkeiten zu überbringen. Er berichtete mir, dass in der Rechtssache alles in geregelten Bahnen verlief und ich nach der gültigen Gesetzeslage mit einer Höchststrafe von maximal zehn Jahren zu rechnen hätte. Die Abnahme der Waffen würde ganz sicherlich als Raub zur Anklage gebracht, aber die 500 Schilling, die wir dem Richteramtsanwärter Weiß abgenommen hatten, würden wahrscheinlich gar nicht verhandelt werden, weil unsere ehemalige Geisel uns keine Steine in den Weg legen wollte und keine Anzeige machte.

Ganz im Gegenteil: Er gab an, dass wir uns das Geld von ihm nur ausgeborgt hätten – mit dem Versprechen, es ihm später zurückzugeben. Also kein weiterer Raub.

Aber es war klar, dass wir öffentlichkeitswirksam so streng wie nur irgend möglich verurteilt werden, also lange Haftstrafen bekommen sollten. Deshalb war eine effektive Verteidigung ausschlaggebend.

Ich war mir sicher, dass die beiden jungen Anwälte sich gehörig ins Zeug legen würden, denn schließlich ging es ja um Werbung für ihre juristischen Fähigkeiten.

Etwa zwei Wochen später kam die Rechtsanwältin mit einer Hiobsbotschaft zu mir.

Auch da fand sie sofort klare Worte: „Herr Schandl, ich muss Ihre Verteidigung zurücklegen. Sie wissen, ich hätte das gerne getan, aber mir sind die Hände gebunden. Es tut mir wirklich furchtbar leid, der Druck auf unsere Kanzlei ist zu groß. Der Vizepräsident des Landesgerichts hat mich zu sich bestellt und mir klipp und klar zu verstehen gegeben, dass ich in dieser Institution garantiert kein Bein mehr auf den Boden bekäme, wenn ich es wagte, Sie zu verteidigen. Das wäre das Ende meiner Existenz als Anwältin – ich könnte dann gleich wieder zusperren."

Ich seufzte, zeigte aber Verständnis. Schon immer hatte ich geahnt, dass die Göttin Justitia mit ihrer Waage und den verbundenen Augen doch manchmal unter der Binde hervorlugte und sich ansah, über wen sie da urteilen sollte.

Zum Abschied sagte ich zu der liebenswürdigen, jungen Anwältin: „Was hier geschieht, ist doch glatte Erpressung und widerspricht allen Gesetzen!"

Die Frau nickte nur: „Ja, Sie haben Recht, aber was bleibt mir übrig. Ich kann Sie leider nicht verteidigen."

Ich bekam in der Folge zwei sogenannte Pflichtverteidiger – einen Mann und eine Frau, die natürlich vom Gericht ausgesucht waren und sich den in sie gesetzten Erwartungen entsprechend verhielten. Meine „Verteidigung" war unter diesen Umständen alles andere als das, was ich mir vorgestellt hatte.

Als es schließlich ungefähr ein Jahr später zum Prozess kam, lief das Verfahren ab wie eine Farce. Das ist die positivste Beschreibung, die mir dazu möglich ist. Genau genommen war es eine einzige Katastrophe.

Es begann schon auf den Stiegen zum Gerichtssaal, als einer der zwei hünenhaften Wachebeamten fragte: „Na, was glauben S' denn, was S' kriegen werden?"

Ich antwortete nur lapidar: „15 Jahre!"

Der Kollege des Fragestellers lächelte süffisant und antwortete: „Ich denke, das kommt hin. So viel ist ausgemacht."

Er hatte sich verplappert und in diesem Moment wusste ich, dass im Prinzip alles verloren war.

Die beiden Pflichtverteidiger, auch „Armenverteidiger" genannt, verhielten sich armselig und verteidigten mich so miserabel, dass ich ohne Anwalt wahrscheinlich besser bedient gewesen wäre. Im Prinzip verteidigten sie mich gar nicht. Ich erinnere mich daran, dass einer der beiden während des Prozesses auf seinem Sessel eingeschlafen ist ...

Meine Verteidiger hatten mich zwar vor dem Prozess ein paar Mal besucht und mir zuletzt in Kenntnis aller anklagepunkte wortreich, aber wenig glaubwürdig, versichert, dass ich höchstens sieben zusätzliche Jahre aufgebrummt bekäme. Meine kurze Antwort war nur: „Da kann ich nur darüber lachen. Sie werden sehen, ich kriege 15 Jahre."

„Aber nein, Herr Schandl, das ist schon vom Gesetz her nicht möglich", widersprachen sie. Ich sagte gar nichts mehr dazu.

Wie vermutet, drehte es das Gericht dann entsprechend, hin. Der Vorsitzende im Prozess war genau jener Herr Vizepräsident, der meine ursprüngliche Verteidigerin dazu gebracht hatte, ihr Vorhaben aufzugeben. Von einem fairen Verfahren war keine Spur, die Absicht war klar erkennbar: Man wollte unter allen Umständen höhere Strafen austeilen, als vom Gesetz her eigentlich möglich war.

Ein medizinischer Sachverständiger bewertete zum Beispiel unseren – oder genauer gesagt Walters – Angriff auf den Beamten im Kultursaal und gab an, dass es sich, wie man in Wien so sagt, nur um einen „Schwitzkasten" gehandelt habe. Das Gericht sah das jedoch anders und beurteilte es als „qualvollen Zustand", wodurch ein Strafausmaß bis zu lebenslang möglich wurde anstelle der zehn Jahre für Körperverletzung. Und so ging es weiter ...

Besonders in Erinnerung geblieben ist mir die Aussage des Majors Howanietz. Er war ein Ehrenmann und blieb bei einer völlig korrekten Schilderung der Geiselnahme. Er berichtete, dass wir mit den Geiseln einen höflichen Umgangston gehabt und uns ihnen gegenüber der Situation entsprechend so freundlich wie möglich verhalten hatten.

Immer wieder wurde er bei seinen Ausführungen vom Richter unterbrochen, der die wahrheitsgetreuen Schilderungen im Sinne eines höheren Strafausmaßes relativieren, also negativ dramatisieren wollte. Es gelang ihm aber nicht, den Major von seinem ehrlichen Sicht abzubringen.

Einmal riss dem Richter sogar der Geduldsfaden und er versprach sich, wodurch klar wurde, dass es auch zu dieser Zeugenaussage vorab Gespräche gegeben hatte. „Denken sie an Ihre Karriere!", zischte der Richter.

Der Major schüttelte nur den Kopf und fragte: „Welche Karriere? Mein beruflicher Aufstieg ist zu Ende und ich weiß, dass man mich nach meiner Aussage, die der Wahrheit entspricht, beruflich aufs Abstellgleis schieben wird." Ein toller Mann, dieser Major.

Bei der Prozessführung zog der Richter alle Handlungsfäden an sich und wir hatten nicht den Funken einer Chance auf ein faires Verfahren.

Ich mache es deshalb kurz : Die Strafen fielen streng aus.

Walter Schubirsch, der sich als einsichtig präsentierte und sich bemühte, mich als Urheber des Ganzen darzustellen, bekam 11 Jahre, obwohl er ja noch weitere Geiseln genommen hatte, als ich schon gar nicht mehr dabei war.

Alfred Nejedly und ich erhielten jeweils 14 Jahre.

Meine Einschätzung bezüglich der Haftstrafe zu Prozessbeginn war also nicht ganz unrichtig gewesen. Allerdings ahnte ich nicht, dass es noch schlimmer kommen sollte.

Wir Verurteilten gingen natürlich in Berufung, der Staatsanwalt ebenfalls und die „Rechtssache" ging an den Obersten Gerichtshof. Dort wurden alle drei Strafen sogar noch hinaufgesetzt: Walter bekam ein Jahr mehr, also 12 Jahre, bei Fred und mir wurden es, als Retourkutsche für die Berufung, noch zwei zusätzliche Jahre. Das heißt, meine ursprüngliche, fast schon abgesessene Haftstrafe wurde um 16 Jahre verlängert.

Begründet wurde das neue Urteil damit, dass Fred und ich, während wir in der U-Haft auf unseren Prozess warteten, versucht haben sollen, zu Waffen zu kommen, um einen neuerlichen Ausbruch zu versuchen. Fred soll angeblich einem einsitzenden Mädchen kurz vor deren Entlassung einen Kassiber mit der Bitte um Waffen zugesteckt haben. Dieses nebuloses Faktum wurde im Berufungsverfahren gehörig aufgebauscht und gegen uns verwendet.

Die in der Öffentlichkeit verbreiteten Schauergeschichten über uns – vor allen über mich – bewirkten natürlich, dass das Urteil von der Bevölkerung als gerecht wahrgenommen wurde. Die drakonischen Strafen wurden rechtskräftig.

Erst heute kann ich abschätzen, was damals den Journalisten alles an verdrehten Fakten, Halbwahrheiten und vollkommenen Lügen zugespielt wurde.

*

Kurze Zeit später wurde ich, mit 16 weiteren Jahren Haft auf dem Buckel, gefesselt und in Begleitung von vier Beamten, in die Strafanstalt Garsten überstellt. Die Verlegung passierte völlig überraschend und blitzschnell. Ich hatte nicht einmal Zeit, meine Sachen zu packen. Sie wurden mir später nachgeschickt. Aber in so einer Situation ist es ohnehin egal, ob man mit oder ohne diese kärglichen persönlichen Besitztümer unterwegs ist. Da ist sowieso nur noch Schwermut und Verzweiflung.

Nun sah ich es wirklich an der Zeit, meinem Leben ein Ende zu setzen. Jede Hoffnung auf ein Leben in Freiheit war zu Staub zerbröselt. Ich sah aus dem Fenster des Justizbusses auf die draußen vorbeihuschende Landschaft. Die Natur, die ich so liebte, zu genießen sollte mir jetzt für lange Zeit verwehrt bleiben. Mich erwartete nur die Eintönigkeit einer kleinen Zelle, Tag für Tag und Nacht für Nacht. Ich dachte an mein früheres Leben, an Australien, an mein Kind ... Aber die Reue kam zu spät. Ich hatte alles verloren.

Fred kam in die Karlau, Walter blieb in Wien im „Grauen Haus". Nach Stein wurde keiner von uns gebracht. Dort hätten sich die Emotionen nur aufgeschaukelt und wer weiß, was passiert wäre?

Dazu muss man wissen: Der Beamte, den Walter in den Schwitzkasten genommen hatte, wurde in der Folge in Stein von allen – egal ob Wächter oder Häftling – nur noch höhnisch „der Gewürgte" genannt. Der Betroffene war darüber natürlich alles andere als erfreut und hätte sich sicherlich irgendwie an uns gerächt. Auch die anderen Justizwachebeamten, die wir ja insgesamt nicht gut haben dastehen lassen, waren natürlich wütend auf uns.

Die Justiz wollte aber ganz gezielt weitere Vorfälle und weitere Öffentlichkeit vermeiden, weil ja klar war, was die Presse dann über den Strafvollzug geschrieben hätte, den wir in unserer Argumentation bei der Verteidigung ohnehin häufig angegriffen hatten.

Walter hatte zum Beispiel als einen seiner Beweggründe für den Ausbruch dezidiert das schlechte Essen im Gefängnis angegeben.

Auch andere Missstände waren beim Prozess zur Sprache gekommen, die aber in der Öffentlichkeit weitgehend untergingen. Allerdings waren unsere Aussagen angeblich mit ein Beweggrund für den damaligen Justizminister Broda für eine Reform des Strafvollzugs. So hatte unsere Aktivität zumindest einen Sinn gehabt.

In Garsten wurde ich sofort in eine Sonderabteilung gebracht, das heißt konkret, ich wurde völlig isoliert. Beim Hofgang ging ich alleine spazieren, immer bewacht von zwei Beamten, deren Aufgabe es war, mir jeden Kontakt zu anderen Gefangenen zu verwehren.

Es blieb natürlich nicht aus, dass andere Häftlinge gerade den Gefängnishof überquerten, wenn ich dort meine Runden drehte – wie ein gefangenes Tier, scheinbar willenlos und permanent unter Druck. Anfangs riefen mir einige von ihnen noch etwas zu, aber die Androhung der Gefängnisleitung, dass jeder, der mit mir Kontakt aufnehmen wollte, sofort in die nasskalte Korrektionszelle kommen würde, sprach sich rasch herum. Bald war ich ein Aussätziger, mit dem man jeden Kontakt vermied. Ich wusste das und habe es deshalb unterlassen, von meiner Seite aus das Gespräch mit Mithäftlingen zu suchen.

Mein einziger Kontakt zur Außenwelt war ein kleines in die Wand eingelassenes Radio, das nur über einen Kopfhörer funktionierte, also keinen Lautsprecher hatte. Da ich aber Kopfhörer nicht vertrage, hörte ich nur manchmal kurz die Nachrichten, gelegentlich auch eine Operette.

Im Grunde genommen existierte ich nicht, hatte nichts zu tun und vegetierte nur vor mich hin. Ich war verzweifelt – auf dem Weg zum Suizid. Hätte ich mich umgebracht, ich glaube nicht, dass man im Gefängnis darüber sehr traurig gewesen wäre.

In meiner besonders abgesicherten Zelle hatte ich massenhaft Zeit, über mich und mein eigentlich nun völlig verpfuschtes Leben nachzudenken.

Am meisten bedrückte mich neben dem Freiheitsentzug diese absolute Ohnmacht. Ich musste alles hinnehmen, wie es war, konnte nichts unternehmen, das meine Situation verändert hätte. Die Bedrückung schlug in Wut um, die Wut erneut in Resignation. Immer wieder und wieder …

Besonders belastend waren die Wochenenden oder die Zeit der Feiertage. Da herrschte so ab 11 Uhr eine geradezu gespenstische Ruhe. Um 11 Uhr wurden nämlich das Mittagessen und zugleich auch das Abendessen gebracht und dann die Zellen abgesperrt bis zum nächsten Tag. Kein einziger Mensch, den man zu Gesicht bekam.

Hin und wieder schlichen in unregelmäßigen Abständen Wachebeamte durch die Gänge. Sie müssen für diese Kontrollgänge spezielle Schuhe getragen haben, damit man sie nicht kommen hörte. Meist öffnete sich unvermittelt das

Guckloch der Zellentür und ein anonymes Auge spähte kurz in den kleinen Raum. Dann schloss sich das Guckloch wieder. Obwohl sie sich bemühten, so lautlos wie möglich zu sein, entwickelte ich ein unglaublich feines Gespür und oft wusste ich schon vorher, dass sich Augenblicke später das Guckloch öffnen würde.

Es handelte sich also definitiv um konsequenteste Isolationshaft: Ich hatte keinen Kontakt mit anderen Menschen außer meinen Wächtern. Wenn ich zum Arzt musste, wurde ich nur dann hingeführt, wenn nicht gerade ein anderer Häftling dort war. Ein Mal pro Woche durfte ich zum Einkauf in die Kantine – allein, in einem menschenleeren Verkaufsraum, bewacht von zwei Beamten. Da durften keine anderen Gefangenen in der Nähe sein.

Ja, nicht einmal sehen sollte ich die anderen. Hinter den dicken Metallstäben meines Fensters war eine blickdichte Milchglasscheibe mit einem eingelassenen Drahtgitter montiert, die verhinderte, dass ich hinaussehen konnte. Mein „Fenster" – das diese Bezeichnung dadurch eigentlich gar nicht verdiente – führte nämlich direkt in den Hof, wo die Gefangenen ihre „Bewegung im Freien" absolvierten. Mithilfe der speziellen Vorrichtung machte man mir jeden Sichtkontakt mit anderen Häftlingen unmöglich.

Einmal pro Woche gestattete man mir eine kurze Zeit im Fernsehraum, aber auch dort war ich isoliert von allen anderen. Mutterseelenallein saß ich auf einem der Stühle irgendwo in den ansonsten leeren Sitzreihen und wurde streng bewacht. Die Tür des Raumes, in dem an einem anderen Tag fast alle Häftlinge gemeinsam beim Fernsehen sitzen durften, war während meiner TV-Minuten verriegelt, aber eine Klappe musste offen bleiben, um mich ständig im Blick behalten zu können.

Draußen hatte ein Wächter ständig vor dieser Öffnung zu stehen. Besonders im Winter war es im unbeheizten Gang bitterkalt und zugig, weshalb sich meine Bewacher dort auch reihenweise verkühlten. Ich hörte, dass diese Bewachungsprozedur so ziemlich die unbeliebteste Tätigkeit im Haus war.

„Verflixt, da zieht es, ich muss in der Kälte sitzen und bin schon wieder verkühlt, nur weil der Kerl da drinnen, im warmen TV-Zimmer vor dem Fernseher hockt. Meine Hände und Füße sind Eiszapfen …" So und ähnlich schimpften die Wächter. Ich muss zugeben, dass ich eine gewisse Schadenfreude empfand: „Selber schuld! Warum seid ihr Justizler geworden? Ich wäre auch lieber woanders."

Psychologische Fachliteratur über die sinnvolle Beschäftigung von Strafgefangenen gibt es mittlerweile recht zahlreich. Wissenschaftliche Untersuchungen befassen sich in diesem Zusammenhang auch mit dem Phänomen der „Betätigungsdeprivation" und den oft weitreichenden Folgen dieser erzwungenen Untätigkeit. Sowohl körperlichen als auch psychischen.

Damals war man aber noch nicht soweit und es dauerte einige Zeit, bis man einem der ureigensten menschlichen Bedürfnisse Rechnung trug und mir eine , wenn auch nicht recht erfüllende, Beschäftigung gab.

Ich bekam also irgendwann eine sogenannte „Zellenarbeit" und begann meine Tätigkeit für eine Firma, die Schuhbänder erzeugte und dafür im Gefängnis arbeiten ließ.

Man brachte mir Schuhbänder, die ich kürzen, aufspulen und verpacken musste. Bänder für alle Arten von Schuhen. Mit einfachsten Werkzeugen verarbeitete ich die Materialien und bekam pro Stück einen lächerlichen Minimalbetrag auf mein „Anstalts-Konto" überwiesen. Vielleicht hofften sie ja, dass ich mir daraus selbst einen Strick drehte und „mich ins Pendel warf", wie es im Gefängnis so schön heißt.

Die extreme Absonderung machte mich im Laufe der Jahre, wie der Begriff schon suggeriert, ziemlich sonderbar: verloren irgendwo wischen depressiv, wütend und verzweifelt, aggressiv, aber ohnmächtig und hochgradig paranoid ... Und bei mir nahm es die Justiz mit der Isolation sehr genau.

Mit Schrecken erinnere ich mich an Erlebnisse, bei denen ich mich nicht mehr kontrollieren konnte. Es war irgendwann im Jahr 1973, als ich diesen Zustand zum ersten Mal erlebte. In mir stieg ein Gefühl hoch, das man mit Worten eigentlich nicht beschreiben kann. Ich lag auf meiner Pritsche, begann zu zittern und ich konnte mich nicht mehr bewegen. Mir wurde abwechselnd heiß und kalt, der Schweiß triefte mir aus allen Poren. Meine Gedanken liefen Amok. Ich hatte Angstzustände, wusste selbst nicht, was mit mir geschah. Es war eine Art psychischer Schock und ich hatte die Befürchtung, dass ich jetzt den Verstand verliere und wahnsinnig werde.

Diese Zustände kamen unregelmäßig, gewissermaßen in Schüben und dauerten unterschiedlich lange. Ich war zwar bei Bewusstsein, aber doch geistig weggetreten. Mir kam vor, als würde ich in einen dunklen Abgrund stürzen ...

Heute weiß ich, dass es die Auswirkungen der Isolationshaft waren. Nicht umsonst gilt diese menschenunwürdige Maßnahme international als Folter. In vergangenen Jahrhunderten war die Folter brutal und meist mit körperlichen Torturen verknüpft, heute sind an ihre Stelle die Isolationshaft und andere Psychospielchen getreten. Ebenfalls furchtbar brutal, nur viel subtiler.

Nach etwa drei Monaten in Isolationshaft bekam ich zum ersten Mal Besuch von Dr. Sluga, dem Chefpsychologen. Ich war zu diesem Zeitpunkt völlig verbittert und verhielt mich wie ein Idiot. Heute weiß ich, dass er es ehrlich meinte, als er mir die Grüße von Justizminister Dr. Broda überbrachte, aber damals konnte ich so etwas nicht verstehen.

Ich sagte nur: „Wissen Sie was? Der Herr Justizminister scheißt sich doch in Wirklichkeit einen Dreck um das, was mit uns hier geschieht, welche seelischen Krüppel durch die Haft aus uns gemacht werden. Sonst gäbe es ja keine Isolationshaft mehr!"

Es war vielleicht ein Fehler, den Psychologen damals so aggressiv anzugehen, aber mein Zorn war viel zu groß, um klar denken zu können.

Natürlich wurde meine Bemerkung an den Justizminister weitergegeben und ich nehme an, dass er darüber enttäuscht war. Er wusste, dass meine 16 Jahre Haft ungerecht waren, und wollte mir das – mit dem Psychologen als Vermittler – zu verstehen geben. Nur, ich habe es damals nicht kapiert und ausschließlich meine ohnmächtige Wut gesehen.

Die Gefängnisleitung sah die Zeichen nicht und hielt die Isolation aufrecht. Sie versuchten wirklich alles, um mich innerlich zu brechen. Erreicht haben sie das Gegenteil: Ich fing wieder an, Fluchtpläne zu schmieden. Meinen Freiheitsdrang sollten sie mir nicht nehmen können!

Aus Verzweiflung begann ich, mir mit dem sogenannten „Zellenfeitl", der Hälfte einer Nagelschere, einen Fluchtweg zu scharren.

Das war natürlich völlig aussichtslos, aber ich rechtfertige das heute damit, dass mein Freiheitsdrang groß war und meine Denkfähigkeit durch die Isolation beeinträchtigt.

Ich kratzte den Verputz von der Decke. Über meiner Zelle gab es nur noch den Dachboden, über den ich zu fliehen gedachte. Wie beim Gefängnis in Stein handelt es sich aber auch bei der Haftanstalt Garsten um ein ehemaliges Kloster (ob es da irgendeinen Zusammenhang gibt?). Auf jeden Fall musste ich, als der Verputz endlich weg war, einsehen, dass es wohl ewig dauern würde, den unglaublich dicken, 700 Jahre alten Holztram durchzusäbeln.

Mit dem kleinen Messerchen allein käme ich da nie durch. Deshalb ließ ich mir etwas anderes einfallen: In der Kantine konnte man in kleinen Behältern Nachfüllungen für Benzinfeuerzeuge kaufen und ein solches Fläschchen mit einigen Tropfen Benzin besorgte ich mir. Ich wollte damit den Holzbalken in Brand setzen und dachte mir, dass so vielleicht ein Loch entstehen könnte, das groß genug wäre, um sich durchzuzwängen.

Ich begann an einem Samstag und arbeitete an diesem Wochenende wie ein Berserker. Ich verweigerte sogar den Hofgang, denn normalerweise nutzten die Wachebeamten diese Zeit immer, um die Zelle zu kontrollieren. Während ich schuftete, spitzte ich ständig die Ohren, um wahrzunehmen, wann sich ein Aufseher auf leisen Sohlen näherte, um das Guckloch zu öffnen.

Als sich die Klinge schließlich bei der Arbeit an dem harten Holz verbog, gab ich auf und gestand am Montag, was ich versucht hatte. Der Schutt und der angekohlte Tram, zu mehr hatte es nicht gereicht, waren ohnehin nicht zu übersehen und zusätzliche Strafe hatte ich nicht zu befürchten, weil ich ja schon in Isolationshaft war. Also was sollte mir schon noch geschehen? Ich erhielt nur Einkaufsverbot in der Kantine, wurde ausquartiert und zwei Wochen später wieder in die sanierte Zelle gesperrt. Außerdem wurde mir verboten, irgendwelche Kalender oder Bilder an die Wand zu hängen. Ich hätte ja ein Loch in die Wand kratzen können und die Öffnung hinter einem Bild verbergen. So die offizielle Begründung für dieses Verbot.

*

Nach etwa viereinhalb Jahren teilte man mir mit, dass meine Absonderung beendet sei und ich demnächst in den „normalen Belag" wechseln sollte.

Aber dort war es anfänglich fast genauso schlimm: Ich war weiterhin isoliert, hatte eine Einzelzelle und durfte nur alleine zum Hofgang – immer unter Bewachung. Als Tätigkeit hatte ich weiterhin die eintönige und nervtötende Arbeit für die Schuhbandfirma. Die Monotonie dieser Tätigkeit grenzte an Folter.

Ein paar Wochen nach meiner Verlegung kam der Anstaltsleiter, Oberst Gahler, in Begleitung von zwei Wächtern, um sich nach mir zu erkundigen. Ich verhielt mich – wie schon bei Dr. Slugar – auch in dieser Situation nicht besonders klug, war ziemlich schroff und abweisend.

Nach ein paar begrüßenden Floskeln sagte der Oberst: „Schauen Sie, Herr Schandl, ich mache das alles ja auch nicht gerne. Glauben Sie etwa, dass ich ein Sadist bin?"

Ich sah ihm direkt in die Augen und antwortete: „Ja!"

Darauf drehte er sich wortlos um und ging.

Wieder alleine hatte ich dann genügend Zeit, über meine Bemerkung nachzudenken und sah ein, dass ich meine Gesamtsituation dadurch nicht verbessert hatte.

So verging einige Zeit und ich schmorte gewissermaßen im eigenen Saft. Die Zeit der Isolation hatte mich zwar nicht brechen können, aber mir war klar geworden, dass ich, wenn ich ausbrechen wollte, unbedingt eine Pistole benötigte, wobei – das möchte ich hier anmerken – ich niemals beabsichtigte, wild um mich zu schießen und andere Menschen zu verletzen. Die Waffe sollte immer nur eine „Argumentationshilfe" sein. Aber zuerst musste ich einmal an eine herankommen und dazu brauchte ich die Hilfe von Komplizen. Anders ging es nicht!

Durch die Verlegung in den normalen Trakt hatte ich zumindest ab und zu Kontakt zu Mithäftlingen, hauptsächlich zu Hausarbeitern, die das Essen verteilten und die Gänge sauber hielten. Ich hörte mich immer wieder um, aber es ergaben sich keine konkreten Chancen zur Flucht. Mehrmals keimte in mir der Entschluss, mich umzubringen und diesem trostlosen Dasein ein Ende zu bereiten, aber glücklicherweise behielt schlussendlich der Funke Hoffnung immer die Oberhand. Heute bin ich in Demut dafür dankbar.

Eines Tages, ich war gerade auf Hofgang, ging der Oberst vorüber. Diese Gelegenheit wollte ich nutzen, nahm allen Mut zusammen, ging zu ihm hin und sprach ihn an.

„Herr Oberst, ich möchte mich bei Ihnen in aller Form für meine Bemerkung entschuldigen, es war nicht richtig von mir, Sie als Sadist zu bezeichnen."

Der Anstaltsleiter musterte mich von oben bis unten, dann huschte ein kurzes Lächeln über seine Lippen.

„Sehen Sie, Herr Schandl, jetzt haben Sie eingesehen, dass ich Sie nicht absichtlich quälen will. Mir persönlich ist es ja wurscht, wenn Sie sich in Ihrer Aggression selbst Unannehmlichkeiten bereiten, weil Sie haben das Ganze auch selbst auszubaden. Aber Ihr Verhalten gefällt mir."

Der Leiter dachte kurz nach und sagte dann spontan: „Wissen Sie, was? Wir probieren es aus und werden Ihren Vollzug ein wenig lockern. Von nun an dürfen Sie gemeinsam mit den anderen zum Fernsehabend gehen."

Es dauerte dann tatsächlich nicht mehr lange und mir wurde auch wieder gestattet, gemeinsam mit den anderen Häftlingen am Hofgang teilzunehmen. Endlich konnte ich wieder mit anderen Leuten reden und wurde langsam in die Gemeinschaft integriert.

Monate später meldete ich mich zum Bitt-Rapport beim Anstaltsleiter und ersuchte, mir eine Arbeit in einer der Werkstätten zu geben. Der Oberst zeigte sich einverstanden und murmelte: „Gut, machen wir den nächsten Schritt. Ich teile Sie der Schneiderei zu."

In dieser Werkstatt waren etwa 25 Leute beschäftigt und der Beamte, der dort Aufsicht hatte, war entsetzt, als er davon erfuhr, dass ich „seiner" Abteilung zugeteilt werden sollte. Er hatte schlicht und ergreifend Angst, er wollte mich nicht und wehrte sich mit Händen und Füßen. Aber es nützte ihm nichts, die Anordnung seines Chefs musste befolgt werden.

In der Schneiderei wurde ich an der Nähmaschine eingeschult. Der Wachebeamte wich nicht von meiner Seite. Oft flehte er mich an: „Bitte Schandl, machen S' keinen Blödsinn. Ich wollte ja gar nicht, dass Sie da zu uns kommen".

Ich versuchte ihn zu beruhigen: „Jetzt machen S' Ihnen net in die Hos'n, ich werde schon nix anstellen."

Meine Aufgabe war es, Wäschestücke auszubessern oder Bettwäsche zu nähen. Grundsätzlich verhielt ich mich so unauffällig wie nur möglich. Und da der Mensch bekanntlich ein Gewohnheitstier ist, verebbte die anfängliche

Furcht des Beamten vor mir ziemlich rasch und er gewöhnte sich daran, „den Schandl" in seiner Schneiderei zu haben.

*

Justizminister Dr. Broda war ein Mann von Format. Er gab – trotz meiner Dummheit ihm gegenüber – quasi keine Ruhe und befasste sich weiter mit meiner unverhältnismäßig hohen Haftstrafe. Etwa 1981 schickte er einen Ministerialrat zu mir und ich erfuhr, dass Bemühungen im Gange waren, meine Haftstrafe im Zuge einer Begnadigung durch den Bundespräsidenten herunterzusetzen.

Bei meiner Erstverurteilung, die ich, wie schon erwähnt, als absolut ungerecht empfand, hatte ich 13 Jahre bekommen. Dann, nach der Geiselnahme, waren 16 Jahre dazu gekommen, ergibt nach Adam Riese zusammen 29 Jahre Häfen. Das hieß: Aussicht auf Entlassung in weitester Ferne.

Nun aber keimte so etwas wie Hoffnung. Der Justizminister schlug eine Reduktion von 10 Jahren vor, aber letztlich bestand Dr. Kirchschläger, der damalige Bundespräsident, darauf, dass wir alle drei, also auch Walter und Fred, ohne Unterschiede gleich behandelt werden müssten.

So eine Begnadigung ist ja eine immens lange Prozedur und dauerte in unserer Angelegenheit rund ein Jahr. Zuerst musste das Gericht überhaupt seine Zustimmung geben, dann erst konnte der Justizminister mit dem Bundespräsidenten darüber sprechen.

In Kürze: Das Gericht war schlussendlich einverstanden, der Bundespräsident verweigerte sich nicht und wir bekamen eine Haftreduktion von sechs Jahren.

Ich blieb handzahm und eines Tages – es war 1982 – meldete ich mich wieder beim Oberst Gahler zum Bittrapport.

Im Grunde genommen bin ich ein Mensch, der gerne in der freien Natur arbeitet. In Garsten gab es eine große Gartenanlage und ich wollte dorthin abkommandiert werden. Ich bat also den Anstaltsleiter darum, künftig für eine Tätigkeit im Garten eingesetzt zu werden.

Der Gefängnisdirektor war anfangs schockiert – er wusste ja von meinen früheren Ausbruchsversuchen, auch jenem aus Oberfucha –, atmete tief durch und sagte nur: „Wie Sie wissen, sind die Beete ganz nah an der Mauer. Ich kann das unmöglich ad hoc entscheiden und muss darüber nachdenken. Auch brauchen wir dafür den Sanctus der Psychologen, des Wachkommandos und so weiter. Kommen Sie in einer Woche wieder."

Ich bedankte mich und ging wieder. Ich machte mir zwar keine Hoffnungen, die folgende Zeit zog sich dennoch wie der sprichwörtliche Strudelteig. Es dauerte aber nur zwei Tage, bis in der Früh meine Zellentür aufgesperrt wurde und der Wachebeamte ansatzlos sagte: „Sie sind ab heute im Garten. Kommen Sie mit."

Er führte mich durch das Treppenhaus hinunter, zeigte mir von der Tür aus den Weg und schickte mich zum diensthabenden Aufseher der Gartentruppe.

Ich erinnere mich noch heute an den jungen Aufseher, der mich sah, als ich den Weg betrat. Er wurde bei meinem Anblick käsebleich im Gesicht. Er rannte – wie von Hunden gehetzt und sich immer wieder zu mir umdrehend – nach vorne zum Wachhäuschen und rief entsetzt: „Alaaarm! Der Schandl ist da!" Offensichtlich hatte man vergessen, ihn über meine Zuteilung zu informieren, und es dauerte eine Zeit, bis man den jungen Mann beruhigen konnte.

Auch bei der Gartenarbeit blieb ich verlässlich und strengte mich an. Deshalb folgte bald schon der nächste

Schritt und man überlegte, ob für mich „wegen guter Führung" auch Außenarbeit in Frage kommen könnte. Der Oberst befürwortete es.

Bei den sogenannten „Außenpartien" handelte es sich um kleine Gruppen von bis zu vier Häftlingen, die – natürlich unter Bewachung – Arbeiten in der Ortschaft Garsten erledigten oder, was weit beliebter war, bei einem der Justizwachebeamten privat Gelegenheitsarbeiten verrichteten. Damals gab es für die Anstaltsangestellten nämlich noch die Möglichkeit, sich Gefangene als Arbeitskräfte „auszuborgen" und sie tagsüber zum Beispiel beim privaten Hausbau arbeiten zu lassen. Das war für die Häuslbauer sehr billig und damals durchaus üblich.

Anfangs begegnete man mir mit Skepsis, aber ich verhielt mich weiterhin ausgesprochen friedlich und langsam spielte sich die Sache ein. Bald schon hieß es: „Der Schandl, der is' in Ordnung und arbeiten tut er auch fleißig."

So rückte schön langsam im Laufe der Monate eine bedingte Entlassung wegen guter Führung in den Bereich der Möglichkeit. Zuvor aber waren noch psychologische Tests notwendig, die ein gewisser Dr. Jarosch, eine anerkannte Kapazität auf diesem Gebiet, in seiner Ordination durchführte. Diese befand sich allerdings in Linz und so wurde ich in Begleitung zweier Wächter dorthin gebracht. Ich stellte mich den üblichen psychologischen Untersuchungen, zum Beispiel einem Rorschach-Test, deren Interpretation auf den Charakter des Patienten Rückschlüsse zulässt. Was meine Deutung der Tintenkleckse auf mich schließen lassen sollte, war mir allerdings schleierhaft.

Beim nachfolgenden Gespräch mit Dr. Jarosch fragte mich dieser ohne Umschweife, wie ich mir – im Fall einer bedingten Entlassung – meine Zukunft vorstellte, was ich denn gedenke, in Zukunft zu tun.

Ganz ehrlich gab ich an, dass ich jede, wirklich jede, Arbeit annehmen würde und keinesfalls wieder straffällig werden wollte. Das machte Eindruck. Der Psychologe meinte jedoch, dass er mir aufgrund meines Vorlebens dringend davon abraten würde, in meinen Beruf als Vertreter zurückzukehren. Dazu sei ich eindeutig zu labil. Außerdem warnte er mich vor dem Kontakt zu Leuten aus meinem früheren Umfeld, die einen schlechten Einfluss auf mich haben könnten. Auch Alkohol und Glücksspiel könnten fatale Folgen für mich haben. Er rate mir eher zu einer handwerklichen Tätigkeit. All das vermerkte er in seinem Bericht, in dem er auch die Ansicht vertrat, dass ich unbedingt eine Bewährungshilfe bekommen musste.

In Garsten wurde ich natürlich ebenfalls psychologisch untersucht und da kam es nicht ungelegen, dass ich bei der Gartenarbeit auch das Beet von Dr. Minkendorfer bearbeitete und ihm sein Gemüse pflegte. Er war damals noch Anstaltspsychologe, später wurde er sogar Leiter der Haftanstalt Garsten. Auf jeden Fall konnte er sich so ein Bild davon machen, dass ich nicht mehr so zornig wie früher war, mir aufgetragene Arbeiten korrekt erledigte und dass eine bedingte Entlassung zumindest angedacht werden durfte.

Als nächsten Schritt in Richtung Freiheit wurde mir nahegelegt, im Berufs-Förderungs-Institut Steyr einen Kurs zu belegen. Dafür benötigte ich jedoch den Betrag von 1 000 Schilling – eine Summe, die ich nicht hatte.

Meine Glückssträhne hielt aber an und das Schicksal zeigte sich mir erneut von seiner freundlichen Seite: Seit einiger Zeit leistete ich als Mesner bei sämtlichen Gottesdiensten meinen bescheidenen Beitrag. Der Jesuitenpater Kettner war der erste Mensch, der meine Liebe zur Philosophie entdeckte und in ganz besonderer Weise förderte. Mit ihm führte ich viele Gespräche und er stand mir immer mit gutem Rat zur Seite. Nun erkannte er meine Notlage und schenkte mir spontan 500 Schilling. Den fehlenden Betrag bekam ich von einer verständnisvollen Sozialarbeiterin.

Ich konnte den Kurs also annehmen und reichte um die entsprechende Bewilligung ein, was sogar vom Anstaltsleiter massiv befürwortet wurde. Der Widerstand dagegen kam völlig unerwartet aber aus der Wiener Tintenburg, also aus dem Justizministerium, das mein Ansuchen ebenfalls befürworten musste. Jeder Versuch, von dort eine Antwort zu bekommen, scheiterte an den verschlungenen Wegen der diversen Zuständigkeiten.

Gerade zu diesem Zeitpunkt kam – wegen der Eröffnung einer neuen Kantine, wenn ich mich richtig erinnere – der relativ neue Justizminister Ofner nach Garsten. Er wurde dort auf meine Sache angesprochen und antwortete ganz leger: „Ich kenne mich aus, der Antrag liegt quasi schon auf meinem Schreibtisch. Wenn ich zurückkomme, werde ich ihn sofort unterschreiben." Der Minister telefonierte noch von Garsten aus mit dem zuständigen Sektionschef in Wien – und tatsächlich kam schon bald darauf die Bewilligung für meinen Kursantrag. Über den Oberst ließ mir der Minister zum Schluss noch ausrichten, dass er annahm, dass „dieser Schandl schon nix mehr anstellen" wird und seine Lektion gelernt hat.

Hier zeigte sich wieder einmal, wie wichtig sogar – oder vielleicht gerade – für einen langjährigen Häftling das bekannte „Vitamin B" ist. Ohne Beziehungen ist man in vielen Bereichen des öffentlichen Lebens auch heute noch immer ein armer Teufel, dazu verdammt, in der bürokratischen Warteschleife zu schmoren.

Wenn ich aus der Situation damals eine Lehre gezogen habe, dann die, dass „Recht haben" und „Recht bekommen" zwei verschiedene Paar Schuhe sind. Vor Gericht und vor den Behörden sind manche Menschen wesentlich „gleicher" als andere. Wer die richtigen Leute kennt, wer sich die richtigen Anwälte leisten kann oder mächtige Fadenzieher im Hintergrund hat, dem fällt hierzulande einiges leichter als den „Normalsterblichen".

*

Während all dieser Jahre in Haft hatte ich regelmäßig Kontakt mit meiner Schwester, die mir zu Festtagen Lebensmittelpakete zukommen ließ und mich ab und zu besuchte, als ich nach der langen Zeit der Isolation wieder Besuch empfangen durfte. Sie war die einzige, die, auch wenn sie meine Taten nicht verstand, doch noch immer zu mir stand.

Eines Tages erschien sie im Besuchszimmer mit einer Ankündigung, die mich völlig aus der Bahn warf. Meine Tochter wollte mich besuchen kommen. Ich hatte mein Kind seit 14 Jahren nicht mehr gesehen und war so etwas wie das fleischgewordene schlechte Gewissen. Mir war klar, welches Leid ich ihr angetan hatte, und ich hätte es verstanden, wenn sie mit mir nie wieder Kontakt hätte haben wollen. Aber so war es nicht. Sie wollte mich besuchen kommen und mich sehen.

Als mein „Kind" schließlich vor mir an dem kleinen Tisch im Besucherraum saß, war ich nervöser, als ich es während der ganzen Geiselnahme jemals war. Meine kleine Tochter war mittlerweile zu einer 19-jährigen Frau herangewachsen.

Die Begegnung mit ihr war schon beim ersten Mal wunderschön und bewegte mich tief. Meine Tochter, die mich nicht „Papa", sondern „Dolfi" nannte, gab mir geradeheraus zu verstehen, dass sie mich nun öfters sehen, mich kennenlernen wollte. Schon früher hätte sie versucht, die Erlaubnis für einen Besuch zu bekommen, aber ihr Stiefvater war strikt dagegen gewesen. Nun hatte sich meine Ex-Frau scheiden lassen und der Weg für ein Wiedersehen war somit gewissermaßen frei.

Kurz danach kam auch der erste Brief meiner Ex-Frau und wir hatten von da an schriftlichen Kontakt. Zu mehr reichte es damals noch nicht. Eine persönliche Begegnung hätte sie nach all dem, was ich in unserer Beziehung durch meine Taten zerstört hatte, noch nicht ertragen. Völlig verständlich ... Und ich hatte während der langen Jahre im Gefängnis gelernt, Situationen widerspruchslos zu ertragen, und akzeptierte die Umstände.

Wieder war das Schicksal gütig: Als meine Ex-Frau schließlich nach einigen Briefen der Ansicht war, dass ich mich wirklich gewandelt hatte, kam auch sie in Begleitung meiner Schwester und meiner Tochter zu Besuch nach Garsten. Wir waren von da an wieder so etwas wie eine – wenn auch außergewöhnliche – Familie. Leider nicht für lange.

*

Gerade als alles anfing, sich für mich gut zu entwickeln – die Aussicht auf frühzeitige Entlassung und das frische Pflänzchen eines neuen Familienzusammenhalts ließen erstmals seit Ewigkeiten wieder positive Gedanken zu –, ereilte mich eine Hiobsbotschaft. Meine über alles geliebte Schwester war unheilbar an Krebs erkrankt und hatte nur noch kurz zu leben. Sie war nicht mehr transportfähig, lag in Wien bereits völlig geschwächt im Spital und hatte natürlich – genauso wie ich – den Wunsch nach einem allerletzten Treffen.

In meiner Situation war es eigentlich undenkbar, dass ich für private Zwecke die Haftanstalt verlassen durfte. Ich ging aber zu Oberst Gahler, dem Anstaltsleiter, schilderte ihm die Sachlage und zu meiner Überraschung zeigte sich dieser sonst so korrekte Mann von seiner gütigen Seite. Er gestattete mir diesen „Ausflug" unter Bewachung, allerdings mit der Auflage, dass ich persönlich für sämtliche Kosten aufkommen musste. Ich stimmte natürlich zu und nahm einen Kredit auf meine Arbeit im Gefängnis auf. Die wurde ja – wenn auch nur geringfügig – entlohnt und ich stotterte von diesem Einkommen dann die Kosten ab.

Drei ausgesuchte Beamte in Zivil begleiteten mich und wir fuhren schon am nächsten Tag mit einem Anstaltsbus ins Willhelminenspital nach Wien. Ich glaube nicht, dass die Männer damals Waffen bei sich hatten. So sehr vertraute man mir schon und ich wollte den Herrn Oberst für sein Entgegenkommen auch keinesfalls enttäuschen. Nie wäre mir in den Sinn gekommen, diese Möglichkeit zur Flucht zu nutzen.

Die drei Beamten begleiteten mich unauffällig bis zum Krankenbett, in dem meine völlig abgemagerte Schwester lag. Dann zogen sie sich aber diskret zurück und warteten vor der Tür des Krankenzimmers.

Ich erkannte meine Schwester fast nicht mehr, obwohl sie erst 54 Jahre alt war. Sie sah uralt aus, ihre Hände waren so dünn, dass ihre Uhr vom Handgelenk bis zur Armbeuge hinauf rutschte, als sie versuchte, sich am Haltegriff vom Bett hochzuziehen. Ich war schockiert. Meine

Schwester bemerkte es und versuchte mit kaum noch hörbarer Stimme, etwas Optimismus zu verbreiten. Durch das viele Morphium, ohne das sie extreme Schmerzen hätte leiden müssen, war aber jede Energie aus ihr verschwunden.

Ich sagte mit brechender Stimme: „Du musst gesund werden, bitte, gib nicht auf."

Sie lächelte und versuchte zu nicken, was ihr – kraftlos wie sie war – nur mehr als Andeutung gelang.

Ich drehte mich um und lief aus dem Zimmer, um sie nicht die Tränen in meinen Augen sehen zu lassen. Auf dem Gang wurde ich von einem Weinkrampf durchgeschüttelt und war so verzweifelt wie noch niemals in meinem Leben zuvor. Kein Selbstmitleid während der langen Zeit der Isolation, keine Niedergeschlagenheit, die ich in all den Jahren so oft empfunden hatte, war vergleichbar mit der Trauer, die ich in diesem Moment empfand.

Einer der Beamten legte mir sogar tröstend die Hand auf die Schulter und gab mir ein Taschentuch. Ich fragte, ob ich noch etwas Zeit hätte, wischte mir die Tränen ab und kehrte in das Krankenzimmer zurück. Aber meine Schwester sah, als ich wieder bei ihr neben dem Bett stand, dass ich geweint hatte, und mit einem ihrer dünnen Finger entfernte sie eine übrig gebliebene Träne aus meinem Gesicht. Sie lächelte und sagte dann: „Jetzt bin ich müde, Adi, und möchte ein bisschen schlafen."

Ich umarmte meine Schwester ein letztes Mal, sah, wie sich sich erschöpft in ihr Bett zurückfallen ließ, und ging.

Draußen auf dem Gang traf ich meine Tochter und meinen Schwager, die gerade zu Besuch kamen. Wir wechselten nur ein paar kurze Worte, bevor mich die Beamten wieder zum Bus brachten und wir eine lange, wortlose Rückfahrt nach Garsten antraten.

Meine Schwester ist kurz darauf gestorben.

Heute noch bin ich dem Anstaltsleiter – er ist auch schon lange tot – für seine Menschlichkeit dankbar. So lange ich lebe, werde ich diese Großzügigkeit niemals vergessen.

*

Wieder zurück in Garsten ging der Alltag wie üblich weiter. Ich hatte zu dieser Zeit, dank der Begnadigung durch den Bundespräsidenten, „nur" noch sechseinhalb Jahren Haft vor mir. Aufgrund der zahlreichen positiven Faktoren, wie z.B. meiner guten Führung und auch der nun wieder vorhandenen Sozialkontakte wurde die Möglichkeit einer bedingten Entlassung immer realistischer.

Ich stellte einen diesbezüglichen Antrag – aber der wurde vom Gericht in Steyr abgeschmettert. Trotz dieser negativen Entscheidung war es letztlich so, dass meine Glückssträhne anhielt.

Es ergab sich nämlich, dass ich bei den Außenarbeiten dem leitenden Staatsanwalt für den privaten Hausbau zugeteilt wurde. Der Jurist holte uns immer in der Früh vom Gefängnis ab, brachte uns zu seinem Haus und bei Einbruch der Dunkelheit wurden wir von der Baustelle wieder zurück ins Gefängnis gebracht. Ich erinnere mich noch gut daran, dass der Staatsanwalt während der ganzen Fahrt Orgelmusik hörte, die ihn angeblich beruhigte, uns Gefangene aber eher nervös machte.

Mehrmals am Tag kam der Jurist aus seinem Büro zu uns, um sich vom Fortschritt der Arbeiten ein Bild zu machen. Als dabei die Gelegenheit besonders günstig schien, sprach ich ihn einmal auf meinen Antrag auf bedingte Haftentlassung an, der vom Gericht in Steyr abgelehnt worden war.

Der Staatsanwalt versprach mir, sich persönlich um die Angelegenheit zu kümmern und ich sollte im Jänner 1985 einen so genannten „Bittsteller-Antrag" stellen. Das so wichtige „Vitamin B" wirkte neuerlich und mein Ersuchen wurde relativ rasch positiv erledigt.

Eigentlich wäre meine bedingte Erlassung erst ab November möglich gewesen, aber mit der an sich logischen Begründung, dass es zu dieser Jahreszeit noch schwieriger werden würde, einen Arbeitsplatz zu finden, wurde mir als Termin der 1. Juli 1985 bekannt gegeben.

Als Bewährungshelferin wies man mir eine ältere Dame zu. Sie sollte dazu beitragen, dass ich in Wien nicht in Versuchung käme, erneut Dummheiten zu begehen. Damals war es so, dass man erst vier Wochen vor dem Entlassungstermin höchstens zwei Mal auf je drei Tage hinausgehen durfte, um sein Leben dann später in der Freiheit wieder in den Griff zu bekommen. Heutzutage bekommt man dafür schon etwas mehr Zeit und darf sich bei kurzen Ausgängen schon bis zu einem Jahr vor der Entlassung auf die Suche nach Arbeit und Wohnung machen.

Als meine Ex-Frau schriftlich bestätigte, dass sie beabsichtigte, in Urlaub zu fahren, und ich währenddessen ihre Wohnung benützen durfte, bis ich wieder Fuß gefasst hätte, öffneten sich für mich die Gefängnistore schon sechs Wochen vor dem Termin.

Es war einfach unbeschreiblich, endlich als „freier" Mann durch die Straßen gehen zu können und im Eisenbahnabteil an einem Fenster Platz zu nehmen, um die vorbeiziehende Landschaft zu sehen. Immer wieder übermannte mich Rührung. Jetzt hatte ich mein Ziel erreicht.

Ich war wieder frei!

Am Westbahnhof – in der großen Halle hatte ich natürlich gemischte Gefühle, als ich daran dachte, wie wir hier seinerzeit mit den Geiseln durchmarschiert waren – erwarteten mich meine Leute. Meine Tochter hatte mittlerweile einen anderen Lebenspartner, Gottfried, den sie später auch heiraten sollte. Ein wunderbarer Mensch, mit dem ich mich vom ersten Augenblick an hervorragend verstand.

Die Suche nach Arbeit war aber leider absolut erfolglos. Niemand wollte das Risiko eingehen und einen so berühmt-berüchtigten Straftäter einstellen. Frustriert musste ich nach drei Tagen und etlichen Bewerbungsgesprächen die Rückreise nach Garsten antreten und sah mich seit Jahren zum ersten Mal ernsthaft mit den Problemen des „normalen" Lebens konfrontiert.

Zurück in Garsten besuchte ich weiterhin meinen BFI-Kurs, zu dem ich mittlerweile ohne jede Bewachung fahren durfte. Das war auch so eine Art zusätzliche Bewährung. Beinahe wäre es auch schief gegangen, denn als mich einmal meine Tochter und ihr Partner besuchten, überzog ich die erlaubte Pausenzeit und kehrte erst zum Kurs zurück, als die empörte Leiterin des Ausbildungsganges schon die Anstaltsleitung verständigt hatte. Zum Glück konnte ich alles erklären und die Angelegenheit wurde als „menschlich verständlich" ohne Konsequenzen abgehakt.

Am 1. Juli 1985 verließ ich schließlich – wenn auch nur auf Bewährung – die Haftanstalt Garsten. Ich fuhr nach Wien in die leer stehende Wohnung meiner Ex-Frau, zu der ich die Schlüssel erhalten hatte. An ihr striktes Verbot, andere Personen – konkret Freunde oder Frauen – in die Wohnung mitzunehmen, hielt ich mich natürlich. Ich kannte ja ohnehin niemanden mehr.

Ich begann auch sofort damit, mir eine eigene Wohnung und Arbeit zu suchen, damit ich möglichst bald wieder auf eigenen Beinen stehen konnte.

Es sollte ein neuer Anfang werden ...

***

Die Spirale dreht sich …
Ist der Ruf einmal ruiniert …

Meine Tochter und ihr Gottfried heirateten 1986. Auch ich durfte an der Hochzeit teilnehmen, obwohl ich ja wirklich kein Herzeige-Vater war, auf den man stolz sein konnte. Ich sah mich damit ins „normale" Leben zurückgekehrt und empfand Dankbarkeit gegenüber dem Schicksal, das mir insgesamt 29 weitere Jahre Haft erspart und mir die Chance auf einen Wiedereinstieg gegeben hatte.

Als wir wenige Tage nach der Hochzeit in einer Laube zusammensaßen, gab mir mein Schwiegersohn viel Selbstwertgefühl zurück. Er war überzeugt davon, dass ich mich geändert hätte und die Zeiten im Gefängnis für mich von nun an vorbei wären.

„Dolferl", sagte er, „dir merkt man überhaupt nicht an, dass du 17 Jahre deines Lebens hinter Gittern warst. Du hast gute Chancen, noch etwas aus deinem Leben zu machen. Ich hätte das nie durchgehalten, all diese Jahre in Isolation, der ständige Druck und vor allem diese Aussichtslosigkeit! Ich wäre daran wahrscheinlich zerbrochen." So baute er meine Hoffnungen auf und bekräftigte mich in meinem Wunsch, wieder ein wertvolles Mitglied der Gesellschaft zu werden.

Mittlerweile machte aber meine Ex-Frau schon sanften Druck, dass ich möglichst bald wieder aus ihrer Wohnung ausziehen sollte. Wir hatten ein korrektes, freundliches Verhältnis zueinander, aber es war natürlich nicht einmal im Ansatz mehr mit unserer Ehe vor 20 Jahren vergleichbar. Ihr gutmütiges Angebot, diese Wohnung als ersten Ankerplatz in der Freiheit benützen zu dürfen, wollte ich selbstverständlich nicht über Gebühr strapazieren und ich versprach ihr hoch und heilig, mir demnächst eine eigene Wohnung zu suchen und auszuziehen. Nur wohin?

Ich glaube ja grundsätzlich an das Gute im Menschen. So bin ich heute überzeugt davon, dass auch damals viel Gutes in mir verschüttet war und nur geborgen werden musste. Mit meiner Lebenserfahrung, meiner aktuellen Motivation und dem Willen, nie wieder straffällig zu werden, hätte ich ganz gut in eine kirchliche oder öffentliche Organisation als eine Art „Sozialhelfer" gepasst. Ich hätte vielen gestrauchelten Existenzen helfen können. Aber auf diese Idee kam ich damals nicht.

Ich suchte zwar instinktiv Zuflucht im Umfeld der „Cursillo"-Bewegung, einer katholischen Organisation, die unter anderem Haftentlassene in vielen Belangen unterstützt: mit Kleidung oder bei der Suche nach einer Bleibe usw. Kurzum, diese Organisation vermittelte mir eine Mietwohnung, in der vor mir ein junger Mann gehaust hatte, der sich nur auf den Sozialstaat verließ und definitiv nicht arbeiten wollte. Dort zog ich ein und stellte gleichzeitig den Antrag auf eine kleine Gemeindewohnung.

Wie nicht anders zu erwarten, gab es auf meine erste Wohnungsanfrage bei der Gemeinde keine Reaktion. Aber ich wusste mittlerweile ja um die immense Bedeutung von „Vitamin B". Ich erinnerte mich an Helmut Zilk, der mich damals über das Fernsehen so nett grüßte. Mittlerweile war er zum Bürgermeister von Wien geworden und ich schrieb ihm einen Brief, in dem ich ihn um seine Hilfe bat. Der Brief war in Verzweiflung geschrieben und getragen vom ehrlichen Bemühen eine Arbeit zu finden, damit ich nie wieder mit dem Gesetz in Konflikt komme. Zilk hat nie geantwortet, aber zumindest der damalige Vizebürgermeister, Dr. Busek, bat mich zu einem Gespräch, das aber letztlich auch keinerlei positive Folgen für mich hatte und mir nicht aus meiner Misere half.

Über Cursillo ergab sich aber schließlich der Kontakt zu einem Ministerialrat im Bundeskanzleramt. Dieser begleitete mich aufs Amt und konnte dort konnte tatsächlich weiterhelfen – nicht direkt, aber auf die nicht unbekannte Schiene der freundlichen Kontakte. Der Ministerialrat nannte am Empfang den Namen eines Kollegen im 3. Stock, über den er mir gegenüber bloß lapidar angab, dass er nicht genau wusste, was der den ganzen Tag so machte, und kurz darauf wurden wir dort schon empfangen.

Lockere Stimmung im Vorzimmer zum Büro, einige eher seichte Späße und dann das Gespräch mit dem Beamten, von dem man nicht wusste, womit er eigentlich beschäftigt war. Ohne Umschweife informierte ihn mein Begleiter darüber, wer ich war, und dann kam ganz klar die Bitte: „Kannst du für den Schandl was machen? Der ist grad erst entlassen worden."

Nasal – und ungefähr so, wie es in Zeiten der Monarchie gewesen sein musste, antwortete der Beamte jovial: „Gut, werden wir halt was machen!" Ganz nebensächlich griff er zum Telefon und rief das Wohnungsamt der Gemeinde Wien an. Das Gespräch war kurz und wurde mit dem Wort „Freundschaft" beendet. Noch während er den Hörer auflegte kritzelte er etwas auf einen Zettel, den er mir dann leger in die Hand drückte. Darauf stand der Name einer Sachbearbeiterin, die ich möglichst bald aufsuchen sollte.

Die Frau war sehr direkt, aber freundlich und ehrlich. Sie sagte: „Bitte, Herr Schandl, tun Sie uns den Gefallen und verhalten Sie sich jetzt nicht pingelig. Ich gebe Ihnen hier eine Adresse und würde Ihnen empfehlen, gleich zuzustimmen."

Was blieb mir anderes übrig? Ich brauchte eine Wohnung und musste akzeptieren, was mir angeboten wurde.

Ich nahm die Adresse und ging dorthin. Die Hausbesorgerin des Gemeindebaus öffnete mir, ich sagte ihr, wer mich schickte und dass ich der neue Mieter sei.

Teilnahmslos führte sie mich in den 3. Stock, sperrte die Wohnungstür auf und sagte zu mir, während sie an ihrer Zigarette paffte und mir die Schlüssel überreichte: „Ihr' Vorgängerin is vor an Zeitl g'storbn! Die war aber eh schon ein bisserl jenseitig."

Die Wohnung, in die sie mich führte, war völlig verwahrlost. Meine Vormieterin hatte ein Chaos hinterlassen und niemand hatte sich die Mühe gemacht, die alten Sachen wegzuräumen oder die Wohnung zu putzen. Ich riss umgehend ein Fenster auf ...

Aber natürlich war ich einverstanden, froh, dass ich überhaupt ein Dach über dem Kopf hatte. Mit der Unterstützung meines Schwiegersohns richtete ich die Kleinwohnung neu ein, so gut es mit meinen beschränkten Mitteln eben ging. Bei der Besorgung von simplen Möbelstücken stand mir wieder Cursillo bei und überließ mir Gegenstände, die von freundlichen Menschen hergeschenkt worden waren.

Jetzt fehlte mir nur noch Arbeit! Eine fixe Beschäftigung war Voraussetzung für die bedingte Entlassung gewesen. Aber wer würde schon einem Menschen mit meinem Vorleben einen Job geben, noch dazu, wenn er Adolf Schandl heißt?

Aber auch hier sprangen engagierte Helfer ein. Sie stellten mir Scheinbestätigungen aus, die ich dem Gericht vorlegen konnte, um Zeit zu gewinnen, bis ich eine tatsächliche Beschäftigung gefunden hatte.

*

Und wieder kam mir das Schicksal zu Hilfe. Über ein Inserat hatte ich in der Zwischenzeit eine etwas korpulente, unkomplizierte Frau kennengelernt, die zwei Töchter hatte, und die mein Vorleben ganz gelassen nahm. Und als wir eines Tages einen Badeausflug mit den Kindern an den FKK-Strand in der Lobau machten, trafen wir dort eine Bekannte meiner Freundin.

Während wir gemütlich zusammensaßen, erzählte sie davon, dass sie gerade ein „grausliches" Jobangebot abgelehnt hatte. Ich wurde hellhörig, bat um nähere Informationen und erfuhr, dass es sich um einen Betrieb zur Schädlingsbekämpfung handelte. Die besagte Firma im 12. Bezirk suchte einen Kammerjäger, also jemanden, der genau genommen Ratten zu vernichten und zu beseitigen hat. Dass das Interesse an dieser Arbeit sich in Grenzen hielt, war klar. Aber mir war das egal. Hauptsache, ich bekam endlich eine Arbeit.

Gleich tags darauf erkundigte mich nach dem Betrieb und besprach das Ganze mit meinen Freunden bei Cursillo, die mir Mut machten und sagten, dass der Betrieb seriös sei und ich doch wirklich dorthin gehen sollte, um mich vorzustellen. Also fuhr ich noch in der selben Woche dorthin und fragte, ob die Stelle noch frei sei. Dem Betriebsinhaber schenkte ich gleich beim Vorstellungsgespräch reinen Wein ein und sagte ihm, wer ich war und dass ich erst kürzlich das Gefängnis verlassen hatte.

Der Chef lächelte und erwiderte nur: „Geht in Ordnung, Herr Schandl. Übrigens, Sie haben zwei prominente Fürsprecher."

Ich sah ihn verwundert an.

„Gestern schon haben zwei Männer – einer davon ist der Leiter des ARBÖ, der andere ein Doppeldoktor in hochrangiger Funktion – bei mir angerufen und Sie empfohlen. Diese Fürsprecher sind ehrenamtlich bei einer katholischen Hilfsorganisation tätig und haben Sie dort als Menschen einzuschätzen gelernt, dem man vertrauen kann. Da kann ich wohl schwer Nein sagen! Also, wann möchten Sie bei uns anfangen?"

„Wenn es geht, sofort", antwortete ich erleichtert.

„Hervorragend! Nur einen Wunsch habe ich noch, Herr Schandl. Ich möchte nicht, dass die übrigen Mitarbeiter im Betrieb erfahren, welches Vorleben Sie haben. Das bleibt unter uns."

Mir war das mehr als recht.

Schon am nächsten Tag begann meine Einschulung und nach ein paar Wochen bekam ich einen eigenen Bekämpfungsrayon im 21. Bezirk mit rund 600 Adressen. Die Sache lief so, dass ich am Montag einen Stapel Karteikarten erhielt, die darauf angegebenen Häuser besuchte, sie auf Rattenbefall kontrollierte und gegebenenfalls Maßnahmen zur Eliminierung der Schädlinge durchführte. Am Ende der Woche gab ich die erledigten Aufträge ab und erhielt neue Adressen.

Ich arbeitete völlig unabhängig, ohne von irgendjemandem kontrolliert zu werden. Genau diese Freiheit war für mich damals noch sehr gewöhnungsbedürftig, nachdem ich so lange Zeit ständig überwacht worden war und bei der „Bewegung im Freien" sogar vorgeschrieben bekommen hatte, wo ich gehen durfte und wo nicht.

Zu meinen Aufgaben gehörte auch, jeden Tag in der Firma anzurufen und nachzufragen, ob es irgendwo einen Notfall gab, der ein sofortiges Einschreiten erforderte. In Wien gibt es ja bekanntlich mehr Ratten als Einwohner und so gab es ständig genug zu tun. Bei jeder Meldung fuhr ich sofort zur betroffenen Adresse und erledigte prompt, was zu tun war, Giftköder auslegen, tote Tiere entsorgen usw. Auch wenn es vielleicht unverständlich ist, aber mir machte meine Arbeit Freude, vor allem, weil ich selbstständig agieren konnte und den Nutzen meiner Tätigkeit sah. Ich war zufrieden.

In der Firma waren sie von meiner Zuverlässigkeit begeistert und ich erfuhr vom Chef, dass sie noch nie einen so gewissenhaften Schädlingsbekämpfer gehabt hatten.

Immer wieder machte ich auch Nachtschichten: Nach Mitternacht, wenn die U-Bahn den Betrieb eingestellt hatte, gingen wir die Gleisanlagen entlang und unserer Tätigkeit nach.

Mein neues Leben in Freiheit begann Formen anzunehmen, die mich rundum glücklich machten, abgesehen vielleicht von meiner Lebensgemeinschaft, da ich im Laufe der Zeit feststellen musste, dass die Frau ein massives Alkohol-Problem hatte, an dem unsere Beziehung dann auch scheitern sollte.

*

Und dann kam wieder eine dieser berüchtigten Wenden im Leben. Eines Tages traf ich in der Früh auf dem Weg zur Arbeit, mitten im Getümmel der U-Bahn einen Mann, den ich von drinnen kannte. Er hieß Jul und freute sich offensichtlich sehr, mich zu sehen. Er drängte darauf, mich wieder zu treffen, weil er unbedingt mit mir reden wollte. Mir schwante Übles und ich sagte Jul unumwunden, dass ich jetzt „frank" sei und das auch bleiben wollte, ein für alle mal.

„Eh klar!", antwortete er lächelnd. „Aber reden will ich trotzdem mit dir." Er legte mir beruhigend seine Hand auf die Schulter: „Es ist nichts, wovor du dich fürchten musst."

In genau diesem Moment hätte ich auf meine innere Stimme hören, abwinken und weiter in die Arbeit gehen sollen. Aber ich blieb stehen und willigte ein, mich an einem der nächsten Tage mit ihm zu treffen. Heute bedauere ich diese Schwäche, aber ich kann es nicht mehr ändern. „Verschüttete Milch", wie man so schön sagt.

Ich traf Jul in einem kleinen Kaffeehaus und er kam relativ schnell zur Sache. Er erzählte mir, dass er jemanden benötigte, der einen Führerschein hatte – für gelegentliche Chauffeursdienste, wie er erklärte. Ich hatte in der Zwischenzeit – weil es für meine Arbeit unerlässlich war – tatsächlich den Führerschein neu gemacht. Eigentlich hätte ich nach meiner bedingten Entlassung mindestens ein Jahr darauf warten müssen, aber durch die Vermittlung von Cursillo war es rascher möglich gewesen. Man tat dort wirklich alles, damit in meinem neu gewonnen Leben wieder Fuß fassen konnte. Auf jeden Fall konnte ich seiner Frage, ob ich denn eine Lenkerberechtigung hätte, bejahen, erklärte aber klipp und klar, dass ich auf gar keinen Fall in irgendetwas verwickelt werden wollte, das sich negativ auf meine Bewährung auswirken könnte.

„Nein, nein!", beteuerte Jul, „ich möchte nur, dass du mich in die Schweiz fährst. Ich kann dich gut bezahlen."

Also stimmte ich zu und stellte mich als Fahrer zur Verfügung. Der „Ausflug" war tatsächlich völlig harmlos und ich bekam eine äußerst großzügige Entlohnung. Das hat mich sozusagen eingelullt und ich sagte zu, auch weitere solche Fahrtendienste gerne zu erledigen. Ich konnte das Geld gut gebrauchen. Ich wolle mir ja noch einige Dinge, die das Leben verschönern, kaufen können. Je früher, desto besser. Und wenn ich für das Lenken eines Autos derartig gut bezahlt wurde ...

Einige Zeit später tauchte Jul wieder bei mir auf und bot mir 20 000 Schilling, wenn ich ihn und seinen Freund Leo nach Salzburg chauffierte. Da wurde ich natürlich stutzig – irgendwas an der Sache war faul. Ich sagte das auch offen. Jul druckste herum, erklärte dann aber nur lapidar, dass er sich mit seinem Kollegen in Saalfelden „etwas ansehen" wollte.

„Gut, wenn sonst nix ist und ich nur mit dem Auto fahren muss, dann mache ich es", war meine kurze Antwort.

Ich versuchte, mein schlechtes Gefühl zu verdrängen, und redete mir ein, dass sie sich wahrscheinlich ein Grundstück oder ein Haus ansehen wollten. Über die außergewöhnliche Höhe des „Honorars" für mich als Fahrer machte ich mir keine weiteren Gedanken. Ich wusste, dass die beiden aufgrund ihrer Vorstrafen und Gefängnisaufenthalte keine Lenkerberechtigung mehr bekommen würden, mich also unbedingt brauchten. Ich wusste auch, wie locker das Geld in der Tasche solcher Leute sitzt, wenn sie denn einmal welches haben. Trotzdem hatte ich ein mulmiges Gefühl in der Magengegend, denn um diesen Betrag hätten sie jeder separat mit dem Taxi mehrmals nach Saalfelden fahren können. Aber ich hörte nicht auf meine innere Stimme und wischte die Bedenken zur Seite.

Zum vereinbarten Termin nahm ich mir Urlaub und wir fuhren los. Die Fahrt verlief ruhig, wir plauderten und scherzten, bis zu jenem Zeitpunkt, als „der dritte Mann", Leo, mir plötzlich von hinten eine Waffe nach vorne reichte. Auf meinen erstaunten Blick hin sagte er nur: „Geschenk des Hauses." Als ich noch einmal nachfragte, was das solle, meinte er nur, das es wirklich nur als als Geschenk „unter Freunden" gemeint war und mit dem Zweck unserer Fahrt nichts zu tun hatte. Ich wollte das Ding eigentlich nicht, aber dann dachte ich mir, dass ich die „Smith & Wesson" in Wien sicher gut verkaufen konnte. Noch ein Zusatzeinkommen. Ach, was war ich blöd!

Als wir in Saalfelden eintrafen, war es bereits Abend. Meine beiden Passagiere forderten mich auf, den Wagen auf dem Parkplatz eines Supermarktes, etwas entfernt vom Eingang abzustellen, was mich wunderte, weil der Markt ja schon lange geschlossen hatte.

„Da gibt's aber nicht viel, was ihr euch ansehen könnt", bemerkte ich ziemlich erstaunt und sah mich um.

„Doch, doch!", sagte Jul und lächelte verschmitzt. Leo, der „dritte Mann", stieg aus, holte eine Tasche aus dem Kofferraum und erklärte mir durch die Seitenscheibe, dass es genau dieses Objekt sei, das er sich ansehen wolle.

Mit einem Schlag wurde mir klar, was die beiden vorhatten. Einbruch! Damit wollte ich nichts zu tun haben. Als ich aussteigen und zum Bahnhof gehen wollte, um mit dem Zug nach Wien zurückzufahren, hielt Jul mich von der Rückbank aus am Arm zurück: „Adi, dreh nicht durch! Du hast doch damit nichts zu tun, aber du bist der einzige von uns, der Auto fahren kann. Willst du uns wirklich im Stich lassen?"

Nein, andere Leute im Stich zu lassen, das war nicht meine Art und außerdem hatte ich ja bloß ein Auto gelenkt und es eingeparkt. Kurzum, ich ließ mich breitschlagen, vor allem weil mich Jul wortreich bei meiner Ehre packte, erklärte, dass ich doch ein Mensch sei, auf den man sich immer verlassen kann usw. Also ließ ich mich breitschlagen und blieb im Wagen sitzen, während Leo in der Dunkelheit verschwand.

Bald darauf krachte und knisterte es neben mir. Während ich noch nach der Quelle des seltsamen Geräusches suchte, griff Jul nach vorne und holte ein Walkie-Talkie zwischen den Vordersitzen hervor. Dieses Gerät war mir bisher verborgen geblieben. Kurze Zeit später hörte ich schon Leos verzerrte Stimme. Per Funkspruch bat er um Hilfe, wir sollten unbedingt kommen. Ich wollte zuerst verweigern, ließ mich aber dann erweichen und stieg mit Jul aus.

„Ist in Ordnung", sagte ich zu Jul, „aber dann ist es Zeit, von hier abzuhauen. Und das war das letzte Mal! So war das nicht ausgemacht! Und jetzt, gemma!"

Mir dauerte das Ganze hier ohnehin schon viel zu lange. Ich wollte so schnell wie möglich weg. Dazu musste aber Leo wieder herauskommen. Ich stieg über eine Leiter auf das Flachdach, stieg durch eine von Leo geöffnete Luke in das Innere des Supermarktes und wollte den Kerl dort herausholen.

Leo stand mitten im Tresorraum und fotografierte. Wie sich herausstellte, war es tatsächlich nicht geplant gewesen, den Geldschrank an diesem Abend zu knacken. Im Prinzip hatten sie mir also sogar die Wahrheit gesagt – zumindest teilweise.

Ich war stinksauer und zischte Leo an: „Bist du wahnsinnig? Du hast die Tür geöffnet und gar nicht nachgesehen, ob es hier eine Alarmanlage gibt?"

„Die hätte ich ja gehört", entgegnete er in grenzenloser Dummheit. „Nein", sagte ich, „die ist sicher nur mit der Gendarmerie verbunden. Dort ist der Alarm längst eingegangen und jeden Moment wird hier das Einsatzkommando vorfahren. Nichts wie weg!"

Ich packte die Tasche und zerrte Leo zur Leiter . Als ich die Leiter herunterstieg, sah ich schon das Blaulicht und Augenblicke später hielt ein Einsatzfahrzeug mit quietschenden Reifen direkt vor mir auf dem Parkplatz.

Zu spät! Schon stieg ein Gendarm aus und steuerte auf den Supermarkt zu. Als er mich auf der Leiter sah, mit der Tasche in der Hand, war es für ihn verständlicherweise ein klares Indiz dafür, dass ich es war, der den Alarm ausgelöst hatte. Leo, noch oben auf der Leiter, kletterte zurück aufs Dach und verschwand in der Dunkelheit.

*

Ich stand sozusagen allein auf dem Präsentierteller, inflagranti erwischt wie die Katze, der vor dem leeren Vogelkäfig die Federn aus dem Maul lugen. Panik erfasste mich. Ich sprang die paar restlichen Leiterstufen hinab und lief weg. Der Gendarm sah mich und startete zur Verfolgung.

Jetzt wäre noch Zeit gewesen, stehen zu bleiben und die Sache zu erklären. Aber durch die Adrenalinexplosion in meinem Körper war wohl der „Not-Stop-Schalter" für mein Gehirn betätigt worden. Reflexartig hetzte ich quer über eine Wiese bergauf. Die schwere Tasche behinderte mich, aber wegwerfen wollte ich sie auch nicht, es waren ja schon meine Fingerabdrücke darauf.

„Stehen bleiben, stehen bleiben!", brüllte der Gendarm, der immer näher kam. So viele Jahre nach dem missglückten Ausbruch aus Stein spürte ich noch immer mein Bein. Ich rannte weiter und hörte den Beamten hinter mir keuchen. Manchmal musste er husten, dann fluchte er kurz: „Himmelsakrafix, bleib stehen!" Als es dem Uniformierten offensichtlich zu viel an sportlicher Betätigung wurde und er immer öfter hustete, schrie er: „Haaalt, oder ich schieße!"

Gut, das konnte er haben. Mir ging auch schon langsam die Puste aus. Ich blieb tatsächlich stehen, drehte mich blitzartig um und zog die Waffe, die ich ja eigentlich gar nicht gewollt hatte, aus dem Hosenbund. Ohne auf den Beamten zu zielen, wollte ich ihn durch einen Schuss abschrecken.

Das Problem war nur, dass der Beamte sich von mir nicht einschüchtern ließ. Auch er zog seine FN, eine belgische Pistole mit dem Kaliber 9 mm und eröffnete das Feuer. Ich rannte weiter und um mich herum spritze die Erde auf, als die Projektile einschlugen. Plötzlich spürte ich im linken Oberarm einen Schlag. Der Gendarm hatte mich getroffen und ich ließ die Tasche fallen. Ich presste meine rechte Hand auf die Wunde und fühlte, dass ich den linken Arm nicht mehr bewegen konnte. Jetzt war alles aus, jetzt hatten sie meine Fingerabdrücke als Beweis. Es würde nicht schwer sein, mich als Täter auszuforschen.

Im Weiterlaufen fand ich Deckung hinter einem großen Baum. Keuchend stand ich dort und überlegte, was zu tun sei. Aufgeben? Weiterlaufen? Welche Chance hatte ich zu entkommen? Mir blieb keine andere Wahl – so dachte ich zumindest –, als den Mann nun tatsächlich mit ein paar Schreckschüssen abzuwehren. Er konnte meiner Einschätzung nach kaum noch Munition haben. Ich zielte in einiger Entfernung von ihm auf den Boden und drückte ab. Der Beamte trat tatsächlich den Rückzug an und verschwand wieder in Richtung Parkplatz. Ich zitterte am ganzen Körper und keuchte vor Erschöpfung.

Auf Umwegen gelang es mir, zum geparkten Auto zurückzukehren, wo Jul nervös wartete. Er hatte alles aus der Entfernung beobachtet und sich dann einfach im Auto versteckt. Er konnte sogar beobachten, wie der Gendarm wieder zum Wagen zurückgekehrt und dann mit Blaulicht davon gefahren war. Wahrscheinlich hatte er um Verstärkung gefunkt und eine Fahndung ausgelöst. Jetzt wollte er mir wahrscheinlich auf der anderen Seite des Hügels den

Weg abschneiden. Von Leo war weit und breit nichts zu sehen.

„Ich bin getroffen worden", sagte ich zornig, „und ihr habt mich in diese Scheiße hineingeritten!"

Jul antwortete nicht. Er war mit den Nerven am Ende.

„Aber davon habe ich jetzt nix, wenn ich dir Vorwürfe mache", lenkte ich ein, weil ich sah, dass Streit im Moment nichts brachte. „Was geschehen ist, ist geschehen. Jetzt müssen wir das Beste daraus machen und verschwinden."

Das war leichter gesagt als getan. Ich hatte zwar schon eine Idee, denn am anderen Ende des Parkplatzes führte ein schmaler Waldweg in die entgegengesetzte Richtung jener Straße, über die sich der Gendarmeriewagen entfernt hatte. Nur war es dort fast unmöglich, mit einem Pkw voranzukommen. Wir holperten auf dem miserablen Weg von Schlagloch zu Schlagloch und immer wieder scharrte die Bodenplatte des Autos über Steine. Aber es musste sein, auf die Hauptstraße konnten wir unmöglich zurück, in der Zwischenzeit waren sicherlich Straßensperren errichtet worden. Wahrscheinlich wussten sie auch, dass ich durch den Schuss verletzt war. Eine Flucht über die Bundesstraße schied definitiv aus.

Da Jul nicht nur keinen Führerschein besaß, sondern nicht einmal Auto fahren konnte, musste ich mich – stöhnend vor Schmerzen – hinters Steuer klemmen. Ich musste mit der rechten Hand sowohl lenken als auch immer wieder zwischendurch schalten. Es war eine Tortur, den Wagen auf diesem Waldweg in der Spur zu halten. Auf einer Anhöhe war dann die Fahrt zu Ende. Massenhaft Baumstämme lagen kreuz und quer herum, da dieser Weg offensichtlich nur als Forstweg genutzt wurde.

So gut es ging, versteckten wir den fahrbaren Untersatz zwischen den Baumstämmen, damit er nicht auf den ersten Blick gesehen werden konnte. Mein Körper spielte mittlerweile aufgrund der schweren Verletzung und des Blutverlustes verrückt und ich wurde von Schüttelfrost geplagt. Dazu kam noch, dass die Nacht bitterkalt war und ich, weil nur noch wenig Benzin im Tank war, den Motor nicht laufen lassen konnte, um die Heizung in Betrieb zu nehmen. Jul stieg aus, um nachzusehen, ob es vielleicht noch einen anderen Seitenweg gab und ob er irgendwo Benzin auftreiben konnte. Ich schaltete das Autoradio ein und tatsächlich wurde in den Nachrichten schon von dem Schusswechsel und der Flucht des verwundeten Einbrechers berichtet. Allerdings wurden noch keine Namen genannt. Ich war also noch nicht identifiziert worden.

Als der Morgen graute war Jul noch immer nicht zurück und ich nahm schon an, dass er die Flucht alleine fortgesetzt und mich im Stich gelassen hatte. Da hörte ich plötzlich leise Stimmen in der Entfernung und bemerkte im Rückspiegel zwei Wanderer den Hügel heraufkommen. Einer von ihnen zeigte auf das Auto.

So leise wie möglich öffnete ich die Wagentür, kroch vom Fahrersitz und versteckte mich im dämmerigen Wald. Von dort aus sah ich, dass die Wanderer – es handelte sich um ein älteres Paar – den Wagen aufmerksam umrundeten, wahrscheinlich das Blut im Inneren bemerkten und daraus ihre Rückschlüsse zogen.

Ich beobachtete, dass der Mann die Autonummer aufschrieb. Dann kehrten sie um und gingen raschen Schritts zurück ins Tal. Was für ein Glück, dass es damals noch keine Mobiltelefone gab. Sie würden sicherlich noch eine Stunde unterwegs sein, bis sie den Gendarmerieposten erreichten.

Endlich kam Jul zurück – erfolglos in allen Belangen. Kein alternativer Weg, kein Benzin, kein Leo.

Ich machte ihm Vorwürfe, denn durch sein langes Wegbleiben war unser Auto – auch auffällig durch das Wiener Kennzeichen – entdeckt worden. Keuchend ließ sich Jul auf den Beifahrersitz fallen, kramte im Handschuhfach und holte ein Gerät hervor, mit dem wir den Polizeifunk abhören konnten. Ich kannte solche Dinger nur vom Hörensagen. Angeblich hatte jede Zeitungsredaktion eines, damit die Journalisten sofort erfuhren, wenn irgendwo eine für sie interessante Geschichte ablief. Über den Polizeifunk hörten wir, dass die Straßensperren mittlerweile aufgehoben worden waren, weil jetzt bereits der morgendliche Berufsverkehr einsetzte und viele Leute sich mit ihrem Auto auf dem Weg zur Arbeit befanden. Ich atmete auf und sagte: „Die Luft ist rein. Jetzt schnell zurück nach Wien."

Ich lenkte unseren ramponierten „Boliden" – auf dem Forstweg war auch der Auspuff abgerissen und unser Fahrzeug klang wie ein Rennwagen – in Richtung Bischofshofen. Nach einigen Kilometern in extremer Anspannung konnten wir sicher sein, dass es keine Straßensperren mehr gab. Irgendwo in einem kleinen Kaff steuerten wir eine einsame Tankstelle an, an der dem schlaftrunkenen Tankwart glücklicherweise nichts an uns auffiel. Auf der Autobahn wäre das wahrscheinlich nicht mehr möglich gewesen.

In Bischofshofen fuhren wir auf die Autobahn, wo mich nach einigen Kilometern schließlich meine Kräfte, teils durch die Verletzung, teils durch die Übermüdung, verließen, sodass ich nicht mehr weiterfahren konnte. Die Straße verschwamm vor meinen Augen und ich hatte keine Kraft mehr im rechten Arm, den linken Arm konnte ich ohnehin nicht gebrauchen.

Mit letzter Kraft steuerte ich einen Parkplatz an und forderte den mittlerweile sehr kleinlaut gewordenen Jul auf, das Steuer zu übernehmen. Besser als ich in diesem Zustand würde er es auf jeden Fall schaffen. „Du brauchst auf der Autobahn ja nur geradeaus zu fahren", sagte ich ihm.

Jul versuchte es tatsächlich, zog sich sonderbarerweise die Schuhe aus und betätigte in Socken die Pedale. Grantig und mit vor Schmerzen zusammengebissenen Zähnen gab ich ihm Anweisungen und wir kamen zumindest vom Parkplatz zurück auf die Autobahn. Allerdings konnte man kaum auffälliger als wir sein. Unser Wagen röhrte wie ein Rennauto und der völlig ungeübte Jul fuhr in Schlangenlinien wie ein Betrunkener. Keine Frage, dass man uns bald anhalten würde. Ich massierte bereits unbewusst meine Handgelenke in Gedanken an die uns erwartenden Handschellen.

Als es mir mit Juls Zick-Zack-Kurs zu schlimm wurde, bat ich stöhnend um den Abbruch des „Fahrversuches". Der unfähige Lenker steuerte auf den Pannenstreifen, bremste ohne den Gang herauszunehmen und würgte so das Auto gekonnt ab. Ich kroch schmerzgeplagt wieder hinter das Steuer. Was blieb uns anderes übrig? Nur weg! Mit allerletzter Kraftanstrengung schaffte ich es bis Wien und erinnere mich heute nur noch daran, dass ich bei einer Ampel fast eingeschlafen wäre. Als ich den Wagen endlich geparkt hatte, nahm Jul die mir geschenkte „Smith & Wesson" mit, um sie irgendwo zu verstecken.

Meiner Lebensgefährtin erzählte ich wegen der Schussverletzung eine Phantasiegeschichte, die sie klarerweise nicht glaubte. Egal, sie versorgte wenigstens notdürftig meine Wunde.

Da ich nun seit beinahe zwei Tagen kein Auge zugemacht hatte, fiel ich einen tiefen Erschöpfungsschlaf. Albträume quälten mich und die Bilder aus dem Gefängnis stiegen wie drohende Schatten über mir auf. Unterbewusst sah ich im Traum schon meine Zukunft hinter Gittern voraus.

Und dann beging Jul den Riesenfehler.

*

Als Jul mich am Tag nach der ganzen Geschichte anrief, hatten die Experten des Abhördienstes bereits sein Telefon angezapft. Da das Auto auf ihn angemeldet und das Kennzeichen aufgrund der Meldung durch die Wanderer bekannt war, eruierte die Polizei den Besitzer und n der Folge war es ein Leichtes, Jul, der zu diesem Zeitpunkt bei einer Freundin wohnte, auszuforschen und zu überwachen. Durch seinen Anruf erfuhr die Polizei, dass ich meine Wunde versorgen musste, dies aber nicht in Österreich machen konnte. Mir war bekannt, dass jeder Arzt und jedes Spital bei uns verpflichtet ist, Schussverletzungen der Behörde zu melden. Ich bat Jul, mir die versprochenen 20 000 Schilling Fahrerlohn zu geben. Damit wollte ich in den Libanon reisen, wo es gerade Krieg gab. Dort glaubte ich, meinen durchschossenen Oberarm gut und diskret behandeln lassen zu können.

Viel deutlicher hätte ich meine Beteiligung an der Sache in Saalfelden gar nicht zugeben können. Das Telefonat wurde natürlich mit einem Tonband aufgezeichnet. Meinen Fingerabdrücke auf der Tasche waren nur noch ein weiteres Indiz, das nicht wegzuleugnen war.

Damit war ich als Täter sozusagen ausgeforscht. Sie mussten nur noch kommen, um mich zu holen. Jul hat aber auch den „Drittbeteiligten" angerufen, also Leo, dessen Tasche ich bei der Flucht mit mir geschleppt hatte. Durch Juls Anruf war auch er identifiziert und der Kreis schloss sich.

Die Polizei hatte nun alle Informationen, die sie benötigte, um uns alle festzunehmen.

Später erfuhren wir, dass es Leo fast perfekt gelungen war, vom Radar der Fahnder zu verschwinden. Hätte Jul ihn nicht angerufen, er, der Haupttäter, wäre nicht so schnell ausgeforscht worden – wenn überhaupt. Leo nützte die ganze Aufregung, die meine Flucht und der Schusswechsel verursachten, und verduftete still und heimlich. Ganz locker war er mit der Bahn nach Wien zurückgefahren, während ich im Auto vor Kälte zitterte und qualvolle Schmerzen durch die Schussverletzung hatte. Allerdings fand man in Leos Wohnung die Schuhe, von deren Sohlen am Tatort Gipsabdrücke gemacht worden waren.

Mich holten drei Kriminalbeamte am Vormittag ab. Sie weckten mich unsanft und ich leistete keinerlei Widerstand. Wozu auch? Es war ohnehin alles verloren. Ich hatte mir meine Zukunft völlig unnötig vermasselt. Ich war blöd genug gewesen, meine Unschuld nicht rechtzeitig, nämlich noch am Tatort, zu erklären und hatte stattdessen falsch reagiert und mich sogar noch tiefer hineingeritten. Ganz abgesehen davon, dass ich mir meine Bewährung nun in die Haare schmieren konnte: Ein versuchter Einbruch war die eine Sache, der Schuss auf einen Polizisten schon eine ganz andere.

Rückblickend erinnere ich mich noch an das süffisante Grinsen der Kriminalbeamten, als ich mich unter Schmerzen abmühte, in meine Kleidung zu schlüpfen. Es war offensichtlich, dass sie den Anblick richtiggehend genossen. Kleine Sadisten im Dienst, könnte man sagen, andererseits hatte ich auf einen von ihnen geschossen. Das verzieh man nicht! Es hätte jeder von ihnen sein können.

Auch Leo und Jul wurden in Handschellen ins Sicherheitsbüro gebracht. Ende der Fahnenstange – aus und vorbei. Jedes Leugnen war zwecklos.

Mich brachten sie nach einer kurzen Einvernahme in das alte AKH, wo an meinem Oberarm mittels Röntgen ein sogenannter „Schussbruch" diagnostiziert wurde. Genauer gesagt, das 9-mm-Projektil hatte den Knochen zertrümmert.

Zurück im Sicherheitsbüro – meinen Arm in Gips – verhörte mich ein Kommissar und sagte nur: „Ja, ja, mein Name ist Windisch, falls es Sie interessieren sollte, und uns interessiert, was da in Saalfelden geschehen ist. Nun, Schandl, woher haben Sie diese Schussverletzung?"

Was nun folgte, war wie im Kabarett: Ein Beamter saß vor der Schreibmaschine und hämmerte im „Terroristensystem" – alle zwei Tage ein Anschlag – auf die Tasten, um das amtliche Protokoll – natürlich mit Durchschlagpapier – aufzunehmen.

Ich hatte zuvor angegeben, dass ich alles erklären konnte. Viel Hoffnung hatte ich nicht, aber ich wollte zumindest versuchen, meinen Kopf aus der Schlinge zu ziehen.

Bezüglich der Schussverletzung gab ich an, dass ich im Prater war und die Allee entlang spazierte.

„Es muss so gegen Mitternacht gewesen sein", log ich, „als ich ein Stöhnen in den Büschen neben mir hörte. Ich dachte zuerst, dass dort ein Verletzter lag und schaute natürlich nach. Ich bog den Strauch auseinander und sah dort eine Prostituierte, die gerade einen Freier bediente. Der Herr lag auf dem Rücken, sah mich, rief mir zu, dass ich ein Spanner sei, bedrohte mich augenblicklich und lief mir nach. Er zog eine Waffe und feuerte auf mich. Dabei wurde ich in den Arm getroffen."

Der Beamte, der mit so viel Mühe die Schreibmaschine benützte, sah kurz auf und fragte seinen Kollegen: „Soll ich den Blödsinn überhaupt weiter aufnehmen?"

„Ja, ja, mach nur – das kann dann alles gegen ihn verwendet werden", gab sein Kollege zur Antwort. Der Herr tippte widerspruchslos weiter und ich log, dass sich die Balken bogen.

Während des Verhörs kam noch ein Beamter dazu. Wie ich später erfuhr, handelte es sich um den bekannten Dr. Geiger, der damals der Referatsleiter für Diebstahl, Einbruch und Prostitutionswesen war und Jahre später hart an einer Intrige seiner Kollegen zu knabbern haben sollte.

Ein anderer Polizist, der über meine phantasievolle Aussage sichtlich empört war, sagte: „Also im Schädel ist der Schandl sicher nicht verletzt." Na immerhin. Meine Selbsteinschätzung stimmte mit der Fremdeinschätzung überein.

Der uniformierte Kollege antwortete: „Na, wenn er am Schädel eh nicht verletzt ist, dann können wir ihm ja ein bisserl draufhauen."

Später wurde ich in das Zimmer von Dr. Geiger gebracht, der als Erster auch nach meinen Ausweispapieren fragte. Als er den Führerschein in Händen hielt, sagte er – wirklich sehr böse und voller, meines Erachtens, unbegründetem Hass –, dass er mir das Dokument nun persönlich abnehmen werde und ich in Österreich sicherlich nie wieder zu einer Führerscheinprüfung antreten dürfte.

Während des weiteren Verhörs warf man mir vor, dass ich der Rädelsführer für das „Projekt Tresor" in Saalfelden gewesen sei. Als Zeuge dafür wurde Jul angeführt. Ich forderte die Beamten empört auf, sofort eine Gegenüberstellung zu veranlassen, damit ich die Sache von Angesicht zu Angesicht mit Jul klären konnte. Darauf gingen die Polizisten erst gar nicht ein, was dazu führte, dass ich immer verschlossener wurde und schließlich gar keine Antworten mehr gab.

Immer wieder wurde ich gefragt, ob ich etwas zum Trinken haben möchte, doch ich lehnte ab. Schließlich bat ich, zur Toilette geführt zu werden, und trank dort demonstrativ einen Schluck Wasser.

Die Verhöre wurden immer aggressiver und schlussendlich befahl der Verhör-Leiter empört: „Bringt ihn zurück in die Zelle, bevor ich mir die Hände schmutzig mache."

Ich sah ihn sekundenlang mit einem durchbohrenden Blick an uns sagte ganz trocken: „Das können Sie gar nicht mehr."

Am nächsten Tag kam die übliche erkennungsdienstliche Prozedur, das heißt, ich wurde fotografiert und mir wurden wieder einmal die Fingerabdrücke abgenommen. Als ob sie die nicht schon gehabt hätten.

Nach einer Weile in der Zelle öffnete sich die Klappe an der Tür und ein Beamter schaute – freundlich lächelnd – herein. „Jo, Herr Schandl, kennen S' mich nimmer?"

Natürlich kannte ich den Mann, er war einst einer meiner Wächter in Garsten gewesen.

Dieser Herr Gutmann – ich glaube so war sein Name – sah auf den außen an meiner Zellentür befestigten Zettel und meinte: „Bei Ihnen schaut es eh' nicht so schlecht aus, ich glaub', Sie werden demnächst entlassen." Kurz schöpfte ich Hoffnung – aber eben nur kurz.

Man überstellte mich in das Landesgericht, wo ich offiziell in U-Haft genommen wurde. Mir war natürlich mittlerweile schon klar, dass ich mich selbst in diese Situation gebracht hatte. Ich war wütend – auf mich und meine Dummheit – und am liebsten hätte ich mir einen Holzpflock auf den Schädel geschlagen. Was war ich nur für ein Idiot? Auch bei der Einvernahme durch die Journalrichterin gab ich an, dass ich gar keine Straftat begangen, also nichts verbrochen, hatte.

Sinnlos – sie glaubte mir nicht.

*

Es kam noch schlimmer. Die Behörden versuchten alles, um den Fall in Wien abzuurteilen. Aber da sich der Vorfall im Land Salzburg ereignet hatte, wurden Leo, Jul und ich in das Landesgericht dieses Bundeslandes verfrachtet. Auch dort brachte man mich zum Untersuchungsrichter, der mir aber erklärte, dass die beiden anderen bereits ausgesagt hätten, ich wäre bei dem geplanten Coup mit dabei gewesen. Soviel zum Thema Vertrauen und Gutgläubigkeit.

Ich ging davon aus, dass man mich einfach wieder für möglichst lange Zeit ins Gefängnis bringen wollte. Deshalb änderte ich meine Strategie und fragte den Untersuchungsrichter, ob es denn möglich wäre, dass ich auf Kaution bis zum Prozess frei käme. Seine klare Antwort: „Herr Schandl, so lange Sie uns nicht die Wahrheit sagen, besteht dafür keine Möglichkeit! Wenn Sie aber bereit sind, eine glaubwürdige Aussage zu machen, können wir darüber reden."

Man brachte mich zurück in die Zelle und ließ mich dort dunsten, nach dem Motto „Zuckerbrot und Peitsche". Ich überlegte fieberhaft, was ich tun sollte. Innerlich zermürbt gab ich es schließlich auf und bat darum, wieder zum U-Richter geführt zu werden. Ich erzählte ihm die volle Wahrheit, schilderte ihm also, was sich wirklich abgespielt hatte. Als ich damit fertig war, fragte ich noch einmal bezüglich der Möglichkeit einer Entlassung auf Kaution.

Der Richter zeigte sich einverstanden und nannte auch gleich die Summe: „Hunderttausend Schilling!" – damals eine Wahnsinnssumme, das vierfache Jahresgehalt eines einfachen Angestellten und von mir niemals zusammenzukratzen. So viel Geld konnte ich nicht auftreiben.

Als mich meine Freundin besuchte, versuchte ich über sie, Kontakt mit Jul aufzunehmen, denn ich wusste, dass er genug Geld hatte. Doch Jul zeigte mir die kalte Schulter und verweigerte den „Kredit". Die Kaution hätte ich bei Prozessbeginn zurückbekommen und hätte es umgehend zurückzahlen können. So aber musste ich die ganze Zeit bis zur Verhandlung in Untersuchungshaft bleiben. Dass eine derartig hohe Kaution für mich nicht finanzierbar war, entsprach genau den Absichten des Gerichts, weil ich weiter hinter Gittern bleiben sollte.

In Salzburg suchte ich mir schließlich selbst einen Anwalt. Nachdem für sein Honorar alle meine Ersparnisse draufgegangen waren, musste ich meinen Verteidiger sogar bitten, mir quasi auf Kredit weiterhin zur Verfügung zu stehen. Der Herr Doktor willigte ein, den Rest des Honorars erst später einzufordern.

Es war reiner Zufall, dass ich dann eines Tages am Gang des Untersuchungsgefängnisses Leo traf. So wusste ich nun immerhin, dass auch er hier einsaß, wenn auch in einer von mir weit entfernten Zelle. Miteinander reden durften wir nicht. Ich ließ ihm deshalb auf altbekannten Wegen eine Botschaft zukommen. In meinem Schreiben bat ich Leo, bei der Wahrheit zu bleiben und beim Prozess alles so zu schildern, wie es tatsächlich abgelaufen war, also, dass ich lediglich deshalb zu ihm in den Tresorraum des Supermarkts gekommen war, um ihn aufzufordern, schnellstens herauszukommen. Von meiner Seite aus bestand ja auch wirklich niemals die Absicht, irgendeine Straftat zu begehen, schon alleine deshalb, weil ich aus eigener Kraft mein Leben draußen in Freiheit wieder in Ordnung gebracht hatte. Nicht mehr und nicht weniger. Durch meinen Kassiber wollte ich nur sicher stellen, dass ich bei der Verhandlung nicht einer Falschaussage zum Opfer fiel. Diesbezüglich hatte ich ja schon einige Erfahrung.

Bis zum Prozess dauerte es ungefähr zehn Monate und der Schusswechsel mit dem Uniformierten war dabei im Prinzip das Hauptdelikt. Bei der Verhandlung wurden wir natürlich getrennt einvernommen. Erstangeklagter war Jul, dann kam ich an die Reihe. Faktisch bedeutete dies, dass wir beide nach unserer Aussage schon im Verhandlungssaal saßen, als Leo hereingeführt wurde, und wir so theoretisch in der Lage gewesen wären, mit anhören zu können, was er von sich gab.

Totale Fehlanzeige! Leo verhielt sich wie bei einer Stimmbandlähmung und alle Versuche des Richters, ihm etwas zu entlocken, scheiterten. Leo saß nur da und schwieg.

Ich „kochte" regelrecht hinter ihm auf der Anklagebank. Ich war stinksauer und am liebsten hätte ich ihn in den Hintern getreten und geschrieen: „Jetzt sag schon endlich, wie es war, du Idiot!"

Der Richter brach die Prozedur schließlich ab. Als nächster Akt in dem Trauerspiel folgte die Zeugeneinvernahme. Der Gendarm, mit dem ich den Schusswechsel gehabt hatte, machte eine kurze und klare Aussage. Auf die Frage des Richters, ob er dabei um sein Leben gefürchtet habe, schüttelte er nur den Kopf.

„Nein, eigentlich nicht", ließ er protokollieren, „es war ja offensichtlich, dass Herr Schandl nie auf mich gezielt hat."

Tuscheln oben beim Richter. Mir war sofort klar, dass ihnen diese – wahrheitsgetreue – Aussage des Gendarmeriebeamten überhaupt nicht gefiel und sie beabsichtigt hatten, mir einen Mordversuch anzuhängen. Aber der Mann blieb bei seiner Aussage. Mir fiel ein Stein vom Herzen. Als der Beamte gerade gehen wollte, fragte ich den Richter höflich, ob ich dem Zeugen etwas sagen dürfe.

„Ja!", war die knappe Antwort.

Ich stand auf und sagte zu dem Beamten: „Herr Soundso" – damals wusste ich seinen Namen, heute ist er mir leider schon entfallen – „es tut mir aufrichtig leid und ich danke Ihnen, dass Sie es auch so sehen, wie es in meiner Absicht lag. Niemals – wirklich niemals – wollte ich Ihnen ein Leid antun und ich habe auch nie auf Sie gezielt. Danke, dass Sie mir das glauben."

In der Prozesspause meinte mein Anwalt, dass dies ein guter Schritt gewesen sei, aber leider durch Leos Nichtaussage nun eine prekäre Situation entstanden sei. Von der juridischen Seite lag der Knackpunkt jetzt eigentlich nur noch darin, wie Leos „Erkundung" bewertet wurde. Wir standen – besser gesagt saßen – die meiste Zeit vor einem Schöffensenat und ich meinte bemerkt zu haben, dass die Schöffinnen, es handelte sich um zwei Frauen, mehr als geneigt waren, meinen Angaben zu glauben. Die Dinge standen also nicht schlecht.

Die Tendenz der Verhandlung ging in Richtung „freiwillige Aufgabe einer geplanten strafbaren Handlung". Würde dies tatsächlich akzeptiert, wäre die minimale Strafe, die für so etwas zu erwarten war, durch die lange U-Haft längst getilgt gewesen und ich hätte spätestens am nächsten Tag meine Freiheit wieder gehabt.

Das Gericht zog sich schließlich zur Beratung zurück. Wir mussten vor dem Besprechungszimmer warten. Da die Tür zum Konferenzraum offen stand, konnte ich hören, was da drinnen vor sich ging. Mir war sofort klar, dass Justitia wieder einmal die Augenbinde abgenommen hatte und auf ein Opfer schielte: auf mich! Die beiden Schöffinnen argumentierten genau so, wie ich es vermutet hatte. Sie glaubten mir. Nur wischte der Richter diese Einschätzung autoritär vom Tisch und rief erbost: „Meine Damen, die Angeklagten, vor allem dieser Schandl, sagen die Unwahrheit. Die lügen doch! Das sind knallharte, professionelle Kriminelle. Es stimmt definitiv nicht, dass sie von alleine wieder gegangen sind. Die wollten den Tresor aufbrechen und nur der ausgelöste Alarm hat das Verbrechen verhindert ..."

Er redete derartig bedrohlich auf die beiden ein, dass sie schließlich klein beigaben und der Richter seine persönliche Einschätzung als das allgemeine Urteil präsentieren konnte. Um es kurz zu machen: Es wurde ein Schuldspruch gefällt und ich bekam drei Jahre Haft aufgebrummt. Die anderen zwei Angeklagten wurden zu je zwei Jahren Gefängnis verurteilt.

Welche Ungerechtigkeit! Ich war fassungslos.

Mein Verteidiger reichte natürlich sofort Berufung beim Oberlandesgericht ein, weshalb ich vorerst in Salzburg in U-Haft blieb.

Bei einem der Spaziergänge im Hof sah ich Jul an einem der Fenster. Ich wollte mich schon demonstrativ wegdrehen, weil er Jul mich beim Prozess nicht so entlastet hatte, wie ich es von ihm erwartet hätte, als mir mein „Komplize" zwischen die Gitter seiner Zelle geklemmt zurief: „Adi, pass auf! Der Staatsanwalt will dir jetzt einen Mordversuch anhängen!"

Mehr konnte er nicht mehr sagen, weil er brutal vom Gitter weggezerrt wurde. Die wenigen Worte reichten aber aus, um mich zu verunsichern. Ich schüttelte den Kopf: Nein, das konnte nicht sein. Die Wahrheit gesagt zu haben, war mir zu diesem Zeitpunkt ein gutes Ruhekissen und ich hoffte darauf, dass in der Berufung sich alles klären und mir Gerechtigkeit widerfahren würde.

Spätestens, als ich erfuhr, dass die Wiener Justiz versuchte, den Fall an sich zu ziehen, wusste ich, dass Jul mit seiner Vermutung richtig lag. In der Bundeshauptstadt würden sie aus dem unbedachten Schusswechsel auf der Flucht einen Mordversuch konstruieren und ich hätte ein hartes Urteil zu erwarten.

Aber zum Glück blieben wir – wie man so sagt – in der „Provinz". Die Straftat, wie immer sie auch eingeschätzt wurde, war in Salzburg geschehen, musste also auch dort abgeurteilt werden.

Nach fast 20 Monaten U-Haft fand endlich die Berufungsverhandlung statt – in Salzburg. Zwischenzeitlich war mir wegen meines Splitterbruchs am Oberarm, der nicht heilen wollte, eine Schiene aus Titan eingesetzt worden. Als das Metall einige Monate später wieder entfernt werden sollte, sagte mir der Arzt, dass ein Risiko von 80 Prozent bestehe, dass mein Arm gelähmt bleiben könnte. Nach kurzer Überlegung unterließ ich die Operation und schleppe das Metallteil noch in mir herum.

Am Gericht in Salzburg wurde mein Urteil zwar bestätigt, aber von Mordversuch war glücklicherweise keine Rede. Der Staatsanwalt – ein gemütlicher Herr, der in der Pause am Gang seine Pfeife rauchte – verzichtete auf weitere Rechtsmittel. Ich hatte den Eindruck, dass er mir glaubte.

Ich konnte über diese nun rechtsgültige Entscheidung eigentlich froh sein, wenn man das überhaupt so sagen kann. Natürlich war ich – wieder einmal – viel zu hart bestraft worden, aber dass die Wolken, die bei einem Prozess in Wien über mir geschwebt wären, an mir vorübergezogen waren, war mir ein gewisser Trost. In Wien hätte ich den Widerruf bekommen, also meine sechseinhalb Jahre bedingte Haft, die ich noch offen hatte, wären sofort wieder anzutreten gewesen und für den „Mordversuch" hätte ich noch geschätzte 12 bis 15 Jahre dazu bekommen. Unter dem Strich wären in Wien wohl so um die zwanzig Jahre Haft für mich herausgekommen.

Wie schon gesagt: Recht haben und „Recht" bekommen, sind bekanntlich zwei paar Schuhe.

Ich wurde zur Verbüßung der Reststrafe nach Graz-Karlau überstellt. Jul und Leo brachte man in andere Haftanstalten, um uns zu trennen. Ich hörte nie wieder von ihnen.

Es war sozusagen meine Premiere in der Karlau, diesem umgebauten Schloss mitten in Graz, in dem ich es – einige Jahre später – zu beträchtlichem Aufsehen bringen sollte.

Ein Hausarbeiter, den ich schon von Garsten her kannte, besuchte mich in der sogenannten „Auffangzelle". Der Mann wurde dort „Schalmeister" genannt, keine Ahnung warum. Mir war eine Stelle als Hausarbeiter im 3. Stock zugewiesen worden und mein Bekannter erzählte mir, dass der Wachebeamte dort in zwei Jahren in Pension gehen würde und als „sehr gemütlich" eingeschätzt werden konnte. So war es dann auch. Keiner von uns wollte Probleme. Der Aufseher erkannte recht schnell, dass er es bei mir mit einem vernünftigen Mann zu tun hatte, der nicht auf Schwierigkeiten aus war.

Binnen kürzester Zeit hatte auch ich mich an den Alltag in der Karlau gewöhnt. Ich brachte das Essen, holte die Teller ab und war auch für den Kleidertausch der Inhaftierten zuständig. Als Zeichen der Anerkennung oder des guten Auskommens brachte mir der Beamte ein Mal pro Monat ein Tortenstück aus der Kantine. Er wusste, dass mir als Nichtraucher ein Päckchen Zigaretten, wie es damals als Belohnung üblich war, eher wenig Freude bereitet hätte.

Etwa drei Monate später erhielt ich den Bescheid, dass ich im Jahr 1990 wieder entlassen werden sollte. Die Gefahr, dass der Fall in Wien doch noch einmal aufgerollt werden könnte, war damit endgültig vom Tisch. Ich fühlte eine große Belastung von mir abfallen und bemühte mich wieder einmal um „gute Führung". Allerdings zwecklos. Ich saß die Strafe komplett ab und im Mai 1990 wurde ich entlassen.

*

Meine Gemeindewohnung in Wien hatte ich in der Zwischenzeit nicht verloren, weil ich die Miete laufend bezahlt hatte – zuerst aus meinen Ersparnissen, später indem ich einen Mitgefangenen, der einige Monate vor mir entlassen wurde, erlaubte, die Wohnung als Übergangslösung zu benützen, wenn er für diese Zeit, bis ich entlassen würde, die Miete bezahlte und mit meinen Sachen sorgfältig umginge. Das war allerdings ein schwerer Fehler.

Schon nach etwa zwei Monaten – ich war noch in Haft – bekam ich durch das Wohnungsamt der Gemeinde Wien die Verständigung, dass die Miete nicht bezahlt worden war und ich in Kürze das Wohnrecht verlieren würde. Ich war natürlich verzweifelt und mir war klar, dass ich – wieder einmal – betrogen worden war.

Um bei meiner Entlassung nicht obdachlos dazustehen, ging ich zu einem Mitgefangenen, von dem ich wusste, dass er Geld hatte. Ich hatte mir im Gefängnis den Ruf als absolut zuverlässiger Zeitgenosse erworben und genoss dadurch Respekt und Vertrauen. Entsprechend war die Reaktion auf die Bitte, mir bei meinem Problem zu helfen: „Adi, red' nicht lang herum! Wie viel brauchst du?" Ich nannte ihm die Summe von 20 000 Schilling und er antwortete, dass ich mir ruhig auch mehr von ihm ausborgen könnte, was ich aber dankend ablehnte. Ich wollte keinesfalls durch Schulden in Abhängigkeiten geraten. Ein Mittelsmann überwies das Geld auf mein Konto „draußen" und ich versprach mit Ehrenwort, den Betrag mit Zins und Zinseszins innerhalb von sechs bis acht Monaten nach meiner Entlassung zurückzuzahlen. Im Moment war mir nur wichtig, dass ich die Miete für meine Wohnung bezahlen konnte.

Als ich schließlich entlassen wurde und in meine Wohnung zurückkehrte, fand ich diese völlig verwahrlost vor. In den Spannteppich waren Löcher gebrannt, überall lagen leere Flaschen herum, meine gesamte Wäsche war benützt worden und lag verschmutzt in der Wohnung verteilt herum. Meine schöne Lederjacke fehlte. Der Dreckskerl, der mich um die Miete geprellt und mein Vertrauen so missbraucht hatte, hatte mich also auch noch bestohlen. Ich war so sauer, dass er froh darüber sein konnte, inzwischen schon wieder in Haft zu sein. Ich hätte ihn gerne zur Rede gestellt.

So saß ich also wieder da: frisch aus der Haft entlassen, allein, arbeitslos und verschuldet. Wieder waren mir weitere drei Jahre meines Lebens regelrecht gestohlen worden. Mittlerweile war ich 54 Jahre alt.

***

Flashbacks
Streiflichter in die Vergangenheit

Wenn man, so wie ich, viele Jahre allein in einer kleinen Zelle eingesperrt ist, hat man viel Zeit zum Nachdenken. Immer und immer wieder dachte ich über mein Leben nach – auch während der monotonen Beschäftigung mit den Schuhbändern, die nur schwerlich als wirkliche Arbeit bezeichnet werden kann. Immer wieder versuchte ich für mich eine Erklärung zu finden, warum ich derartig auf die schiefe Bahn geraten war und weshalb sich die Spirale meines Lebens ab einem gewissen Zeitpunkt fast nur noch in den Abgrund drehte. Bis auf meinen Unwillen, mich auch nur irgendwie einengen zu lassen, gab es dafür in den ersten Jahren meines Daseins eher keine Anzeichen.

Ich kam zu einer Zeit auf die Welt, die für ein Kind nicht ungünstiger hätte sein können – 1936 in Wien, als sich politisch der Himmel über der Welt zu verfinstern begann. Noch bevor ich geboren wurde, versuchten meine Eltern, die die kommende Entwicklung in Österreich vorausgesehen hatten, nach Brasilien auszuwandern. Und schon zu diesem Zeitpunkt gab es eine kriminelle Handlung, die weiterführend mein ganzes Leben beeinflusste. Meine Eltern und einige ihrer Freunde sparten eisern und überwiesen einen Großteil ihres Monatseinkommens auf ein Konto, mit dem die ganze Auswanderungsprozedur nach Südamerika finanziert werden sollte. Für dieses Konto war ein Mann verantwortlich, der von sich behauptete, alle Formalitäten aufgrund seiner guten Beziehungen zu diversen Ämtern problemlos erledigen zu können. Leider handelte es sich bei dem Kerl um einen Betrüger, der dann eines Tages spurlos verschwand. Er ließ nur ein geplündertes Konto zurück. Meine Eltern und ihre Freunde waren um ihre gesamten Ersparnisse gebracht worden und ihnen blieb nur die Enttäuschung.

Ich entstamme also einer eher armen Familie, aber außer mir kam keiner meiner Verwandten mit dem Gesetz in Konflikt. Mein Vater arbeitete bei der Eisenbahn im Verschub und meine Mutter gehörte der Reinigungsbrigade an. In Wien wurden die Zustände 1937 immer schlimmer, während in Deutschland eine positive Aufbruchsstimmung zu verspüren war. Was Hitler damals tatsächlich beabsichtigte, war bei den einfachen Leuten, zu denen wir uns zählten, noch nicht erkennbar. Jeder sprach nur davon, dass es nun, nach der Zeit der großen Arbeitslosigkeit, wieder bergauf ging. Rund sechs Millionen Beschäftigungslose hatten in Deutschland mit einem Mal einen Job. Meine Eltern zogen deshalb von Wien nach Lübeck, wo mein Vater eine gut bezahlte Arbeit in der Werft bekam, doch leider vertrug meine Mutter das raue Nordseeklima überhaupt nicht.

Mein Vater war ein liebenswürdiger Mann, dem das Familienleben über alles ging. Also wollte er schweren Herzens die Arbeit in der Werft aufgeben und eine Alternative suchen. Aber was tun? Zurück nach Wien? Da ergab es sich zufällig, dass genau zu dieser Zeit einige Bekannte der Familie nach Amerika auswandern wollten, aber einer davon sein Ticket zurückgeben musste. Diese Schiffspassage wurde meinem Vater angeboten. Und er griff zu! Er vereinbarte mit meiner Mutter, dass er drüben in den USA sofort zu arbeiten beginnen würde und sobald genug angespart war, sie und wir Kinder nachkommen sollten. Darauf konnten wir uns verlassen, mein Vater hätte uns niemals im Stich gelassen. Wir waren voller Hoffnung, doch das Schicksal hatte schon die nächste Enttäuschung parat: Kurz bevor das Schiff mit den Auswanderern ablegen sollte – der Ausbruch des Krieges stand unmittelbar bevor – wurde von den Nationalsozialisten die Ausreise in die Staaten verboten. Wir zogen also zurück nach Wien, wo wir zumindest Familie und Freunde hatten.

Als der Krieg ausbrach, bekam ich das als Kind zuerst kaum mit, für mich fing der Horror erst um 1943 an, als die Bombenangriffe auf Wien begannen. Ich kann mich noch gut an diese Zeit erinnern. Ich war ein sensibler, sieben Jahre alter Bub und der Schrecken der Kampfhandlungen mit all der Zerstörung, der permanenten Todesangst, das Faktum, immer mit Angst leben zu müssen, prägte mich für den Rest meines Lebens. Zuerst sahen wir damals noch von der „Pawlatschen" unseres Wohnhauses aus, wie die Flugzeuge über uns hinweg zu sogenannten kriegswichtigen Zielen – etwa der Raffinerie in Schwechat – unterwegs waren. Wir sahen nur die dichten schwarzen Rauchwolken am Stadtrand aufsteigen und hörten die Detonationen der massenhaft abgeworfenen Bomben. Das änderte sich binnen kürzester Zeit, als das flächendeckende Bombardement von Wien begann. Jetzt war auch die Zivilbevölkerung dran. Das Ziel war eindeutig. Die Menschen sollten demoralisiert werden. Im Radio hörte ich die Durchhalte-Parolen von Propagandaminister Goebbels und an einige Aussagen von damals kann ich mich auch heute noch erinnern. Schon damals habe ich gelernt, den Aussagen von Politikern nur wenig Glauben zu schenken ...

Wenn es Fliegeralarm gab, wurden wir über das Radio – den Volksempfänger, wie es damals hieß – vorgewarnt. Sie sendeten den Ruf eines Kuckucks über den Äther, für uns das Zeichen, die wichtigsten Sachen zusammenzuraffen und im Luftschutzkeller Zuflucht zu suchen. Mit der Zeit wurden die Angriffswellen immer massiver und wir mussten oft tagelang im Keller ausharren. Die Warnungen erfolgten von diesem Zeitpunkt an durch Sirenen, aber der Alarm kam oft schon zu spät. Wir waren noch gar nicht im Keller, als um uns herum schon die Bomben einschlugen. Häuser krachten zusammen, alles war in eine undurchdringliche Staubwolke gehüllt, immer wieder stürzten Mauern ein und wir rannten zwischen den herabstürzenden Trümmern in den Keller. Noch immer sind diese Erinnerungen in mir so, als wäre es gerade erst passiert. Ich wurde von dieser Zeit der Panik und Lebensangst für immer geprägt. Die Erinnerung daran marterte mich auch während der vielen Jahre in meiner Zelle. Der Drang, dies alles abzuschütteln und davonzulaufen war ständig in mir. Nur ist die Sache mit dem Davonlaufen ein bisschen schwierig, wenn man hinter soliden Gittern sitzt ...

Ein Erlebnis aus der Kriegszeit ist mir besonders nachhaltig in Erinnerung geblieben. Bei einem Bombenangriff schafften wir es nicht mehr, in den Keller zu laufen, und mein Bruder, der bei der Waffen-SS war und sich gerade auf Heimaturlaub befand, stellte sich und uns unter den Türrahmen, den er mit aller Kraft nach oben stemmte. Tatsächlich wurde das Nachbarhaus direkt getroffen und die Druckwelle war so stark, dass sie unsere Wohnung zerstörte. Die Fensterrahmen wurden herausgeschmettert und Ziegel brachen aus der Mauer. Im Staub konnten wir nichts mehr sehen und kaum atmen. Wären wir nicht unter dem Türrahmen gestanden, es hätte uns erwischt und wir wären verloren gewesen. Kaum waren die Detonationen verklungen, hetzten wir über die Stiege hinunter und im Getümmel – es waren natürlich alle im Haus wohnenden Leute auf der Flucht – wurde ich unabsichtlich gestoßen und stürzte kopfüber das Stockwerk hinunter. Ich blieb mit einer schweren Kopfverletzung bewusstlos liegen.

Zu mir gekommen bin ich dann erst im Keller. Ich konnte anfangs gar nichts sehen und meine Denkfähigkeit war stark eingeschränkt. Was mit meinem Gehirn wirklich passiert ist, konnte nie herausgefunden werden. Für mich steht nur fest, dass damals mit mir – besser gesagt in mir – etwas Gravierendes geschehen ist. Ich war danach nie mehr die Person, die ich davor gewesen war.

Ich möchte das nicht als Entschuldigung für meine späteren Straftaten missbrauchen, aber meine Entwicklung wurde dadurch sicherlich beeinträchtigt.

Vor der Gehirnverletzung galt ich als „begabtes" Kind und konnte zum Beispiel Gedichte schon nach kürzester Zeit geradezu spielend auswendig aufsagen. Das war ab diesem Zeitpunkt nicht mehr möglich und meine Schulleistungen ließen rapide nach. Dann kam noch zu allem Unglück ein weiteres Trauma dazu, das meine Seele massiv beeinträchtigte. Während eines nicht enden wollenden Bombenhagels wurde das Haus, in dessen Keller wir Zuflucht gesucht hatten, getroffen. Die Schuttmassen blockierten den einzigen Ausgang, ein Entkommen war absolut unmöglich. Im selben Augenblick fiel auch das Licht aus und wir hörten, wie durch ein geborstenes Rohr Wasser in den Keller flutete. Die Leute brüllten in Panik, Hysterie brach aus und meine Mutter sagte zu mir: „Jetzt ist es vorbei, wir werden hier unten entweder ersticken oder ersaufen." Sie drückte mich fest an sich und streichelte mich. Als das Wasser im stockdunklen Keller weiter stieg, begann auch ich verzweifelt zu plärren und um mich zu schlagen. Ich wollte leben und nicht hier unten jämmerlich verrecken! Ich wollte nur noch davonlaufen! Nur weg, nur weg!

Mein Vater weigerte sich übrigens immer, mit uns in den Luftschutzkeller zu kommen, da er sich davor fürchtete, dort unten hilflos unter Trümmern begraben zu werden. Nach Stunden, inzwischen gab es weitere Bombenangriffe und viele Detonationen über uns, hörten wir endlich Klopfgeräusche. Mein Vater und einige Freunde von ihm schafften es durch fast unmenschliche Kraftanstrengung tatsächlich, den Schutt so weit beiseite zu räumen, dass wir uns durch einen schmalen Spalt ins Freie zwängen konnten.

Damals gab es bei solchen traumatischen Ereignissen ja keinerlei psychologische Betreuung. Man musste mit so etwas ganz einfach fertig werden oder schaffte es eben nicht, ganz nach dem Motto: „Friss Vogel, oder stirb."

Wenn ich so auf meiner Pritsche lag, kamen mir die Erinnerungen an den Krieg immer wieder in den Sinn und ich fragte mich oft, ob mein Drang nach Freiheit, dieses Unvermögen, eingesperrt zu sein, aus diesen Tagen im Luftschutzkeller stammte. Aber warum hatten das dann nicht alle? Ich war ja nicht der Einzige, der diesen Horror durchleben musste.

Auch andere Erlebnisse aus der Zeit des Krieges hatten sich tief eingebrannt und stiegen in meinen Träumen immer wieder hoch. Oft erwachte ich schweißgebadet und schleppte die Bilder den halben Tag mit mir herum. Mir fehlte ja die Abwechslung, der Austausch mit anderen, der mich auf andere Gedanken hätte bringen können. Ein Erlebnis hatte sich besonders eingeprägt, weshalb ich es hier erzählen will.

Hin und wieder war ich mit meinen Eltern zu meiner Großmutter gefahren, die auf dem Land lebte, genau gesagt in Maria Anzbach. Sie arbeitete dort in einer großen Villa als Dienstmädchen. Das Anwesen befand sich nur rund 80 Meter von der Trasse der Westbahn entfernt. Ich durfte – es war in den Sommerferien 1944 – etwas länger bei Oma bleiben und schloss so Freundschaft mit einigen gleichaltrigen Kindern. Als ein Güterzug vorbeifuhr, befanden wir uns auf der Wiese bei einem Viadukt, um dort zu spielen.

Auf einmal tauchten drei oder vier Tiefflieger auf. Sie eröffneten aus ihren Bordkanonen das Feuer auf den Zug und um uns brach augenblicklich die Hölle los. Das Sperrfeuer aus den Flugzeugen verwandelte sowohl Lokomotive, als auch Waggons in Trümmerhaufen. Der Lokführer und einige andere Personen sprangen aus dem getroffenen Zug und warfen sich hinter Felsen in Deckung. Nach etwa zehn Minuten drehten die Flugzeuge ab und flogen weg. Aus den geborstenen Tanks der Lok zischte Wasser, teilweise war die Ladung in Brand geraten und die entgleisten Waggons lagen kreuz und quer auf den zertrümmerten Gleisen.

Neugierig, wie Kinder nun einmal sind, krochen wir aus der Deckung und liefen zum Ort des Schreckens. Auf einmal machte einer der Flieger – sie trugen das amerikanische Hoheitsabzeichen – kehrt und kam im Tiefflug zurück.

Was dann geschah, hat sich so tief in mein Gedächtnis eingebrannt, dass ich es nie werde vergessen können. Ich sah nach oben und konnte sogar das Gesicht des Piloten gut erkennen. Der Soldat begann wie von Sinnen ganz gezielt auf uns zu schießen. Es muss wohl ein Kinderfeind oder sonst ein Sadist gewesen sein. Links und rechts von uns spritzten Erde und Steine weg, als die Geschosse einschlugen. So schnell wir konnten, flüchteten wir unter den Viadukt, doch der Pilot ließ nicht locker und feuerte weiter. Ein Projektil traf die Mauer und der Querschläger verletzte mich am Oberschenkel schwer. Ich habe heute noch die Narbe von damals – sowohl auf dem Bein, als auch in meiner Seele. Uns Kindern war ja gesagt worden, dass wir von Soldaten nicht attackiert werden würden und nur die Erwachsenen gegeneinander kämpften. Ich war so tief geschockt, so traumatisiert, dass ich tagelang kein Wort sprach und immer verschlossener wurde.

Diese Momente des Ausgeliefertseins und der Ohnmacht kamen immer wieder in mir hoch – vor allem während der Isolationshaft. Der Albtraum, in einer Situation zu sein, in der man nichts, wirklich nichts gegen eine Bedrohung tun kann, lässt mich sogar heute als alten Mann noch häufig in der Nacht aufwachen und immer noch sehe ich das Gesicht des Fliegers, der auf uns schießt, deutlich vor mir.

Ich erinnere mich auch immer noch an scheinbare Kleinigkeiten aus dieser Zeit. So wurde es uns nach dem Attentat auf den „Führer" verboten, in der Schule „Guten Morgen" zu sagen und wir mussten mit ausgestreckter Hand dastehen und „Heil Hitler" rufen. Immer wieder wurde uns eingetrichtert, dass wir schon bald direkt aus der Schule auf das „Feld der Ehre" durften, das heißt, auf das Schlachtfeld. Zu dieser Zeit wurden aufgrund der vielen Gefallenen und des dadurch entstandenen akuten Mangels an Kanonenfutter, immer jüngere Buben eingezogen. Ich wollte nur noch weg. Damals dürfte sich dieser – während meines ganzen Lebens spürbare – Hang zum Davonlaufen in mir endgültig manifestiert haben.

Im Jahr 1945 hätte ich kein schöneres Geburtstagsgeschenk bekommen können, als die am 27. April im Radio verkündete Botschaft, dass der sinnlose Krieg – zumindest für Wien – zu Ende ist. Wenige Wochen zuvor war noch mein älterer Bruder – er war damals 16 Jahre alt – zum „Volkssturm" eingezogen und an die Ostfront geschickt worden. Ich war dabei, als er mit seiner Truppe abgefahren ist. Lauter Kinder, in jämmerliche zerfetzte Uniformen gekleidet – ich glaube, sie waren von der rumänischen Armee. Deutsche Uniformen gab es da offensichtlich gar nicht mehr. Zum Glück hat mein Bruder diesen Wahnsinn überlebt und kam zurück.

Auch mein Vater musste zum „Volkssturm" und wieder bot sich uns bei seinem Abmarsch in Richtung Wienerwald das gleiche, jämmerliche Bild. Die Männer trugen irgendwelche bunt zusammengestellten Uniformen verschiedener Nationalitäten. Meinem Vater hatte man einen uralten, rostigen Karabiner in die Hand gedrückt, mit dem er nun in dieser „Truppe der Unwilligen" noch in den Kampf ziehen sollte. Zwei Stunden nach dem Abmarsch seines Zuges kam er wieder zu uns zurück und sagte bloß: „Die spinnen ja. Bei so einem sinnlosen Theater mache ich nicht mit. Wir, also die gesamte Truppe, haben beschlossen, ganz einfach wegzugehen und niemand hat uns aufgehalten."

Warum mein älterer Bruder sich zur Waffen-SS gemeldet hatte, darüber sprach ich nie mit ihm. Nach Kriegsende weigerte er sich überhaupt, darüber noch einmal zu reden ...

*

Aber auch Erinnerungen an die Nachkriegszeit beschäftigten mich und einige der Erlebnisse prägten mich ganz bestimmt fürs ganze Leben.

Unser Haus lag in der russischen Besatzungszone und da machte ich eine überraschende Entdeckung: Mein Vater sprach Tschechisch. Dass er in Budweis aufgewachsen war, hatte er uns nie erzählt. Jetzt konnte er als Dolmetscher für die Russen tätig sein und es entwickelte sich ein ganz gutes Verhältnis zu den Soldaten. Aber eines Tages war mein Vater weg. Spurlos verschwunden. Erst zwei Jahre später, im Oktober 1947, kam er als gebrochener Mann zurück.

Wie wir lange Zeit danach von ihm erfuhren, hatten ihn die Russen ganz einfach verschleppt, um seine Fähigkeiten als Dolmetscher zu nützen. Anfangs wollte er nicht darüber reden, zu groß war seine seelische Qual gewesen. Während dieser zwei Jahre hatte er keine Möglichkeit, uns irgendeine Nachricht zukommen zu lassen. Damals ist nicht nur in meinem Vater etwas zerbrochen. Sein mysteriöses Verschwinden und die Angst um ihn haben auch meiner damals noch jungen Seele Schaden zugefügt.

In Wien herrschte zu dieser Zeit bitterste Not und ich erinnere mich – wie viele andere meiner Generation – an scheinbare Nebensächlichkeiten wie Maden in Erbsendosen oder in einem Kasten weggesperrtes Brot, von dem wir täglich nur ein kleines Stück bekamen. Vom oft verdorbenen Inhalt der „Care-Pakete", die wir hin und wieder erhielten, bekam ich die Ruhr. Es war so schlimm, dass ich daran beinahe gestorben wäre. Meine Mutter gab mir fast zur Gänze die für sie vorgesehene Essensration und war extrem abgemagert. In ihrer Verzweiflung griff sie immer öfter zu Alkohol. Billigen, schlechten, selbst gebrannten Fusel., den sie am Schwarzmarkt erwarb.

Als sie die Aussichtslosigkeit ihrer Lage nicht mehr ertrug, schloss sie eines Tages die Küchentür, nahm den Schlauch des Herdes in den Mund und drehte den Gashahn auf …

Die Erinnerung an jene Augenblicke schnürt mir noch heute das Herz ab. Zum Glück war meine Schwester, die als Schneiderin arbeitete, zu Hause und stemmte mit aller Gewalt die Tür auf.

Ich rannte mit ihr in die Küche und schrie verzweifelt: „Mama, warum machst du denn so was?"

Sie sah mich nur mit glasigen Augen an und lallte: „Was soll ich denn tun? Diese Not!"

Meine Schwester trug Mutter ins Zimmer und legte sie dort aufs Bett. Ich ging ins Kabinett und weinte mir die Augen aus.

Durch die Gehirnverletzung ließen meine schulischen Leistungen stark nach und ein Teufelskreis begann. Je miserabler meine Noten in der Schule wurden, desto weniger wollte ich dorthin. Dazu kam meine Abneigung gegenüber sinnloser Autorität, also der damals üblichen „Zucht und Ordnung". Mein Lehrer hatte immer ein Rohrstaberl als Züchtigungsinstrument in der Hand. Ich musste wegen meiner schlechten Leistungen mehrmals die Schule wechseln und empfand schließlich nur noch Hass auf diese Institution.

Außerdem war mein Vater damals noch immer spurlos verschwunden und die Sorge um ihn ließ mich einerseits aggressiv, andererseits noch verschlossener werden. Dazu kam, dass ich einer der Ärmsten in der Klasse war. Meine abgetragene Kleidung und meine zerfetzte Schultasche machten mich zum Gespött. In dieser Zeit begann ich, Nägeln zu kauen. Weil ich aber meine abgebissenen, blutenden Fingernägel in der Schule verstecken wollte, verkrampfte sich beim Schreiben meine Hand und mein Schriftbild sah entsprechend aus. Was wieder Probleme mit den Lehrern nach sich zog ...

Schließlich kehrte mein Vater aber zurück und begann bald darauf als Schlosser zu arbeiten. Endlich gab es wieder Geld in unserer Familie, was die akute Not ein wenig linderte. Zwei schöne Ereignisse, die nach heutigen Maßstäben eigentlich Lappalien sind, waren für mich damals der Himmel auf Erden. Ich bekam mit 13 Jahren mein erstes Fahrrad und bald darauf mein erstes neues Kleidungsstück, einen Anzug, den ich stolz nur am Sonntag trug. Bis dahin hatte ich überhaupt nur gebrauchte und geflickte Kleidung gehabt. Ich bin heute noch emotional bewegt, wenn ich an dieses damalige Glücksgefühl denke.

Solche schönen Momente rief ich innerlich ab, wenn ich während der Haft in der Depression zu versinken drohte. Manchmal half es sogar.

*

Mit einem miserablen Abschlusszeugnis beendete ich 1950 die Schule. Nicht gerade ideale Voraussetzungen für eine gute Lehrstelle. In einem Betrieb für Elektro-Großhandel absolvierte ich dann eine Ausbildung zum kaufmännischen Angestellten – allerdings unter sehr harten Bedingungen. Man behandelte mich wie einen Sklaven. Neben meinen anderen Tätigkeiten musste ich jeden Abend warten, bis alle Beschäftigten gegangen waren, und das Geschäft absperren. Unser Chef nannte das „Sperrdienst", wir Lehrlinge nannten es „Schikane". Der Chef verlangte von uns Lehrlingen auch, nach einem langen Tag in der Berufsschule noch einmal in die Firma zu kommen, um dort die noch verbleibenden 20 Minuten bis Dienstschluss abzudienen. Nach etwa eineinhalb Jahren der Unterdrückung hatte ich genug.

Wie es eben so ist, mit 16 Jahren hat man viele Träume und mein größter Wunsch war, nach Australien auszuwandern. Ich kratzte also meine Ersparnisse zusammen, setzte mich – es war März – in den Zug und fuhr damit in Richtung Italien. Im Hafen von Genua wollte ich auf einem Schiff anheuern, um so nach Australien zu kommen.

An der Grenze in Arnoldstein stieg ich aus und bemühte mich, zu Fuß und ohne Passkontrolle hinüber nach Italien zu gelangen. Nur gab es zu diesem Zeitpunkt dort einen neuerlichen Wintereinbruch und ich versank auf dem Schleichweg durch den Wald bis zur Hüfte im Schnee. Ich wusste, dass es so nicht zu schaffen war, und drehte um. Zurück am Bahnhof in Arnoldstein schmuggelte ich mich in einen Viehwaggon und reiste auf diese Weise – ziemlich unbequem und vor Kälte zitternd – nach Villach. Die Bahnhofshalle war menschenleer und ich wusste, dass ich hier nur auffallen würde. Ich musste also anderswo warten, bis wieder Fahrgäste auftauchten, also bis zum frühen Morgen. Ich schlich zu den Gleisanlagen und legte mich in einem der dort abgestellten Lastwaggons auf etwas Stroh und schlief. Als der Morgen graute, ging ich wieder in die Bahnhofshalle und setzte mich auf eine Bank.

Es dauerte nicht lange, bis ein Gendarm erschien, der mich fragte: „Wo geht's denn hin?"

Ich sagte: „Nach Wien."

„Aha, nach Wien? So, so!" Ganz klar, der Herr in Uniform schenkte meinen Worten keinen Glauben. Damals wusste ich natürlich noch nicht, dass so etwas in meinen späteren Leben noch öfter der Fall sein würde.

„Und woher kommst du?", fragte der Gendarm

„Von meiner Tante!"

„Ja, wo wohnt denn die Tante?"

„In ihrem Haus! Die Straße weiß ich nicht."

„Sehr interessant! Ja, und wie heißt deine Tante?"

„Frau Moser, Anna Moser", log ich.

Der noch recht junge Gendarm lächelte und griff über meine Schulter hinweg nach einem Strohhalm, der dort noch aus meinem Nachtlager im Waggon hängen geblieben war, und schnippte ihn beiseite.

„So – und jetzt kommst du mit mir." Dies war mehr oder weniger meine erste „Verhaftung".

Auf dem Weg zur Wachstube bemerkte der Gendarm anscheinend, dass ich sozusagen „am Sprung" war und weglaufen wollte. Er sagte nur: „Versuch's erst gar nit, Bürscherl. Ich bin sowieso schneller."

Auf dem Gendarmerieposten sprach der Beamte in väterlichem Ton mit mir: „Und jetzt sagst du mir die Wahrheit. Was ist den los?"

Ich erzählte ihm alles, gab meinen Namen bekannt und auch meine Adresse. Dann kam ich in eine kleine Zelle, in der mir schon bald ein junger Mann Gesellschaft leistete. Er war beim Diebstahl erwischt worden. Er erzählte mir, dass dieser Gendarm gar nicht selten solche Begegnungen mit von zu Hause durchgebrannten, abenteuerlustigen jungen Menschen hatte. Ihn hatte er schon mehrmals wieder nach Hause gebracht.

Ein paar Stunden später erschien meine Schwester und holte mich ab. Zum Abschied sagte der freundliche Beamte zu ihr: „Dieser andere Bursche ist schon ein richtiges Früchtchen. Ich hoffe, dass wir Ihren Bruder nie mehr erwischen. Passen Sie auf, dass er nicht auf die schiefe Bahn kommt. So etwas geht schneller, als man glaubt."

Prophetische Worte. Auch sie gingen mir oft durch den Kopf, wenn ich mein Leben Revue passieren ließ.

Meine Schwester, die mich liebte und der ich vertraute, fragte mich während der Bahnfahrt aus und lächelte sanft, als ich ihr von meinen Träumen bezüglich Australien erzählte. Ich hatte natürlich große Angst vor dem väterlichen Donnerwetter zu Hause.

Letztlich stellte sich aber heraus, dass meine Befürchtungen unbegründet waren: Mein Papa war im Grunde genommen gar nicht wirklich böse auf mich, sondern nur massiv enttäuscht darüber, dass ich ihm nicht von meinen Problemen erzählt hatte.

Ich antwortete ihm: „Ich habe es ja versucht, aber deine Antwort war immer der gleiche Satz: ‚Lehrjahre sind keine Herrenjahre, also halte durch.‘ Genau darum wollte ich mein Schicksal selbst in die Hand nehmen"

Mein Vater reagierte souverän: „Gut, dann gehe ich mit dir zur Firma und werde dort deinen Lehrvertrag beenden. Ich will nicht, dass du dort so behandelt wirst."

So geschah es dann auch. Die Hälfte meiner Lehrzeit war ja schon absolviert, das wollte ich nützen, also musste ich mir eine andere Firma in der Elektrobranche suchen. Zum Glück fand ich einen Betrieb, in dem es einen Geschäftsführer gab, der meinen Ex-Arbeitgeber kannte und dort auch gekündigt hatte, als für ihn die Zustände nicht mehr ertragbar waren. Er wusste also, wovon ich sprach und akzeptierte mich aufgrund dieser Umstände als Lehrling.

Für mich begann eine Zeit des Wohlbefindens, ich lernte gerne und viel. Es gab keinerlei Probleme während meiner weiteren Ausbildung und der Geschäftsführer baute mich immer wieder emotional auf. „Adolf, jetzt ist dir der Knopf aufgegangen. Du bist wirklich in Ordnung."

Die Reaktion auf diese Bestätigung folgte umgehend: Ich konnte endlich das Nägelbeißen loswerden und ich bemühte mich redlich, die in mich gestellten Erwartungen zu erfüllen. Die Arbeit machte mir sogar Spaß.

Es hatte den Anschein, dass ich meine Traumen aus der Kriegszeit bewältigt hatte und in der Lage war, ein ganz normales Leben zu führen. Ich blieb in dieser Firma bis zum Jahr 1954 und alles entwickelte sich prächtig.

*

Ich konnte es kaum erwarten, endlich 18 Jahre alt zu werden. Erst ab diesem Zeitpunkt wäre es mir möglich gewesen, mir meinen sehnlichsten Wunsch zu erfüllen und nach Australien auszuwandern. Damals mussten die Eltern noch ihre Erlaubnis dazu erteilen und auch die dafür notwendigen Dokumente unterschreiben, weil man als 18-Jähriger noch nicht volljährig war. Damit rechnete ich aber sicher, weil sie meinem Glück nicht im Wege stehen wollten.

Mit Heinz, meinem besten Freund, war ich sooft wie möglich zusammen und wir schmiedeten gemeinsam Pläne für eine Zukunft „down under". Oft lagen wir in der Sonne und sprachen stundenlang darüber, was wir nicht alles vorhätten und wie erfolgreich sich unsere Zukunft in Australien gestalten würde.

Wir wurden von unseren Freunden und Bekannten oft als „siamesische Zwillinge" bezeichnet, weil wir so gut wie unzertrennlich waren. Wir gingen gemeinsam in den Turnverein, ins Kino, zum Baden ... was Jugendliche eben so unternahmen zu dieser Zeit. Eines unserer schönsten Erlebnisse war eine Zugfahrt nach Greifenstein, wo wir dann die Donau durchschwammen. Alles scheinbar bedeutungslose Ereignisse, aber für uns das vollkommene Glück auf Erden.

Wir schrieben uns auch gemeinsam in der beliebtesten Tanzschule im 1. Bezirk ein. Leiter der Tanzschule war noch der damals schon etwa 70 Jahre alte Rittmeister Willi Ellmayer-Vestenbrugg, der die Tanzschule auch gegründet hatte. Er war eine beeindruckende Persönlichkeit und ging gerade wie ein Ladestock, seine Haltung war perfekt, natürlich auch sein Benehmen. Beim Unterricht mussten wir Krawatte und Zwirnhandschuhe tragen. Der Herr Rittmeister nahm immer genau gleich viele Mädchen wie Burschen auf. Bei anderen Tanzschulen, die wir kannten, gab es immer eklatanten Mädchenmangel. Da war die Entscheidung für das Institut des Rittmeisters einfach!

In der Tanzschule lernte ich dann Evelyn kennen, das schönste Mädchen, das mir je begegnet ist. Das Problem war aber meine Schüchternheit. Ich fragte deshalb meinen Freund Heinz, ob er das wunderbare Wesen nicht für mich ansprechen wollte. Er nickte nur, ging hin, lüftete seinen Hut, wie das damals üblich war, stellte sich vor und fragte, ob er sie nach Hause begleiten dürfte. Völlig unkompliziert stimmte sie zu und sie marschierten los. Sie gingen vom 1. in den 18. Bezirk. Das war ziemlich weit – ungefähr drei Kilometer – und ich verfolgte sie wie ein Schatten.

Als sie im Hauseingang verschwunden war, rannte ich zu Heinz, brennend vor Neugier.

„Na, wie ist sie?" fragte ich aufgeregt.

„Du, die ist sehr lieb und gar nicht arrogant. Ich glaube, du solltest dich trauen, sie anzusprechen."

Das tat ich dann nach dem nächsten Abend in der Tanzschule. Ich fasste all meinen Mut zusammen und sprach Evelyn an. Tatsächlich, ich durfte sie nach Hause begleiten. Mein Herz klopfte bis zum Hals, als ich sie beim Hauseingang fragte, ob wir uns wieder treffen könnten. Sie hatte nichts dagegen. Ein paar Tage später gingen wir dann ins Kino und ab da trafen wir einander regelmäßig. Beim Fünf-Uhr-Tee in einer der vielen Tanzschulen Wiens war es schließlich soweit: In der Pause hatten wir uns ein Achterl Rotwein genehmigt und da wir beide nichts vertrugen, waren wir danach richtiggehend „enthemmt". Bei den so genannten L'amour-Hatschern berührten sich unsere Wangen und es kam sogar zu einem Kuss. Mehr ist nie passiert – aber noch heute denke ich gerne an diese erste wirkliche Herzensangelegenheit mit großem Amüsement zurück.

Die Erinnerungen an diese unbeschwerte Zeit gehören zum Wertvollsten, was mir in meinem Leben geblieben ist, und waren mir eine große Hilfe.

*

Im November 1954, ich war im Frühjahr endlich 18 Jahre alt geworden, reiste ich nach Australien ab. Der einzige Wermutstropfen an meinem Abschied von Wien war, dass Heinz nicht mitreisen konnte und erst später nachkommen wollte. Aber ansonsten war ich hoffnungsfroh und gespannt, was das Leben für mich bereithalten würde, als ich mit einem kleinen Koffer in der Hand mein Elternhaus verließ, um mich ans andere Ende der Welt zu begeben.

An diesen Moment, in dem für mich ein neues Leben in unendlicher Freiheit mit grenzenlosen Möglichkeiten begann, dachte ich besonders oft während meiner langen Zeit in Isolationshaft, zum Beispiel im Hochsicherheitstrakt „West E". Nachdem ich nach einigen Jahren die typischen Verhaltensformen angenommen hatte, die lange Vernachlässigung oder Vereinsamung mit sich bringen – zum Beispiel die sogenannten Jaktationen, sinnlose und immer gleiche Bewegungen, wie sie Raubtiere in zu engen Käfigen oft zeigen –, saß ich mittlerweile meist still und ein wenig nach vorne gebeugt auf dem Bett und starrte auf die von außen verriegelte Zellentür aus Metall. Die Wände waren in schmutzgrau gestrichen, Fotos oder Bilder durfte ich ja nicht aufhängen, welche die Trostlosigkeit ein wenig mindern hätten können. Das Fenster bestand aus einem mit Draht durchzogenen milchigen Glas und war sowohl an der Außenseite, als auch innen mit einem massiven Gitter gesichert. Null Aussicht in jeder Beziehung.

Aber wenn man keine Aussichten hat, wirken die Bilder im Kopf noch viel stärker. So war es kein Wunder, dass ich mich oft stundenlang in meine Erinnerungen zurückzog und mir die Bilder im Kopf selbst schuf. Nicht dass ich halluzinierte, aber zumindest in meinen Gedanken und Erinnerungen konnte ich den üblen Bedingungen meines tristen Daseins entkommen.

Als ich 1954 nach Australien aufbrach, mussten sich die Auswanderungswilligen zuvor in Salzburg in einem Barackenlager einfinden. Als ich dort ankam, warteten schon rund hundert Emigranten auf die Ausreise. Der australische Staat übernahm sämtliche Reisekosten, wenn wir uns im Gegenzug für mindestens zwei Jahre zur Arbeit dort verpflichteten. Es gab in den Fünfzigerjahren noch recht häufig Auswanderungsbüros in Europa, also auch in Österreich und Deutschland. Die Voraussetzungen für eine Auswanderungsbewilligung durch die österreichische Behörde waren Gesundheit und Unbescholtenheit. Damals verfügte ich noch über beides ...

Schnell schloss ich Bekanntschaft mit drei jungen Leuten: Karl und Walter, die ebenfalls aus Wien kamen, und Josef aus Kärnten, der sich gleich nach unserer Ankunft in Australien begann Joe zu nennen.

In Bussen zusammengedrängt wurden wir zum Flughafen nach München gefahren. Die Stimmung war gut und alle glühten vor neugierigem Eifer ihrem Ziel entgegen, ohne zu wissen, was sie dort erwarten würde. Und nur die allerwenigsten hatten mehr Gepäck als eine Tasche oder einen kleinen Koffer. Viele hatten nicht einmal einen richtigen Mantel an, obwohl der Winter schon begonnen hatte. Es waren in der Regel arme Männer und Burschen, die sich hier auf die Suche nach einem neuen Glück machten. Und in Australien herrschte zu diesem Zeitpunkt noch ein massiver Bedarf an Arbeitskräften.

In München brachte man uns direkt auf das verschneite Flugfeld, wo der Kapitän höchstpersönlich vor der Gangway Aufstellung genommen hatte und eine Liste in der Hand hielt. Wir nannten unsere Namen, er hakte ab und wir verließen heimischen Boden.

Bei der Maschine handelte es sich um ein Gerät mit vier Propellertriebwerken und wir mussten in Etappen reisen, weil der Sprit für eine so weite Strecke natürlich nicht ausreichte. Über Athen ging es nach Teheran und dann zum nächsten Tankstopp nach Bombay. Dort durften wir den Flieger verlassen, um in einem riesigen Hotelkasten namens „Taj Mahal" zu übernachten.

Das machte alles einen gewaltigen Eindruck auf uns und ich glaube, dass ich beim Stadtspaziergang vor Staunen den Mund nicht mehr zu bekam. Ich hatte bis dahin ja noch nichts von der Welt gesehen und meine Neugier war riesengroß. Damals war Indien noch britische Kolonie und die Engländer waren bei der Bevölkerung mehr als verhasst. Das konnte man an allen Ecken und Enden der Stadt spüren. Als junge Naivlinge, gingen wir natürlich in ein Viertel der Stadt, das man als Europäer besser nicht betreten hätte sollen, aber wie gesagt, die Neugier war groß. Wir wurden dort sofort von jungen Indern mit Steinen beworfen und mussten flüchten.

Am nächsten Tag brachte uns der Flieger über Java endlich nach Perth, dem Ziel unserer Reise. Die Küste hatte ich vom Flugzeugfenster aus ja schon seit längerer Zeit gesehen, aber nun betrat ich endlich australischen Boden.

Angestellte des Einwanderungsbüros standen schon als Empfangskomitee bereit und mit Bussen brachte man uns in ein Auffanglager, das „Holden-Camp" genannt wurde. Dort gab es ähnliche Baracken wie in Salzburg als erste Unterkunft. Bei „Holden" handelt es sich übrigens um eine australische Automarke, die in Lizenz von General Motors Fahrzeuge baut. Der „Holden" war praktisch der „Opel" Australiens.

Es war glühend heiß, am 1. Dezember beginnt in Australien ja der Sommer, und wir erhielten in den ersten Tagen unserer Emigration bei einigen Vorträgen eine Blitzeinführung in die Lebensbedingungen und Sitten in Australien. Es war uns auch erlaubt, in die kleine Stadt zu gehen, die aussah wie die Kulisse für einen Wild-West-Film. Holzbauten aus zusammengenagelten Brettern, überdachte Gehsteige, Staub … eine Szenerie, wie ich sie bisher nur aus dem Kino kannte. Uns jungen Leuten gefiel das sehr – besonders sagten uns die Preise zu. Eine Flasche Coca-Cola – in Wien eine Kostbarkeit und dementsprechend teuer – kostete zum Beispiel nur „six pence". Der durchschnittliche Verdienst eines einfachen Arbeiters betrug in der Woche rund 13 australische Pfund. Davon konnte man gut leben.

Was mich am meisten erstaunte, war die Unkompliziertheit der Menschen in „down under" und das fast grenzenlose Vertrauen zueinander. Autos oder Häuser wurden so gut wie nie versperrt. Man ging davon aus, dass das Eigentum anderer respektiert wurde.

So verbrachten wir die ersten Tage im „Holden-Camp" und nach einer kurzen Einschulung ging es auch schon los mit der Verteilung der Arbeit. Als kräftige junge Leute wurden wir dem Straßenbau zugeteilt.

Schon am Tag nach der Ankunft wurden wir mit dem Lkw zu einem Zeltlager gebracht. Zu meinem Trupp gehörten ungefähr zehn Männer. Wir waren– wie man heute so sagt – eine „Multikulti"-Gruppe von Auswanderern, angefangen bei einem etwa 60-jährigen Schotten und ein paar Briten über einen Jugoslawen bis zu uns Österreichern. Ich war der Jüngste in der Gruppe.

Jeder von uns bekam ein Hauszelt mit der Grundfläche von rund 2 mal 3 Metern. Die Zeltstangen bestanden aus dicken Pfosten. Im Prinzip sah die Behausung aus wie ein Indianerzelt mit Flachdach. Die Innenausstattung des Zelts bestand aus einem simplen Eisenbett mit Decke sowie einem Regal aus rauen Brettern für unsere paar Habseligkeiten. Das war alles. Wir erhielten auch die minimalste Ausstattung an Koch- und Essgeschirr, die Nahrungsmittel mussten wir uns aber selbst besorgen. In der Mitte des Lagers befand sich die Kochstelle. Es handelte sich dabei um eine alte Benzintonne, die in zwei Hälften geteilt war. Oben waren in die kreisrunde Fläche einige Löcher gestanzt: Das war unsere Grillfläche. Der untere Teil hatte eine kleine Öffnung an der Seite, wo wir die Holzscheite einschieben konnten.

Da ich überhaupt nicht kochen konnte und sich auch unter den anderen kein Meister der Kochkunst fand, war der Speisezettel entsprechend abwechslungsreich: Entweder gab es „Steak mit Ei" und Salat oder wir bruzzelten „Ei mit Steak", wozu das obligate „Grünfutter" gereicht wurde. Aber diese kulinarische Eintönigkeit kümmerte uns nicht. Ich empfand das alles als höchst romantisch.

Die Beleuchtung der Anlage bestand aus antiquierten Kerosinlampen mit Docht, über die man heute höchstens schmunzeln kann. Diese Lampen lockten am Abend

Millionen von Insekten an. Unsere Körper waren bald über und über mit sich rot verfärbenden Einstichen bedeckt.

Die mir in der Schule seinerzeit vermittelten Englischkenntnisse konnten als „kaum vorhanden" eingestuft werden. Aber ich bemühte mich sehr, die englische Sprache zu erlernen, wobei sich der alte Schotte – wir nannten ihn „Mac" – rührend um mich kümmerte und mir den Slang seiner Heimat beibrachte. Das war zwar nicht hundertprozentig, was ich wollte, aber es genügte, um mich verständigen zu können.

Dieser Mac war ein rauer, man könnte sagen „handgeschnitzter" Typ mit einem goldenen Herzen. Abends am Lagerfeuer sang er mit uns Lieder aus den Highlands, voller Schwermut, aber auch voller Hoffnung für die Zukunft. Mac war auch kein Kostverächter, was den Alkohol betraf. Er füllte den Whisky – schelmisch lächelnd – immer nur „zwei Finger" hoch in das Glas, allerdings verwendete er dazu den Zeigefinger und den kleinen Finger, was das Quantum beträchtlich erhöhte.

Josef, jetzt nur noch „Joe", hatte sich noch in Perth eine Kamera gekauft und wir machten natürlich Fotos, die ich so schnell es ging, zu meinen Lieben nach Wien schickte. Mir gefiel mein neues Leben sehr und ich konnte meinen Gemütszustand als durchgehend als „happy" bezeichnen. Von meinem ersten Lohn kaufte ich mir gleich ein Radio – es hatte riesige Batterien – und in der Nacht gelang es mir sogar hin und wieder, einen Wiener Radiosender zu finden. So hörte ich – mir unvergessen – mitten in der Einsamkeit Australiens den Donauwalzer und Nachrichten von zu Hause. Beim Walzer kam mir natürlich mit ein wenig

Wehmut Evelyn in den Sinn. Als zum ersten Mal Weihnachten kam, wäre ich natürlich schon gerne zu Hause beim Lichterbaum gesessen, aber das waren nur kurze Momente.

Rückblickend muss ich sagen, dass ich während der gesamten vier Jahre, die ich bei meinem ersten Aufenthalt in Australien verbrachte, nie wirklich Heimweh hatte. Umgekehrt war es oft der Fall: An unzähligen Tagen im Gefängnis hatte ich in meiner Zelle ganz starkes Heimweh nach Australien. Und jedes Mal, wenn ich auf der Flucht war, wäre mein erstes Ziel dieser am weitesten von Österreich entfernte Kontinent gewesen. Sogar heute noch würde ich gerne wieder dorthin fahren.

Meinen ersten Weihnachtsurlaub unter glühender Sonne verbrachte ich in der Kleinstadt neben der Baustelle, wo es ein schönes Pub gab. Ich schloss dort viele Freundschaften. Wir vier Österreicher fuhren in die Stadt auf Urlaub, aber nur zwei von uns kehrten nach Neujahr ins Camp zurück – Joe, der Kärntner, und ich. Karl, der gelernter Bäcker war, sehnte sich nach seinem alten Beruf und in Perth war gerade eine Arbeitsstelle frei. Walter erfuhr von der besseren Bezahlung im unwirtlichen Norden und ging dorthin, um im Akkord zu schuften. Er wollte möglichst schnell seine Ersparnisse aufstocken.

Im Lager der Arbeiter hatten sie aufgrund des 2. Weltkriegs gewisse Probleme mit meinem Vornamen und nannten mich deshalb nur „Ed". Der Betrieb, bei dem ich beschäftigt war, hieß „Main Road" und es handelte sich dabei um die staatliche Straßenbaugesellschaft. Einige Monate später tauchte bei uns im Camp ein Mann aus der Zentrale auf. Er war gebürtiger Tscheche und Chemiker von Beruf. Seine

Aufgabe bestand darin, Bodenproben zu entnehmen, um sie zu analysieren. Aus irgendeinem Grund wählte er mich für diese wenigen Stunden, die er bei uns war, zum Gehilfen aus. Wir kamen ins Gespräch und er bot mir eine Stelle in der Zentrale an. Ich sagte zu.

Nicht dass ich im Camp unglücklich gewesen wäre, aber die schwere körperliche Arbeit mit Schaufel und Spitzhacke gegen eine angenehmere Tätigkeit tauschen zu können, das war schon sehr verlockend. In der Nähe der Firmenzentrale fand ich rasch ein Untermietzimmer im Häuschen einer polnischen Auswandererfamilie.

Im Mai 1955 kam endlich mein bester Freund Heinz nach Australien. Er hatte, weil er ja ein Jahr jünger war als ich, warten müssen, bis er alt genug war, und nun endlich die Überfahrt mit dem Schiff machen können. Er hatte seine Ankunft per Brief angekündigt und am Tag seiner Ankunft stand ich pünktlich am Pier von Perth. Nur, das Schiff kam nicht. Es hatte aufgrund eines technischen Gebrechens in Sri Lanka, dem damaligen Ceylon, Zwangsaufenthalt nehmen müssen und kam erst mit einer Woche Verspätung in Westaustralien an.

Als Heinz endlich da war, fuhren wir mit der Bahn zu meinem Wohnort. Ich hatte schon vorgesorgt und die polnische Gastfamilie – über einen weiteren Zusatzverdienst nicht unglücklich – nahm Heinz ebenfalls in ihrem Haus auf. Beim Arbeitsamt war man hocherfreut und Heinz konnte sofort bei der staatlichen Eisenbahngesellschaft beginnen, genauer gesagt, im sogenannten „Oberbau". Das heißt er schuftete – wie einst ich – mit Spitzhacke und Schaufel beim Bau von Gleisanlagen. Dazu muss ich anmerken, dass Heinz den Beruf des Feinmechanikers erlernt hatte, also schwere

Arbeit eher nicht gewöhnt war und sich oft über Blasen an den Händen und Schmerzen im Kreuz beschwerte. Auch die stechende Sonne, unter der er seine Tätigkeit verrichten musste, machte ihm zu schaffen. Aber der Job war gut bezahlt und es konnte sich ja jederzeit etwas anderes auftun!

Nun, es dauerte nicht lange und wir lernten zwei hübsche, junge Polinnen kennen. Hervorragend. Das Leben zeigte sich von seiner schönsten Seite. Ich hatte eine Freundin, war wieder mit meinem besten Freund zusammen, wir hatten beide eine annehmbar bezahlte Arbeit und viel Spaß.

Aber als junge Träumer wollten wir mehr. Wir wollten ein Auto, wir wollten Reisen und uns angenehme Dinge leisten können. Dazu reichte unser Einkommen definitiv nicht aus. Wie uns mittlerweile bekannt war, gab es oben im Norden wesentlich bessere Verdienstmöglichkeiten. Wir entschlossen uns deshalb zu einem Jobwechsel, ließen unsere Freundinnen zurück und flogen nach Darwin.

Etwa 40 Meilen außerhalb der Stadt fanden wir sofort Jobs bei einer englischen Firma, die dort – in einer wüstenähnlichen Gegend – im Akkord Betonrohre herstellte. Es war eine sehr gut bezahlte Arbeit – nur andererseits auch extrem hart: Staub, Hitze und Mücken. Diese Biester waren in der subtropischen Klimaregion des Nordens eine fürchterliche Plage. Wir mussten in einem primitiven Bretterverschlag schlafen und waren schon in der Früh vom Vortag so müde, dass wir uns kaum auf den Beinen halten konnten. Uns war klar, dass wir hier nicht lange durchhalten würden.

Aber es gab ja überall Mangel an Arbeitskräften. Also brachen wir auf und bekamen sofort neue Jobs angeboten, diesmal in einer Uranium-Mine, in der hunderte Menschen im Tagbau werkten. Auch die Unterkünfte – wenngleich es sich auch hier um simple Baracken handelte – waren wesentlich komfortabler. Als geradezu luxuriös empfanden wir, dass es dort eine Kantine gab, wir also nicht selbst kochen mussten. Ich arbeitete an einer Riesenmaschine mit Förderbändern, die „Crusher" genannt wurde. Zwei gewaltige Eisenbacken zertrümmerten die größeren Felsbrocken. Mit gigantischen Lkws – der Durchmesser der Reifen betrug mehr als zwei Meter – wurde pausenlos Rohmaterial angeliefert. Jeder Lkw brachte zwischen 15 und 20 Tonnen Gestein. Meine Aufgabe war es, diesen „Crusher" unablässig in Betrieb zu halten.

*

Nach einigen Monaten – ich hatte in der Zwischenzeit schon einen ansehnlichen Geldbetrag zusammengespart – sagten wir uns, dass diese Tätigkeit wohl auch nicht die „Zukunft" war, die wir uns erträumt hatten. Wir flogen zurück in den Süden und kauften uns ein gebrauchtes Auto. Aber da keiner von uns beiden auch nur die geringste Ahnung von so einem Vehikel hatte, erwarben wir eine „Leiche", wie man so schön auf Wienerisch sagt. Schon nach kurzer Zeit nannten wir unseren fahrbaren Untersatz nur noch die „Primadonna", weil andauernd technische Gebrechen auftraten. Ein überkochender Kühler war da noch das kleinste Problem.

Aber wir waren jung und voller Tatendrang. Jetzt wollten wir uns einmal unsere neue Heimat ansehen. Und als hormonell eher nicht verwöhnte Burschen, wollten wir wieder zu unseren polnischen Freundinnen. Mit dem Auto würden wir sicher gehörigen Eindruck schinden – dachten wir. Den Führerschein hatten wir mittlerweile auch „erworben".

Eine Lenkerberechtigung zu bekommen war in Australien damals unfassbar einfach. Ein Bekannter führte mich mit seinem Wagen einfach zur nächsten Polizeistation, dort füllte ich ein Formular aus, machte einen Sehtest und der Polizist stellte anschließend drei „Prüfungsfragen". Konkret ging es um die Kenntnis des Verkehrszeichens für Einbahnen und um das Stoppzeichen. Zum Abschluss fragte er noch, wie schnell man mit dem Auto in der Stadt fahren darf. Dann gingen wir zum Auto meines Freundes, der Polizist nahm auf dem Beifahrersitz Platz und ich musste um den Häuserblock fahren. Wieder im Büro steckte der Polizist einen grünen Zettel, auf dem mein Name stand, in eine Art Registrierkassa, das Gerät ratterte kurz und spuckte die „driving license" aus – ganz offiziell von „Western Australia". Ich bezahlte einen australischen Pfund und war ab diesem Augenblick Führerscheinbesitzer. So einfach kann es sein. Als gelernter Österreicher glaubte ich zu träumen ...

Als ich zum Auto meines Freundes ging, lächelte mir der Polizist zum Abschluss noch freundlich zu und sagte: „Jetzt kannst du schon selbst mit dem Auto nach Hause fahren. Good luck!"

Überhaupt war das Verhalten von Polizisten in „down under" ganz anders, als es bei uns war. Während bei uns der Uniformierte prinzipiell immer recht hatte, galt in Australien die landesweit übliche Einstellung, dem Bürger mindestens gleich stark zu glauben wie einem Polizisten, wobei den Aussagen der Zivilbevölkerung sogar oft mehr Gewicht beigemessen wurde als jenen der Uniformierten. Auch die bei uns verbreitete Strafzettelmentalität gab es nicht: Die „Bobbies" zückten nicht sofort den Schreibblock, sondern machten Falschparker zuerst darauf aufmerksam, wo das problemlose Abstellen des Fahrzeuges möglich war.

Unsere Affären mit den polnischen Mädchen waren zwar schön, aber der Ruf der Freiheit war stärker. Unsere finanziellen Ressourcen litten unter akuter Schwindsucht und bald wir waren wieder gezwungen, uns neue Jobs zu suchen. Die Mädchen baten uns zwar zu bleiben, aber uns hier „verhaften" zu lassen, das kam nicht in Frage. Wir verkauften die „Primadonna", also unser launenhaftes Auto, und stiegen in das nächste Flugzeug. Wir fanden sofort wieder eine zwar anstrengende, aber gut bezahlte Arbeit in einer entlegenen Gegend, reisten dann weiter in einen anderen Landesteil Australiens und diese Geschichte wiederholte sich mehrmals. So lernten wir das weite Land recht gut kennen.

Was uns jetzt aber noch auf der persönlichen Landkarte fehlte, war das Landesinnere von Australien, das „Red Center". Natürlich wollten wir auch den Ayers Rock einmal mit eigenen Augen gesehen haben. Also kauften wir uns einen alten Jeep und heuerten einen Einheimischen – einen Aborigine – als Führer an, um eine Expedition in die Wüste in Angriff zu nehmen. An die enormen Distanzen, die wir mit dem Auto zurückzulegen hatten, waren wir inzwischen gewöhnt. Ich erinnere mich etwa an eine Baustelle, die rund 200 Meilen vom nächsten Kino entfernt war. Aber solche Entfernungen schreckten niemanden ab, und wenn es nur darum ging, sich einen Film anzusehen.

Selbstverständlich hatten wir auch Gewehre mit, die es ja problemlos zu kaufen gab. Frischfleisch war im Busch keine Mangelware, weil es Kängurus in derartiger Menge gab, dass die Regierung sogar eigens Jäger angestellt hatte, deren Aufgabe ausschließlich darin bestand, diese abzuschießen. Die Kängurujagd fand meist in der Nacht statt. Die Jeeps der Jäger verfügten über groß Scheinwerfer, mit denen sie die Tiere blendeten, die daraufhin still standen und so leicht abgeschossen werden konnten. Der Jäger musste den erlegten Tieren dann nur noch die Ohren abschneiden und bekam für jedes Paar Ohren fünf australische Pfund Prämie. Wir nannten sie nur noch die „Ohrenjäger".

Mit unserem Führer waren wir bei glühender Hitze in vegetationslosen Wüsten unterwegs, der Mann brachte uns erstaunlicherweise aber immer wieder zu kleinen Oasen. Die dort in Tümpeln hausenden Krokodile waren äußerst angriffslustig. Ich war fasziniert und glücklich. Diese unendliche Weite, für mich auch Sinnbild unendlicher Freiheit, begeisterte mich.

Und dann trat etwas ein, was wir insgeheim schon befürchtet hatten: Unser Jeep brach zusammen. Mitten in der Wüste, unendlich weit von jeder Siedlung entfernt, erlitt das altersschwache Ding einen tödlichen „Motorinfarkt". Wir hatten zwar einige gut gefüllte Wasserbeutel mit, der Vorrat reichte unserer Einschätzung nach aber nur für maximal zwei Tage.

Wir hatten nichts, um uns irgendwo melden zu können, kein Walkie-Talkie, kein Funkgerät. Unsere einzige Hoffnung, wieder ungeschoren aus dieser Gluthölle herauszukommen, war der Aborigine. Wir konnten uns nur auf ihn verlassen. Wir schnappten unsere paar Habseligkeiten und folgten dem Eingeborenen, der emotionslos einfach in den Busch hinauslief. Er ging immer voran und wir folgten ihm, ohne zu wissen, wohin die Reise ging.

Als unsere Reserven schließlich leer waren und wir keinen Tropfen mehr zu trinken hatten, wurde ich aber doch etwas unruhig und ich schloss langsam mit meinem Leben ab.

Unser Führer stapfte immer noch voran. Auf einmal – es gab keinerlei Anzeichen für irgendeine Besonderheit in dieser unendlich weiten Wüste – begann der Aborigine mit seinem Stock aus Hartholz, den er immer bei sich trug, in der trockenen Erde zu stochern und zu graben. Er forderte uns auf, ihm zu helfen. Wir gruben ein Loch von etwa einem halben Meter Tiefe. Dann setzte sich der dunkelhäutige Mann stoisch ruhig an den Rand der Grube.

Er saß nur dort und sagte nichts, also sah ich mich gezwungen zu fragen: „What now?"

„Relax", antwortete er kurz und lächelte. Also setzten wir uns neben ihn, ohne zu verstehen, was er vorhatte. Da Zeit ja nicht unbedingt eine große Rolle spielte, warteten wir. Und warteten. Ich weiß nicht, wie lange es gedauert hat, bis das spärlich einsickernde Wasser am Boden unseres Lochs zuerst die Erde dunkel färbte und schließlich einen kleinen Tümpel bildete. Es kam letztlich genügend Wasser, um unsere Beutel wieder bis an den Rand zu füllen. Der Aborigine brachte uns schließlich zu einer Ansiedlung von Eingeborenen nahe dem Ayers Rock.

Dieses Erlebnis hat sicherlich auch dazu beigetragen, dass ich in meinem Leben nie die Hoffnung aufgab, egal wie verfahren die Situation auch war. Es gab immer eine Lösung.

Der Ayers Rock oder Uluru, wie ihn die Aborigines nennen, ist für die Ureinwohner Australiens bekanntlich heilig und ein Ort der Spiritualität. Damals waren wir dort die einzigen Weißen und wir verbrachten eine sehr interessante Zeit bei den Ureinwohnern, die uns freundlich aufnahmen. Sie erzählten uns viel über ihre Lebensgewohnheiten, vor allem aber über ihre spirituelle Sicht und den Sinn des Lebens. Sie hatten einen völlig anderen Zugang zur sie umgebenden Natur als wir und auch ihre Einstellung zum Leben war ganz anders.

Man könnte sagen, dass ich hier im australischen Outback meinen ersten Kontakt mit Philosophie hatte …

Auf der Ladefläche eines Lkws fuhren wir einige Zeit später in Richtung Süden und gelangten wieder in „zivilisiertere" Gegenden, wo wir Jobs finden wollten. In Adelaide war unsere Suche nach Arbeit zum ersten Mal nicht erfolgreich, aber wir hörten von sehr guten Verdienstmöglichkeiten in einer Mine, die sich in Queensland befand. Also nichts wie hin!

Bevor wir in den Norden reisten, sahen wir uns noch Melbourne und Sydney an, wo es uns aber in Aussicht auf die lukrative Arbeit in Queensland nicht länger hielt. In der Mine bekamen wir dann tatsächlich sofort Arbeit und verdienten ziemlich viel Geld. Wir beschlossen, so lange zu bleiben, bis wir unsere Reisekasse wieder gefüllt hatten, und dann: Auf zu neuen Abenteuern!

Der Kontakt zu unseren polnischen Freundinnen war in all der Zeit nie abgerissen und sie schrieben uns schmachtende Briefe, dass wir endlich wieder kommen sollten. Als wir in der Mine genug Geld zusammengespart hatten, brachen wir also unsere Zelte ab, flogen nach Perth und fuhren von dort aus zu den Mädchen. Heinz und eines von ihnen vertieften ihre Beziehung, in meinem Fall klappte es mit der Schwester eher weniger gut.

Bei einer Tanzveranstaltung lernte ich ein aus Albanien geflüchtetes Mädchen kennen und wir zogen zusammen. Doch schon bald litt ich enorm unter ihrer Eifersucht und ihrem Wunsch, sie doch endlich zu heiraten. Sie wollte mich „für ewig" an sich binden. Das war genau das Gegenteil meiner Intentionen, der ich die Freiheit genoss.

Heinz heiratete seine Lola – so hieß sein Mädchen, wenn ich mich richtig erinnere – , während für mich schon allein der Gedanke an eine Ehe mit meiner krankhaft eifersüchtigen Freundin der reine Albtraum war.

Da zeigte sich jenes Verhaltensmuster, das in meinem späteren Leben dann so fatale Folgen haben sollte: Ich brach aus! Fluchtartig verließ ich meine Freundin und verschwand.

*

Inzwischen war ich schon vier Jahre in Australien und die Briefe meiner Schwester wurden immer eindringlicher. Meiner Mutter ginge es bereits sehr schlecht und sie hätte den dringenden Wunsch, mich noch einmal zu sehen. Auch mein Vater würde sich über meinen Besuch in der Heimat sehr freuen.

Ich fühlte mich wie der „Zerrissene". Sollte ich nach Hause zurückkehren? Einmal Ja, dann wieder Nein. Zwei Mal buchte ich Schiffspassagen nach Europa, stornierte die Tickets dann aber wieder und nahm erneut Jobs an ... Die Situation war unerträglich. Einerseits hatte ich ein so gutes Leben hier in Australien und war glücklich, andererseits sehnte ich mich auch wieder nach den Lieben daheim. In einem der Briefe schrieb meine Schwester, dass ich wenigstens noch einmal auf Besuch nach Wien kommen sollte. Also buchte ich zum dritten Mal eine Schiffspassage.

Als der Dampfer ablegte, stand ich an der Reling und blickte zurück auf das australische Festland. Fast liefen mir die Tränen über die Wangen. Zum ersten Mal hatte ich Heimweh – nicht nach Wien, sondern zurück nach Australien. Am liebsten wäre ich ins Wasser gesprungen und zurück geschwommen.

In Sizilien, genauer gesagt in Messina, legte das Schiff an. Ich jubelte, nach der mehrwöchigen Fahrt von Bord gehen zu können und wieder festen Boden unter den Füßen zu haben, obwohl ich die Überfahrt mit einem rückblickenden

Lächeln – um es vorsichtig auszudrücken – als „ziemlich interessant" bezeichnen konnte. Ich hatte eine Gruppe junger Menschen kennengelernt, darunter natürlich auch einige attraktive Mädchen verschiedenster Nationalitäten, die ich salopp formuliert, als äußerst lebenslustig bezeichnen würde.

Mit dem Zug fuhren wir nach Neapel und besuchten dort Pompej und die Gegend um den Vesuv. Zuvor hatte ich mir leichtsinnigerweise elegante italienische Schuhe gekauft, aber nach der Wanderung um den Vesuv konnte ich sie nur noch entsorgen. In Rom hatte ich dann auch noch eine wunderbare, erotische Nacht mit einem der Mädchen vom Schiff, hier trennten sich aber unsere Wege. Auf dem Bahnhof gab es einen tränenreichen Abschied und selbstverständlich tauschten wir die Adressen aus. Aber wir sahen uns nie mehr wieder.

1958, knapp vor den Weihnachtsfeiertagen, holte mich meine Familie am Südbahnhof ab. Es war ein berührendes Wiedersehen – nur die Kälte des europäischen Winters machte mir zu schaffen. Ich musste daheim natürlich an vielen Abenden von meinen Erlebnissen in Australien erzählen und gestehe, dass ich dabei immer stärkere Sehnsucht empfand, dorthin zurückzukehren. Die Sonne Australiens fehlte mir vom ersten Augenblick an.

Meine Schwester hatte ihre Arbeit als Schneiderin aufgegeben und arbeitete nun bei der Wiener Straßenbahn als Schaffnerin. Zu Silvester wurden wir von einem Freund zu einer Party mit einem „blind date" für mich eingeladen. So zumindest würde man es heute nennen. Damals hieß es, dass der Freund mit zwei Mädels auf die Party ging und ich ihnen Gesellschaft leisten sollte. Ich war nicht gerade erbaut darüber, dass mir das „Beiwagerl" zugedacht wurde, war in Gedanken aber ohnehin nur damit beschäftigt, wie ich es meiner Familie am schonungsvollsten beibringen konnte, dass ich eigentlich viel lieber schon wieder in Australien wäre. Um ein Wiedereinreisevisum, das jetzt ein halbes Jahr gültig war und mir eine jederzeitige Rückkehr nach Australien ermöglichte, hatte ich mich in kluger Voraussicht ja schon bei der Ausreise gekümmert.

Aber das Schicksal wollte es anders, denn an genau diesem Abend lernte ich meine zukünftige Frau, die Mutter meiner Tochter, kennen. Ich weiß noch, als ob es gerade geschehen wäre, was mein Freund sagte, als diese wunderhübsche, schwarzhaarige Frau zu uns ins Auto stieg und mein Atem beinahe stehen blieb, als ich sie sah.

„Na, du Trottel, was sagt jetzt?", fragte der verbal vielleicht etwas ungeschickte junge Mann am Volant

Ich sagte nichts. Ich war augenblicklich verliebt. Aber bis Mitternacht – also bis zum Moment, als die „Pummerin", die große Glocke des Stephansdoms, das neue Jahr einläutete, war ich mit dem Mädchen, Gerti, noch per „Sie". Das änderte sich, als wir am fortgeschrittenen Abend bzw. beginnenden Morgen nur noch Wange an Wange tanzten. Eine gewisse Dramatik kam auf, als sich auch das andere Mädchen sehr direkt für mich interessierte, was unseren Freund recht unfroh machte. Als wir die Mädchen am frühen Morgen heimbrachten, flüsterte mir Gerti ganz unzweideutig ins Ohr, dass ihre Ziehmutter nicht zu Hause sei und sie sozusagen über eine sturmfreie Bude verfügte. Nun, um es kurz zu machen, gar so „sturmfrei" war die Bude letztlich nicht, denn es entbrannte dort innerhalb kürzester Zeit ein hormoneller Orkan. Für mich gab es auf einmal einen Grund, doch noch länger in Wien zu bleiben.

Knapp nach Jahreswechsel, im Jänner 1959, begann ich mit der Arbeitssuche. Meine Ersparnisse gingen zur Neige und von irgendetwas musste ich ja leben. Den Eltern und der Schwester auf der Tasche zu hängen, war undenkbar. Ich entdeckte ein Inserat in der Zeitung, wonach die damals noch aktive Großhandelskette „Elektrohansa" Verkäufer auf Provisionsbasis suchte.

Hier muss ich einfügen, dass ich bis heute nicht an den Zufall glaube. Alles was sich in unserem Leben ereignet, hat – wie ich heute mehr denn je glaube – irgendeinen Sinn.

Bei meinem Vorstellungsgespräch mit den Firmeninhabern stellte sich heraus, dass sie sehr gut mit einem jener jungen Männer befreundet waren, der mit mir seinerzeit nach Australien ausgewandert war. Kurzum, ich bekam den Job und konnte sofort mit der Arbeit beginnen. Ich erhielt ein geringes Fixum und den Rest musste ich mir durch Provisionen verdienen.

Ich verkaufte massenhaft Kühlschränke, Waschmaschinen und andere Geräte. Über meinen Verdienst konnte ich mich wirklich nicht beklagen, ich war ziemlich gut bei meiner Tätigkeit als Verkäufer.

Andererseits war ich auch ziemlich gut als „Hallodri", wie man so sagt. Ich traf mich gerne mit anderen Menschen, vorzugsweise Frauen, obwohl ich eigentlich schon mit Gerti fix liiert war. Diese Beziehung bekam allerdings einen leichten Knacks, als Gertis Mutter aus dem Spital zurück kam, also die Zeit der „sturmfreien Bude" vorbei war. Im Prinzip war das kein Problem, denn Gerti war Sekretärin des Zentralbetriebsrats bei der Reifenfirma „Semperit", die praktisch um die Ecke der „Elektrohansa" lag. Dadurch war es noch einfacher, sich regelmäßig zu treffen. Ich aber war – natürlich insgeheim – noch immer einem gewissen

Freiheitsdrang verhaftet. Gerti hingegen wollte möglichst effizient und rasch ein Nest bauen. Die „Heiratsschlinge" zog sich immer enger.

Gerti verschaffte uns über ihre Stellung und Beziehungen – schon wieder das obligate „Vitamin B" – einen Termin im Rathaus, wo wir um eine Wohnung ansuchten. Der schon etwas ältere Magistratsbeamte lächelte, als sich Gerti in seinem Büro setzte, und meinte: „Na, ich denke, da wird es bald einen Bampaletsch, also ein Baby, geben. Da gebe ich euch lieber gleich eine größere Gemeindewohnung." Wir akzeptierten die uns offerierte Wohnung sofort, obwohl sie erst renoviert werden musste. Aber das war uns egal und wir zogen zusammen. Die Wohnung wurde übrigens, wie damals üblich, auf meinen Namen in das Register eingetragen. Ich war ja schließlich der „Herr im Haus".

Anfang 1960 wurde Gerti tatsächlich schwanger. Soziale Unterstützungen, wie sie heutzutage gang und gäbe sind, existierten damals nicht und Gertis Mutter trat hauptsächlich durch ihre Hypochondrie in Erscheinung, war uns aber keine Hilfe. auch von meiner Familie war finanziell keine Unterstützung zu erwarten. Ich machte mir nichts daraus, schließlich verdiente ich gut. Gerti bekam von Semperit eine großzügige Abfindung und blieb zu Hause beim Baby.

Schließlich konnten wir uns sogar unser erstes Auto leisten, einen Puch 500. Mit diesem winzigen Auto – wir nannten das Vehikel „Dodo" – quälten wir uns sogar bis nach Italien. Gerti war schon öfter an der Adria gewesen und hatte immer wieder davon geschwärmt, vom schönen Strand und so weiter, und so war ich mit dem Urlaub einverstanden. Für mich war es eine herbe Enttäuschung: unzählige Sonnenschirme, in Reih und Glied aufgestellt, und dazwischen, wie die Ölsardinen eingequetscht, massenhaft Deutsche und

Österreicher. Diese 14 Tage Urlaub waren eine echte Qual. Für mich war es der erste und letzte Urlaub in dieser Region. Ich bekam augenblicklich Heimweh nach Australien, der unendlichen Weite dort und den unberührten Stränden ...

Bis Dezember 1960 verlief unser Leben in geregelten Bahnen. Wir lebten das typische „Wirtschaftswunder" der Nachkriegszeit. Dem Puch 500, den ich bei einem Unfall geschrottet hatte, folgte ein Ford Anglia, ein etwas größeres Familienauto als Zeichen des sozialen Aufstiegs. Doch dann begannen – wie ein Blitz aus heiterem Himmel – jene Probleme, die mein Leben so nachhaltig verändern sollten.

Eines Tages erhielt ich in der Firma einen Anruf, dass Gerti verhaftet und in Untersuchungshaft genommen worden war. Während sie ins Sicherheitsbüro abgeführt wurde, war meine drei Monate alte Tochter von den Polizisten zu meinen Eltern gebracht worden.

Natürlich nahm ich mir sofort frei und fuhr so schnell wie möglich zum Sicherheitsbüro, weil ich mir beim besten Willen nicht vorstellen konnte, dass Gerti irgendetwas verbrochen hatte. Die Polizisten verweigerten mir aber jede Auskunft, da wir ja nicht verheiratet waren. Erst zwei Tage später – im Landesgericht – konnte ich Gerti sehen und mit ihr reden. Sie war nur noch ein Häufchen Elend und berichtete mit tränenerstickter Stimme, dass sie beschuldigt wurde, ihre Stelle als Sekretärin missbraucht zu haben, um große Beträge zu veruntreuen.

Ich kratzte meine gesamten Ersparnisse zusammen und auch die Familie steuerte Geld bei, um einen der besten Anwälte Wiens zu engagieren. Damals lag das monatliche Durchschnittseinkommen eines Angestellten bei etwa

1 500 Schilling und der renommierte Anwalt verlangte schon als Einstiegshonorar 15 000 Schilling. Mir war das egal, ich liebte Gerti und ich wollte sie so schnell wie möglich aus dieser Lage herauspauken. Aber erst im Februar kam Gerti auf Gelöbnis bis zur Verhandlung frei.

In langen Gesprächen konnten wir schließlich die Vorgänge rekonstruieren. Der Herr Zentralbetriebsrat, ein freundlicher, aber bedauerlicherweise sehr schlampiger Mensch, hatte immer wieder Geld aus der Kassa genommen, wenn Ausgaben zu tätigen waren. Manchmal unterschrieb er die Belege, aber häufig bat er seine Sekretärin, also Gerti, die Zettel zu unterzeichnen. Das ging jahrelang so. Bei einer Revision wurde festgestellt, dass rund 80 000 Schilling fehlten. Der Herr Zentralbetriebsrat fühlte sich über jeden Verdacht erhaben und so suchte man sich das schwächste Opfer aus, frei nach dem Motto „Den Letzten beißen die Hunde."

Gerti machte eine Aussage vor dem Untersuchungsrichter und erklärte, was sich da beim lockeren Umgang mit Geld tatsächlich abgespielt hatte. Darauf reagierte der Zentralbetriebsrat mit einer Verleumdungsklage, die noch während der U-Haft zur Verhandlung gebracht wurde. Unser teurer Anwalt fuhr in einer Limousine mit Chauffeur bei Gericht vor und konnte sie souverän herausboxen. Gerti bekam einen Freispruch. Zur Gerichtsverhandlung wegen der Veruntreuung, die wenige Monate später stattfand, kam jedoch nicht der von uns für so viel Geld angeheuerte Anwalt sondern ein vom ihm abgestellter Vertreter. Erst später kam ich dahinter, was sich da im Vorfeld abgespielt hatte. Die Konzernleitung hatte durch den Freispruch Gertis im ersten Verfahren mitbekommen, dass es nicht gut für ihren Zentralbetriebsrat aussah. Eine Verurteilung des Mannes wäre für den Konzern äußerst blamabel gewesen, also beeinflusste man unseren Anwalt, die Sache nicht höchstpersönlich zu erledigen und zu einem für den Betrieb guten Ende kommen zu lassen.

Die Verhandlung war eine Farce: Der eigentlich Schuldige wurde freigesprochen und Gerti, die ihre Unschuld wirklich glaubwürdig beteuerte, wurde vorgeworfen, dass sie beharrlich leugnete. Beweise für ihre Schuld gab es keine. Dennoch wurde sie verurteilt und bekam eine unbedingte Haftstrafe von 18 Monaten. Da erfuhr ich zum ersten Mal, dass „Recht haben" nicht unbedingt gleichbedeutend mit „Recht bekommen" ist.

Ich musste wohl oder übel, da ich ja den ganzen Tag über arbeiten ging, einen Pflegeplatz für unsere Tochter suchen. Gertis Mutter weigerte sich überhaupt, auf das Kind aufzupassen, und meine Eltern konnten aufgrund ihres hohen Alters nicht ständig parat stehen. Wir fanden einen Pflegeplatz in Neuwaldegg, wo die Kinder von Klosterschwestern betreut wurden.

An meiner Arbeitsstelle bekam ich Probleme, als die Kollegen von der Verhaftung meiner Lebensgefährtin erfuhren. Heute würde man so etwas „Mobbing" nennen. Als es mir zuviel wurde, kündigte ich und fand sehr schnell eine neue Arbeit als sogenannter Reisender, also als Vertreter, bei der Waschmittelfirma „Persil". Ich hatte ja, passenderweise, noch immer eine weiße Weste. Insgesamt betreute ich so um die 600 Kunden.

Während Gerti ihre Haftstrafe in der Anstalt Schwarzau verbüßte, fuhr ich am Wochenende einmal mit meinen Eltern nach Neuwaldegg, um unsere Tochter zu besuchen. Wie sich herausstellte, waren die Zustände dort ein Albtraum: Mein Kind, das bereits gehen konnte, als wir es hinbrachten, lag verwahrlost in einem Gitterbett und hatte in der Zwischenzeit sogar das Gehen wieder verlernt. Beim Abschied klammerte sich das kleine Wesen mit aller Kraft an mich – mir brach fast das Herz. Aber, obwohl ich der Vater war, durfte ich über nichts entscheiden, was mit dem Kind zu tun hatte. Ich war ja nicht mit Gerti verheiratet.

Doch so konnte es nicht weitergehen. Schon am Tag nach dem Besuch, bei dem auch meine Eltern dieses „Pflegeheim" gesehen hatten, entschied mein Vater, die kleine Gabriele zu sich zu holen. Für meine Eltern war das natürlich eine enorme Belastung und ich konnte nicht viel zu ihrer Hilfe beitragen, weil ich als Vertreter permanent unterwegs war. Die finanzielle Belastung erforderte, dass ich sogar Überstunden machen musste. Ich hatte ja das Honorar des Staranwalts, der uns so schmählich im Stich gelassen hatte, zurückzuzahlen.

In dieser unglücklichen Phase lernte ich ein junges Mädchen kennen, freute mich über ein offenes Ohr und klagte mein Leid. Und diese Frau hatte dann eine Idee: Sie erzählte mir von ihren Eltern, die bei Kapfenberg lebten und Kinder liebten. Wir fuhren zu ihnen und sie waren sofort damit einverstanden, Gabriele bei sich aufzunehmen.

Ich war glücklich. Meine Eltern waren entlastet und das Kind war versorgt. So ging einige Zeit lang alles ganz gut, doch dann wurde meine neue Freundin schwanger.

Mir wuchs mir alles über den Kopf: eine Frau im Gefängnis, ihr Kind bei Pflegeeltern, die neue Freundin schwanger und das nächste Kind unterwegs. Ich war verzweifelt und überlegte, was ich denn tun konnte, um dieser Misere zu entgehen.

Da schlug mein altes Verhaltensmuster erneut durch: Ich brach wieder einmal aus und rannte davon!

Ich wollte zurück nach Australien, denn dort konnte ich wesentlich mehr verdienen – schließlich musste ich nun für zwei Kinder den Unterhalt bezahlen. Ein Wiedereinreisevisum hatte ich mir schon besorgt und ich vereinbarte mit meiner Schwester, dass ich ihr monatlich Geld überweisen würde und sie die finanziellen Dinge hier für mich regeln sollte. Den Kontakt zur Mutter meines zweiten Kindes ließ ich im Laufe der Zeit abreißen und ich habe mein zweites Kind nie kennengelernt. Heute schäme ich mich dafür, wie ich mich damals verhalten habe.

Und so wanderte ich im Jahre 1962 erneut aus. Ich schiffte mich in Genua ein und in Ausralien angekommen führte mich der erste Weg zu meinem Freund Heinz. Der war mittlerweile bereits Familienvater und hatte sich schon ein kleines Unternehmen aufgebaut. Er bot mir an, dass ich in seine Firma einsteigen könnte, doch ich entschied mich anders. Ich reiste nach Melbourne und fand dort eine gut entlohnte Arbeit.

Mit meiner Schwester hielt ich ständigen Kontakt und so erfuhr ich, natürlich mit etwas Verzögerung, dass Gerti aus der Haft entlassen worden war und unsere Tochter nun wieder bei ihr lebte. Unsere gemeinsame Wohnung hatte ich behalten und bezahlte auch regelmäßig die Miete. Gerti bat mich, ihr die Wohnung zu überschreiben, damit sie dort offiziell einziehen konnte. Ich war selbstverständlich einverstanden. Gewissensbisse fingen an, in mir zu nagen, und irgendwann hielt ich es einfach nicht mehr aus. Ich entschloss mich zur Rückkehr nach Österreich – diesmal allerdings auf einer anderen Route als beim ersten Mal. Über Neuseeland, die Fidschi-Inseln, Tahiti und durch den Panamakanal fuhr ich mit dem Schiff nach Miami. Dort ging ich von Bord, um meine Verwandten, die vor Jahren in die USA ausgewandert waren, zu besuchen. Mit dem Greyhound-Bus fuhr ich nach Cleveland, machte einen Zwischenstopp in New York, da ich unbedingt die Freiheitsstatue und den Broadway sehen wollte. In Ohio blieb ich drei Monate bei der Schwester meiner Mutter und fuhr dann mit dem Schiff zurück nach Europa. In England schaute ich mir London an und die Weiterreise nach Österreich gestaltete ich so, dass ich auch Paris besuchte. Dort lernte ich einen ehemaligen Fremdenlegionär kennen, der darauf bestand, dass ich mit ihm das bekannte Rotlicht-Viertel besuchte.

Na, warum nicht ... wenn ich schon einmal da war?

*

Zurück in Wien, normalisierte sich mein Leben rasch. Ich ging mit Gerti, die mittlerweile wieder eine Stelle als Sekretärin gefunden hatte, erneut eine Lebensgemeinschaft ein, vor allem auch, weil wir ja ein gemeinsames Kind hatten. Als Vertreter fand ich eine schöne Arbeit beim Konzern 3M und alles schien wieder gut zu werden.

1964 haben Gerti und ich geheiratet. Nun waren wir wirklich eine kleine Familie und ich wollte alles tun, damit dies auch so bleibt. Immer wieder begleitete ich meine Tochter zu einer Kinder-Theater-Gruppe. Dort lernte ich übrigens Helmut Frodl kennen, der ungefähr im gleichen Alter war, wie meine Tochter. Viele Jahre später sollte ich ihn im Gefängnis wieder treffen. Meine Tochter und auch die anderen Kinder dieser Theatergruppe wurden häufig für diverse Inszenierungen gebucht. So trat mein Kind sogar in einer kleinen Nebenrolle im Burgtheater auf. Für mich als Vater eine erhebende Sache, im Publikum zu sitzen und das eigene Kind auf der Bühne zu sehen.

Meine Arbeit als Vertreter bei 3M war ziemlich mühsam, weil die Produkte des Konzerns für Österreich einfach zu teuer waren. Aber ich traf bei meiner Tätigkeit zufällig einen früheren Kollegen, der mir einen Job bei Mautner-Markhof offerierte, wodurch ich mein Verdienst um etwa ein Drittel steigern konnte. 1965 starb die Mutter meiner Frau, die sich dann letztlich doch auch um unser Kind gekümmert hatte.

Jetzt stellte sich die Frage, was wir tun sollten. Ich machte Gerti den Vorschlag, als Hausfrau daheim zu bleiben, da ich ja gut verdiente. Wir waren nun – wie man so sagt – eine solide Durchschnittsfamilie.

Rückblickend kann ich nur sagen, dass ich mich damals bis auf eine gewisse Leichtfüßigkeit und den Drang, Reißaus zu nehmen, wenn es um die persönliche Freiheit ging, nicht bemerkenswert von meinen Mitmenschen unterschied. Ich war ein Kind meiner Zeit. Ich genoss den wirtschaftlichen Aufschwung und die Perspektiven, die das Leben mir nach einer Kindheit im Krieg bot.

Doch nun sollten Schicksalsschläge folgen, die mich schlussendlich auf die schiefe Bahn brachten, meine Familie zerstörten und schließlich mein Leben beinahe ruinierten. Die Spirale nach unten begann sich zu drehen ...

***

Auf der schiefen Bahn
Wie alles begann

Wie wird man eigentlich zum Kriminellen? Ich teile diesbezüglich nur bedingt die Meinung des momentanen Anstaltsleiters von Stein, Christian Timm, der 2011 in einem Interview gesagt hat, dass einem so etwas „in die Wiege" gelegt wird.

Aber ich bin mit ihm einer Meinung, dass der Mensch zwar prinzipiell frei ist, für sich Entscheidungen zu treffen, seine Möglichkeiten aber durch jene Lebensumstände eingeschränkt sind, in die er hineingeboren wurde.

Ich hatte nun, es war 1966, zwar ein wesentlich besseres Einkommen als zuvor, nur kam ich mit dem Verkaufsleiter bei Mautner-Markhof nicht aus. Wir waren einander vom ersten Augenblick an herzlich unsympathisch. Ich erlebte diesen Chef als arroganten Großkotz, er war sozusagen „a pain in the arse", wie wir in Australien zu sagen pflegten.

Dass ich in meiner Eigenschaft als Vertreter vorwiegend im Raum Salzburg zu tun hatte und den Verkaufsleiter entsprechend selten sah, war mir also sehr angenehm. Auch dass ich hauptsächlich Bäckereien zu besuchen hatte, kam mir als Morgenmenschen sehr entgegen. So bis 10, höchstens 11 Uhr am Vormittag war der Job in der Hauptsache erledigt, denn dann gingen die Bäcker schlafen, weil sie ja seit Mitternacht arbeiteten. Ich musste also recht zeitig dort sein, um meine Waren anzubieten, hatte aber ab spätestens Mittag ein eher beschauliches Leben. Damals hatte ich offiziell eine Fünftagewoche, aber es war unter uns Vertretern durchaus üblich, das Arbeitspensum binnen vier Tagen zu erledigen und dann dafür einen Tag blauzumachen. Der Firma erwuchs dadurch kein Schaden, ganz im Gegenteil, die Umsatzzahlen entwickelten sich äußerst erfreulich. Ich bot keinen Grund zur Klage ...

Als ich einige Zeit später mit meiner Frau im firmeneigenen Schwimmbad war, trafen wir dort zufällig den Herrn Verkaufsleiter. Ich bemerkte sofort, dass Gerti sein Typ war, und er umschmeichelte sie auf eine Art, die ich kurzerhand als „schleimig" bezeichnen würde. Nur: Von dem Tag an wurde die Zusammenarbeit mit ihm noch schwieriger.

Eines Tages ereignete sich ein bezeichnender Vorfall am Semmering: Er war mir in die Steiermark nachgefahren, wo ich Gasthäuser wegen eines Eisprodukts besuchen musste. Auf einem Parkplatz stellte er mich zur Rede, weil ich angeblich viel zu spät unterwegs war.

„Herr Schandl, am liebsten würde ich Ihnen hier und jetzt sofort die Schlüssel des Dienstautos wegnehmen, Sie sind ja vollkommen unfähig", brüllte er. Ich ließ ihn einige Minuten lang toben und hielt ihm dann wortlos den Schlüsselbund vors Gesicht. Der Verkaufsleiter bekam einen hochroten Kopf, zuckte mit den Schultern und verschwand.

Als ich am Abend nach Wien zurückkam, erzählte mir meine Frau, dass sie am Nachmittag Besuch von diesem „feinen" Herrn hatte und er ihr dabei unmissverständlich zu verstehen gegeben hatte, dass sie ihn interessierte und er ein Verhältnis mit ihr eingehen wollte. Gerti wies ihn schroff zurück und setzte ihn kurzerhand vor die Tür.

Das dürfte dem Ego des Mannes einen kleinen Knacks gegeben haben. Nach dem Wochenende rief mich der „Abgewiesene" zu sich ins Büro und bellte mir entgegen, dass ich fristlos entlassen sei. Als Grund gab er an, dass ich eigenmächtig meine Arbeitswoche verkürzt hatte. Er war sich nicht zu blöd gewesen, bei sämtlichen Betrieben, die ich besucht hatte, anzurufen und nachzufragen, wann ich dort gewesen war. Aus dem Ergebnis seiner „Umfrage" konstruierte er den Entlassungsgrund. Allerdings ignorierte er dabei völlig die positiven Umsatzzahlen, die ich wöchentlich ablieferte und die meinen Rauswurf keinesfalls gerechtfertigt hätten. Aber darum ging es ihm ja gar nicht, er suchte nur nach einem Vorwand, um mich loszuwerden

Ich sagte kein Wort, knallte ihm die Autoschlüssel auf den Schreibtisch und ging.

Das war's dann.

Eine neue Stelle als Vertreter zu finden, war nicht schwierig. Problematisch wurden nur die Ratenrückzahlungen für die laufenden Kredite, denn ich verdiente plötzlich nur mehr rund die Hälfte dessen, was ich vorher Monat für Monat nach Hause gebracht hatte.

Meinem familiären Glück nicht gerade zuträglich war zu dieser Zeit auch, dass ich meinerseits eine intensive Affäre mit einem 17-jährigen, rothaarigen Mädchen begann. Das lag mir einfach im Blut, ich konnte nicht anders. Frauen waren meine Schwachstelle!

Ich wollte diese Beziehung zu Alexandra, so hieß das Mädchen, auch recht bald wieder beenden, aber dazu gehören bekanntlich zwei. Alexandra ignorierte jeden diesbezüglichen Versuch und natürlich war ich auch geschmeichelt, eine so junge und schöne Freundin zu haben. Jedesmal, wenn ich ihr auf gut Wienerisch den „Weisel" geben wollte, jammerte sie, wie sehr sie mich liebte, wie sehr sie mich brauchte und so weiter und so fort, wir hatten Sex und ich blieb …

Eine junge Freundin kostet Geld und so wurde meine finanzielle Situation immer schlimmer. Naiv, wie ich war, dachte ich, dass ich beim Glücksspiel im Casino „dazuverdienen" könnte.

*

Sehr schnell musste ich merken, dass es im Casino immer nur einen wirklichen Gewinner gab – den Betreiber. So kam es, wie es kommen musste. Ich verlor mein Geld beim Spiel, meine Situation wurde immer prekärer. Noch hatte Gerti nichts von meinem Seitensprung mitbekommen, aber die immer spärlicher werdenden monatlichen Beträge für das Haushaltsgeld konnten ihr nicht entgehen.

Ich tat das Blödeste, was man in so einer Situation tun kann: Ich nahm einen Kredit auf. Sofort war auch dieses Geld verspielt. Im Endeffekt hatte ich jetzt noch mehr Schulden und damit auch noch mehr Sorgen.

1967 starb meine Mutter an Krebs. Ihr Todeskampf, den ich über Wochen hinweg begleitet hatte, machte mich noch verbitterter. Hier war etwas, vor dem ich nicht davonlaufen, dem ich aber auch nichts entgegensetzen konnte. Es war zum ersten Mal in meinem Erwachsenenleben, dass ich mich wirklich ohnmächtig gefühlt habe.

In meinem Kummer versuchte ich, mich zu betäuben, und griff zur Flasche. Ich wollte mit Alkohol meine Sorgen wegspülen. Ein Fluchtversuch, der nicht wirklich zur Lösung meiner Probleme beitrug, sondern alles nur noch schlimmer machte ...

Permanent betrunken, verfiel ich auf die Wahnsinnsidee, Inkassogeld meiner Firma im Casino einzusetzen – und verlor. In der Firma erfand ich irgendwelche Ausreden. Das ging eine Zeit lang gut, aber als sie bemerkten, dass ich wegen meines beträchtlichen Alkoholkonsums kaum noch Leistung brachte, wurde ich entlassen.

Was mir blieb, waren miserable Laune und das Verhältnis mit einem Mädchen, das ich nicht mehr ertrug, weil es so klammerte. Alexandra ließ sich einfach nicht abschütteln.

Eines Tages fuhr sie mit mir nach Salzburg ins Casino – in Wien war ich wegen meiner Schulden bereits gesperrt, hatte also „Casinoverbot". Ich war einfach unverbesserlich, uneinsichtig – man kann ruhig sagen: strohdumm. Den Ausdruck der „Spielsucht" gab es damals noch nicht, aber auf mich hätte man ihn ruhigen Gewissens anwenden können.

Im Casino Salzburg, wo ich früher einmal ein bisschen Geld gewonnen hatte, wollte ich diese „Glückssträhne" wiederholen. Es ging natürlich schief und ich war jetzt so pleite, dass ich nicht einmal mehr die Hotelrechnung bezahlen konnte ...

In dieser Not kam es zum ersten Mal in meinem Leben zu einer wirklich kriminellen Handlung. Alle meine kleinen Unzulänglichkeiten in Bezug auf Frauen, meine kleinen Fluchten und die Unterschlagung von geringen Summen, die eigentlich der Firma gehörten, waren noch verständlich und bis zu einem gewissen Grad entschuldbar. Aber jetzt setzte war ich bereit, zum ersten Mal ganz bewusst den Fuß über die Grenze zu setzen, die das Gesetz zog.

Aus meiner Zeit als Vertreter kannte ich in Salzburg eine kleine Bank, die nur mit einem älteren Angestellten besetzt war. Ich fragte Alexandra, ob sie bei dem Banküberfall mit dabei sei. Sie war ohne Zögern einverstanden, sah das alles als großes Abenteuer.

Am nächsten Morgen gingen wir – unbewaffnet – zu dieser Bank. Als der Angestellte kam, packte ich ihn von hinten und würgte ihn hart, während Alexandra die Eingangstür von innen verschloss. Ich ging davon aus, dass der Angestellte die Tresorschlüssel in seiner Jackentasche aufbewahrte. So war es auch. Alexandra packte die Schlüssel, sperrte den simplen Tresor auf. In ihrer Hektik fand sie die Geldlade mit den Scheinen nicht und stopfte sich nur die dort liegenden Münzen in die Tasche. Es dürfte sich um einen Betrag von etwa 3000 Schilling gehandelt haben.

In der Zwischenzeit war der Angestellte von mir – Stricke hatte ich mitgebracht – an einen Sessel gefesselt worden. Ich bemühte mich wirklich sehr, ein sogenannter „Gentleman-Bankräuber" zu sein und war auch nicht maskiert. Dem Angestellten redete ich freundlich zu, ja nicht um Hilfe zu schreien. Der nickte nur und sagte: „Ja, ja, ist eh nicht mein Geld!"

Als Alexandra meinte, dass es hier kein Geld gäbe, ging ich zum Tresor und fand auch gleich die Geldlade. Ich nahm alle Scheine heraus und verstaute sie in der Tasche. Dann versicherten wir uns, dass der Bankangestellte noch gut gefesselt war, verließen die Bank und sperrten die Tür von außen zu. Zu Fuß gingen wir unauffällig durch ein paar Gassen weiter und schließlich in ein nahe gelegenes Café, wo ich mir zur Beruhigung einen Cognac genehmigte.

Zurück im Hotel zählten wir die Beute. Uns waren etwa 30 000 Schilling in die Hände gefallen – dieser Betrag hätte damals ausgereicht, meine gesamten Casinoschulden zu bezahlen. Das habe ich aber natürlich nicht getan. Stattdessen fuhren wir mit dem Zug nach Deutschland, um die Fahndung abzuwarten. Es stand nicht sehr viel über diesen Überfall in der Zeitung, wir beruhigten uns und kehrten nach Wien zurück. Die Sache war gut gegangen.

Vorläufig zumindest ...

Aber eine andere Angelegenheit ging schief: Meine Frau war mittlerweile doch hinter mein Verhältnis gekommen, weil ich ja oft längere Zeit, auch über die Wochenenden, mit

Alexandra verbracht hatte. Sie stellte mir also die Koffer vor die Tür und forderte mich auf, von zu Hause auszuziehen. Das tat ich auch, obwohl ich vom ersten Tag an fürchterlich unter der Trennung von meiner Familie litt.

Gemeinsam mit Alexandra – die ebenfalls keine Anstellung hatte – mietete ich eine Wohnung, wodurch unsere Bargeldvorräte zusammenschmolzen – vor allem wegen der geforderten Kaution. Außerdem kam ich von meiner Spielsucht und dem Alkohol nicht los. Alexandra hing weiterhin wie eine Klette an mir, durch ihre Mitwisser- und Mittäterschaft beim gemeinsamen Überfall war ich quasi an sie gefesselt.

Schließlich begann Alexandra als Animierdame in einem Innenstadt-Etablissement zu arbeiten, während ich unser restliches Geld verspielte, ohne jemals nennenswerte Beträge zu gewinnen. Wir lebten von der Hand in den Mund, wie man so schön sagt. Bald konnten wir uns die Wohnung nicht mehr leisten und zogen in eine simple, billige Gartenhütte ohne jeden Komfort.

Mein Abstieg war nicht mehr aufzuhalten, familiär, beruflich und sozial ... Jeder Versuch, eine Arbeit zu finden, scheiterte. Alkoholiker mit Spielschulden? Keine Chance! Notgedrungen versuchte ich mich als Gelegenheitseinbrecher – aber diesbezüglich war ich ein Dilettant, absolut talentfrei. Auf der anderen Seite hatte mir der geglückte Banküberfall in Salzburg schon auch Mut gemacht, es wieder zu versuchen. Ich kaufte mir eine Pistole.

Alexandra hatte mittlerweile bei der Ausübung ihres Gewerbes einen reichen, nicht mehr ganz jungen Mann kennengelernt. Dieser offensichtlich einsame ältere Herr war von Beruf Münzhändler und hatte das Mädchen mit zu sich nach Hause genommen. Meine Freundin berichtete mir umgehend, dass es dort einen großen Tresor gab, prall mit Münzen und Geld gefüllt. Ich dachte, da hätte ich leichtes Spiel, scheiterte aber kläglich an den Sicherheitsvorkehrungen des misstrauischen Alten.

Als nächstes überlegte ich, dass Postboten relativ leichte, aber lukrative Opfer sein müssten. Sie hatten in der Regel am Monatsanfang recht viel Bares bei sich, weil sie, wie damals üblich, den Rentnern die Pensionen zustellten. Ich begann damit, Postler zu beobachten, damit ich mir gezielt die nächsten Schritte für einen Überfall überlegen konnte.

Mein Gewissen betäubte ich mit Alkohol. Mittlerweile hatte mein Alkoholkonsum solche Ausmaße angenommen, dass ich schon nach dem Aufstehen puren Rum zu mir nahm. Ich soff gegen mein schlechtes Gewissen an, gegenüber meiner Frau und meiner Tochter, wegen meiner kriminellen Handlungen, wegen meines Versagens als braver Bürger ... So kam es, dass ich fast alle meiner Straftaten zu dieser Zeit unter Alkoholeinfluss verübt habe.

Das soll hier jetzt keine Entschuldigung für mein Verhalten sein, bestenfalls der Versuch einer Erklärung. Es war ja nicht so, dass ich kein Unrechts-Empfinden gehabt hätte, der „Gewissenswurm" nagte beständig in mir. Nur habe ich ihn eben mit Alkohol betäubt, bis ich ihn nicht mehr hörte.

Aufgrund der tristen Umstände kam es schließlich so weit, dass ich mich entschloss, einen Geldboten der Post zu überfallen, damit wir wieder zu mehr Geld kamen. Alexandra hatte meinetwegen mit ihrer Familie gebrochen und hielt weiterhin zu mir, obwohl ich als Alkoholiker sie denkbar schlecht behandelte. Da wollte ich ihr zumindest etwas bieten können. Sie wusste über meine Pläne Bescheid und hatte wenig Skrupel, diese auch in die Tat umzusetzen.

Im 17. Bezirk gab es eine große Poststelle, von wo aus die Postboten jeden Tag in der Früh ausschwärmten. Mir war klar, dass am Tag der Pensionsauszahlung jeder von ihnen einen ansehnlichen Betrag bei sich trug, völlig ungesichert und ohne irgendwelchen Schutz. Also beobachtete ich einige von ihnen, um ihre Routen kennenzulernen und mir ausrechnen zu können, wie viel Geld sie bei sich trugen. Je mehr Pensionisten auf der Route wohnten, desto besser. Schließlich suchte ich mir einen Mann aus und beobachtete ihn über einen längeren Zeitraum, damit ich seine „Tour" wirklich gut kannte.

Mir war trotz aller Promille klar, dass der Überfall gleich zu Beginn der Tour erfolgen musste, denn da hatte der Bote noch fast das gesamte Auszahlungsgeld bei sich. In der Hasnerstraße im 16. Bezirk suchte ich mir ein Gebäude aus, das sich ideal für meine Pläne eignete: dunkler Eingangsbereich, keine Hausmeisterwohnung im Erdgeschoß ...

Beim auserwählten Geldboten handelte es sich um einen älteren Mann, der etwa fünf Jahre vor Pensionsantritt stand. Ich dachte, dass er ähnlich reagieren würde wie seinerzeit der Herr in der Salzburger Bank, also nach dem Motto: „Was soll ich mich wehren? Es ist sowieso nicht mein Geld und abgesehen davon ist es ja versichert." Es würde also mit keiner Gegenwehr zu rechnen sein. Die Geldtasche selbst trugen die Boten als Gürtel umgeschnallt. Der Behälter entsprach vom Format her einem dicken Buch. Einfach zu verstauende Beute.

Alexandra begleitete mich bei diesem „Pensionskassaraub". Sie sollte während des Überfalls vor dem Haus stehen, um Menschen davon abzuhalten, das Gebäude zu betreten. Sie sollte einfach ein paar Fragen stellen, um die Leute abzulenken.

Als der Postler schließlich kam und das Haus betrat, wartete ich noch einige Minuten, schlüpfte dann hinter ihm in den Korridor und bezog meine Stellung in einer Fensternische. Ich wusste, dass der Mann in den oberen Stockwerken begann. Wenn er herunter kam und das Haus verlassen wollte, sollte der Überfall stattfinden.

Ich trug weder Maske noch Handschuhe. Es gab ja keine Fotos oder Fingerabdrücke von mir im Sicherheitsbüro. Noch war ich unbescholten und hatte – bezogen auf das Strafregister – eine „blütenweiße Weste". Das sollte sich jedoch bald ändern ...

Ich zählte die Schritte des Geldboten mit, die Anzahl der Stufen war mir bekannt. Ich hatte sie abgezählt, um genau im richtigen Moment auf mein Opfer losgehen zu können. Als der Mann um die Ecke bog, sprang ich aus meinem Versteck, richtete die Waffe auf ihn und sagte, bedrohlich, aber so ruhig wie möglich: „Überfall! Geld her!"

Der alte Postler war völlig überrascht, sah mich an und sagte in einem ersten Reflex: „Guten Tag!"

Als er sich Augenblicke später gefasst hatte, stellte er mir ganz locker die Frage: „Bist teppert?" und machte einen Schritt zurück.

Nein, der Alte würde das Geld nicht einfach so hergeben. Er griff in seine Tasche und ich vermutete, dass er doch eine Waffe bei sich hatte. Ich drückte ab.

Das Echo des Schusses hallte im Gang wider. Der Geldbote schaute mich nur überrascht an und taumelte zurück. In Panik – das hatte ich so wirklich nicht gewollt – drehte ich mich um und rannte davon. Ich vergaß sogar, dem Postboten das Geld abzunehmen. Als ich aus dem Haus stürzte, war von Alexandra weit und breit nichts zu sehen. Flotten Schrittes, aber doch nicht so schnell, dass es auffiel, ging ich zur Straßenbahn und stieg ein. Durch das Fenster sah ich die Funkstreife mit rotierendem Blaulicht und dröhnenden Sirenen vorbeijagen. Mein Herz raste immer noch.

Das war ja völlig schiefgegangen. Diesmal hatte ich wirklich Mist gebaut und einen Menschen verletzt, wenn nicht sogar getötet! Später erfuhr ich, dass der Bote nicht einmal verletzt war. Ein dickes Adressbuch in der Brusttasche hatte das leichte Projektil der 22er abgefangen.

Als ich im Gartenhäuschen ankam, war Alexandra schon dort. Sie log mich beinhart an, dass sie selbstverständlich auf ihrem Posten geblieben war und mich nur „aus den Augen verloren" hätte. Später beim Prozess sollte ich feststellen, wie gut sie tatsächlich lügen konnte.

Einen weiteren Überfall dieser Art wollte ich nun nicht mehr riskieren. Aber ich fand keine Arbeit und uns ging das Geld aus. Es war sozusagen „Feuer am Dach". Nachdem der Überfall dermaßen danebengegangen war, musste ich mir unbedingt etwas einfallen lassen, um zu Geld zu kommen.

Ein flüchtiger Bekannter aus dem Wirtshaus wusste, dass ich mich in Geldnöten befand, und kannte auch meine Vorgeschichte im Elektrohandel. Er empfahl mir jemanden, der gestohlene Elektrogeräte aufkaufte. An den könne er mich vermitteln. Aber dazu brauchte ich zuerst einmal Elektrogeräte, die ich quasi „finden" könnte, noch bevor sie jemand verloren hätte. Die schiefe Bahn wurde immer steiler. An normale Arbeit dachte ich schon gar nicht mehr …

Ich ging wieder auf Erkundungstour, um nach der idealen Beute Ausschau zu halten. In einem Supermarkt der Firma „Ludwig" wurde ich fündig. Das Gebäude lag für meine Begriffe ideal, hatte einen nach hinten versetzten Eingang und ein prall gefülltes Warenlager.

Der „Vermittler" organisierte mir einen VW-Bus mit dem ich die Beute abtransportieren konnte. Um Mitternacht schlich ich – mit Hammer und Meißel ausgestattet – zur Eingangstür des Supermarktes, schlug die Scheibe ein und schlüpfte ins Innere.

Wie oft ich da aus und ein gekrochen bin, weiß ich nicht, aber schließlich hatte ich so um die 20 Geräte im Bus verstaut. Ich fuhr nach Hause, rief meinen Vermittler an, der den Hehler kontaktierte. Der kam dann auch zu mir, sah sich die sorgsam ausgewählte Ware an, schien zufrieden und offerierte mir 15 Prozent des Verkaufspreises als Anteil. Das war natürlich wenig, aber in Anbetracht meiner finanziellen Lage willigte ich ein. Das „Geschäft" war ganz gut und ich erhielt so um die 2 000 Schilling, was natürlich nur sehr kurzfristig geeignet war, unsere Ausgaben zu decken.

Aber ich sah, dass es funktionierte, und verübte in der Folge weitere kleinere Einbrüche. Jedes Mal trank ich mir vorher Mut an und brauchte danach noch mehr Alkohol, um zu verdrängen, was ich getan hatte.

Die Spirale nach unten war nicht nur in Gang gesetzt, sie drehte sich schon ordentlich schnell und im Moment sah ich keine Möglichkeit sie zu stoppen ...

Als wieder einmal das Geld im primitiven Haushalt der Gartenhütte ausging, schnappte Alexandra ein teures Radiogerät, das ich aus dem ersten Einbruch für uns behalten hatte, und ging damit in ein Pfandleihhaus, das sich unglücklicherweise nicht weit vom Tatort entfernt befand. Sie hatte keine Ahnung davon, dass es sich bei dem Ding um Diebsbeute handelte, und wollte nur helfen, unsere Situation zu verbessern. Ich bekam das in meinem alkoholbedingten Dusel gar nicht mit.

Klarerweise überprüften sie im Dorotheum, der von Alexandra ausgesuchten Pfandleihanstalt, aber die Seriennummern aller angebotenen Geräte, um nicht Diebsware aufzukaufen und sich der Hehlerei schuldig zu machen. Als nun Alexandra dort das Radio anbot und ihre Adresse angab, erschien umgehend ein Kriminalbeamter und nahm sie mit aufs Kommissariat.

Meine Freundin log, redete sich gekonnt heraus und wurde freigelassen. Was ich nicht wusste, war die Tatsache, dass sie angegeben hatte, besagtes Radiogerät von mir bekommen zu haben. Aber – wie gesagt – sie hatte keine Ahnung davon, dass ich das Ding gestohlen hatte. Hätte ich von all dem etwas mitbekommen, wäre ich wohl untergetaucht und nie wieder in das Gartenhäuschen zurückgekehrt.

So aber machte ich mich am späteren Abend, schwer betrunken und mehr torkelnd als gehend, auf den Heimweg. Sonderbarerweise brannte im Haus kein Licht. Das machte mich stutzig, reichte aber nicht aus, um mich misstrauisch zu machen. Vielleicht schlief Alexandra ja schon.

Als ich mich dem Gartentor näherte, lösten sich zwei Gestalten aus der Finsternis und kamen auf mich zu. Einer rechts, der andere links von mir. Blitzschnell wurde mir klar, dass es sich bei den beiden Typen nur um Kriminalbeamte handeln konnte. Zur Flucht war ich zu betrunken, aber mein umnebeltes Gehirn war zumindest noch so weit in Betrieb, dass ich den zweiten Gedanken, mir den Weg freizuschießen, verwarf und die Pistole in ein Gebüsch schmiss. Diese hatte ich immer bei mir, seit ich mich im „Milieu" bewegte und ständig mit Vermittlern, Hehlern und anderen zwielichtigen Gestalten zu tun hatte. Ich empfand das als völlig normal und es trug auch zu meiner Reputation in den entsprechenden Kreisen bei.

Die beiden Kerle nahmen vor mir Aufstellung und ohne ein Wort schlug einer von ihnen ansatzlos auf mich ein. Besonders in Erinnerung geblieben ist mir ein besonders harter „Magenstrudel", also ein Boxhieb in den Bauch, der mich unwillkürlich zusammensacken ließ.

„Herr Schandl, Sie sind verhaftet", erklärte mir der zweite Kriminalbeamte, der sich zurückhielt. Sie griffen mir unter die Arme, hievten mich hoch, zerrten mich zu ihrem Wagen und drückten mich unsanft auf die Hinterbank. Ich wurde ins Sicherheitsbüro gebracht, wo sie umgehend mit dem Verhör begannen.

Kaum hatte ich mich vor den großen leeren Tisch gesetzt, erklärten mir die Polizisten, dass Alexandra längst alles gestanden hätte, was natürlich nicht stimmte. In meiner damaligen Naivität und Unerfahrenheit bei Verhören tappte ich sofort in die Falle, gestand den Diebstahl, nahm die Schuld auf mich und versuchte, das Mädchen bestmöglich herauszuhalten.

Ich konnte Alexandra später noch einmal kurz sehen und sie versicherte mir unter Tränen, dass ich mir keine Sorgen zu machen brauchte, sie sei immer für mich da und werde auf mich warten. Am Tag darauf begann offiziell die erste U-Haft meines Lebens. Ich wurde in das Gefangenenhaus des Landesgerichts gebracht.

Zum ersten Mal schloss sich hinter mir die Verriegelung einer schweren Zellentür. Das Geräusch werde ich nie vergessen. Es geht mir, sogar wenn ich mich nur daran erinnere, durch Mark und Bein.

Mit Verbitterung musste ich im Laufe der Zeit eine Wesensveränderung meiner einstigen „Klette" feststellen. Nach ersten, regelmäßigen Besuchen in der U-Haft beantwortete sie immer seltener meine Briefe, die Gespräche bei den spärlichen Besuchen wurden immer oberflächlicher und auch die obligaten Wäsche-Pakete blieben schließlich gänzlich aus. Sie arbeitete, so log sie mich an, angeblich in einem Eisladen und hatte deshalb „keine Zeit mehr". Unser Verhältnis erstarrte und wurde ebenfalls eisig.

Später habe ich über Umwege erfahren, dass meine Ex-Freundin eine besonders lukrative Lücke im horizontalen Gewerbe für sich nützte. Sie spezialisierte sich auf die Erfüllung außergewöhnlicher Wünsche von vermögenden, älteren Herren.

Mein Vater und meine Schwester schrieben mir Briefe und unterstützten mich, so gut es eben ging. Beim Prozess erhielt ich schließlich drei Jahre Haft. Nach zehn Monaten U-Haft wurde ich in die Strafanstalt Stein gebracht, um dort meine Reststrafe abzusitzen.

Wie das ausging, ist mittlerweile ja bekannt.

***

... und dreht sich weiter
Bomben in der Karlau

Über die folgenden Jahre habe schon ausführlich berichtet. In Stein versuchte ich mehrmals mehr oder weniger erfolgreich, aus dem Gefängnis auszubrechen, mit dem Effekt, dass ich mittlerweile als brandgefährlicher Verbrecher eingestuft wurde, dem alles zuzutrauen war. Nach meiner Haftentlassung 1985 gelang es mir gerade einmal bis 1987 ein einigermaßen anständiges Leben zu führen, bis ich nach den Ereignissen in Saalfelden erneut „einfuhr". Weitere drei Jahre vergingen, die ich in der Karlau verbrachte und die mich dem „normalen" Leben noch weiter entfremdeten. Die schiefe Bahn hatte mich an den Abgrund gebracht und nun saß ich dort und wusste nicht weiter.

Natürlich hatte ich während der Haft in der Karlau zahlreiche Mitgefangene näher kennengelernt. Im Prinzip waren es durchgehend harmlose Bekanntschaften und ich war froh, nicht wie am Beginn meiner „Karriere" isoliert und einsam in einer Zelle verrotten zu müssen. So schien es mir auch nicht besonders gefährlich, als mich ein Häftling bat, nach meiner Entlassung einen gewissen Herrn Bister aufzusuchen und ihm eine Botschaft zu überbringen. Ich hatte im Gefängnis den Ruf, verlässlich zu sein, und es galt: Wenn der Adi etwas verspricht, dann hält er es auch, ganz egal, wie schwierig es werden sollte. Auf den Adi konnte man sich felsenfest verlassen.

So war es auch, als ich im Jahr 1990 dann aus der Karlau entlassen wurde. Ich hatte versprochen, diesem Bister den Kassiber zu überbringen, und mein Ehrenkodex gebot mir, diese Zusage einzuhalten. Selbstverständlich las ich die geheime Botschaft nicht, was ein schwerer Fehler war …

Ich ging also ein paar Tage nach meiner Entlassung zur Wohnung von diesem Bister im 21. Bezirk und lernte den

Mann kennen. Er war etwa fünf Jahre jünger als ich und einige Monate vor mir aus der Karlau entlassen worden. Er arbeitete zwar, klagte aber über massiven Geldmangel. Er hatte seine Haftstrafe verbüßt, geblieben waren aber Schulden in der Höhe von etwa einer halben Million Schilling für die Begleichung des Schadens, den er bei seinen Straftaten verursacht hatte. Und dieses Geld wurde ihm nun direkt vom Gehalt weggepfändet. Er war, ähnlich wie ich, in einer Sackgasse gelandet. Aber mich interessierten seine Probleme im Moment nicht sonderlich. Ich wollte nur die Botschaft überbringen und dann ging ich wieder. Probleme hatte ich genug eigene.

Mittlerweile war ich 54 Jahre alt – hatte einen beträchtlichen Teil meines Lebens hinter Gittern verbracht und galt aus Sicht des Arbeitsamtes als „unvermittelbar". Ich hätte gerne wieder gearbeitet, doch das war völlig unmöglich. Aber weil ich ja bereits früher Jobs gehabt hatte, bekam ich für sechs Monate eine Arbeitslosenunterstützung, die sich dann in weiterer Folge in eine sogenannte „Notstandshilfe" verwandelte. Ich hatte damit Barmittel, die – wie man so sagt – zum leben zu wenig und zum sterben zu viel waren. Aber ich musste mich den Gegebenheiten fügen und Selbstmitleid ließ ich erst gar nicht aufkommen. Ich war ja selbst schuld an meiner Situation und ich hatte – wieder einmal – die Absicht, nie wieder straffällig zu werden. Ich musste mich nur bemühen, so bescheiden wie möglich mein Dasein zu fristen und mit der Sozialhilfe auszukommen.

Diese totale finanzielle Einschränkung war schon bald darauf gar nicht mehr notwendig, denn ich konnte mir ein mehr oder weniger legales Zusatzeinkommen verschaffen. Aus dem Gefängnis kannte ich ja genügend Leute, unter anderem einen „Peitscherlbuam", wie man in Wien so sagt.

Dieser Zuhälter, der einige Damen des horizontalen Gewerbes für sich arbeiten ließ, bot mir als finanzielle Soforthilfe eine Stelle in einem seiner Etablissements an, natürlich „schwarz", also an der Steuer vorbei. Durch diese Arbeit im Bordell konnte ich dann recht flott meine Schulden abstottern, die ich bei einem meiner Mithäftlinge ja für den Erhalt meiner Wohnung noch hatte. Und wie gesagt: Auf den Adi konnte man sich verlassen. Also zahlte der Adi auch seine Schulden.

So wurde ich im 10. Bezirk „Puffkellner", wie man diese Tätigkeit nennt. Es war nur ein kleines Lokal, in dem drei, manchmal auch vier, junge Frauen ihrem Gewerbe nachgingen. Ich bekam jeden Tag einen gewissen Prozentsatz ihrer Einkünfte, je nachdem, wie gut oder weniger gut die Kundenfrequenz war. Im Eingangsbereich des Bordells befand sich eine Bar, wo ich die Getränke servierte. Außerdem hatte ich die Mädchen vor aggressiven Freiern zu beschützen. Das kam immer wieder vor, denn die Zuhälter nahmen den Mädchen zwar fast das gesamte Geld ab, das sie für ihre Dienste erhielten, waren jedoch kaum jemals vor Ort. Ich arbeitete drei Tage die Woche, verdiente gut und auch mein Hormonhaushalt konnte sich nicht beklagen.

Die Mädchen entwickelten ein Vertrauensverhältnis zu mir und bald war ich so etwas wie ihre „Klagemauer". Auf meine Verschwiegenheit konnten sie zählen, ich hatte kein Interesse, mich in die Geschichten der Huren und Zuhälter einzumischen, und verlor darüber niemals ein Wort. Es war zwar oft ein echter Jammer, wie die Mädchen behandelt wurden, aber das ging mich nichts an. Ich freute mich, wenn wieder einmal eine von ihnen ankam, um sich an meiner Schulter auszuweinen oder sich auf ihre, dem Gewerbe entsprechende Art für eine Gefälligkeit zu bedanken.

Sex mit den Mädchen war mir zwar offiziell verboten, aber „wo kein Kläger, da kein Richter" ...

Das Zutrauen der Mädchen war mittlerweile so groß, dass sie mir sogar ihre Autos borgten, obwohl sie wussten, dass mir der Führerschein „auf ewig" aberkannt worden war. Sie riskierten es einfach, mir ihre fahrbaren Untersätze zu überlassen – sozusagen, ohne mit der getuschten Wimper zu zucken. Ich legte mir zwischenzeitlich über meine Kontakte zu den Zuhältern wieder einen Führerschein zu. Nicht ganz legal, aber auch nicht wirklich illegal. Es handelte sich um einen amtlichen Graubereich, könnte man sagen. Als Adolf Schandl war ich im Besitz einer „Internationalen Lenkerberechtigung", die in England ausgestellt war – ein beliebter Trick, um das bei uns gültige Gesetz zu umgehen. Dieses Dokument ging bei jeder Verkehrskontrolle anstandslos durch.

Mit dem Zusatzverdienst aus dem Rotlichtmilieu kam ich ganz gut über die Runden. Sowohl finanziell, als auch privat, denn nach kurzer Zeit schon hatte ich sogar wieder eine Freundin.

Es vergingen ungefähr drei Monate und ich war eigentlich rundum zufrieden. Ich lullte mich bei dem Gedanken ein, dass ich nie mehr ins Gefängnis zurückkehren musste. Mein Leben war wieder in Ordnung. Obwohl ich ein Haftentlassener ohne Aussicht auf eine geregelte Arbeit war, sah mein Einkommen gar nicht so schlecht aus. Es hätte sogar noch viel besser kommen können: Andere Zuhälter besaßen wesentlich größere „Lusthäuser" und boten mir aufgrund meiner bekannten Zuverlässigkeit an, in einem der Häuser am berühmt-berüchtigten Wiener Gürtel zu arbeiten. Das hätte einen Aufstieg mit enorm gesteigerten

Verdienstmöglichkeiten bedeutet, konkret etwa 2 000 Schilling pro Nacht – brutto für netto, bar auf die Hand. Ich schaute mir die ganze Sache an, aber da ich im Grunde meines Wesens alles andere als ein Nachtmensch bin, sagte ich ab. Ich wusste, dass ich die von mir dort geforderte Leistung nicht erbringen konnte. Ich schaffte schon jetzt kaum die Arbeit in diesem Mini-Puff und musste sie dann auch kurze Zeit später wegen völliger Erschöpfung aufgeben.

Ungefähr zu dieser Zeit meldete sich Bister neuerlich bei mir und bat um ein Treffen. Er wollte mit mir reden. So sagte er zumindest. Da hätten bei mir – aufgrund meiner Erfahrungen mit Jul – alle Alarmglocken schrillen sollen. Das taten sie aber nicht und ich verabredete mich mit ihm.

*

Bister war im Prinzip ein nicht ungeschickter Betrüger, der es gut verstand, Menschen mit Worten zu umschmeicheln und für seine Zwecke einzusetzen. Und so gelang es ihm auch bei mir.

Phase 1, die „Leidensgeschichte": Bister erzählte so eindrucksvoll wie nur möglich und drückte auf die Tränendrüse. „Du Adi, ich bin in einer derartigen Notsituation, dass ich weder ein, noch aus weiß. Ich habe eine Freundin, der ich aber die Wahrheit nicht sagen kann. Die glaubt, ich verdiene gut und bin auf Montage usw."

Geschickt aktivierte er mein Mitgefühl und meine Solidarität. Befanden wir uns doch als Ex-Häftlinge in derselben Situation. Ich hatte im Moment eben Glück: ein Einkommen, ein harmonisches Zusammenleben mit einer Frau. Im Gegensatz zu Bister hatte ich – wie es meine Art ist – meiner Freundin reinen Wein über mein Vorleben eingeschenkt.

Ehrlichkeit ist in solchen Fällen ja die beste „Problemprä-vention". Bister jedoch hatte Probleme, die er nicht mehr bewältigen konnte.

Nun kam Phase 2: Die Angelegenheit wurde konkret – und für mich finanziell interessant.

Bister und seine Freunde brauchten unbedingt einen Ver-bündeten, der schweigen konnte und – noch wichtiger – einen Führerschein besaß. Sie wollten mich als Chauffeur für diverse „Erkundungsfahrten". Gut, das konnten sie haben. Im Prinzip war es die gleiche Geschichte wie damals in Saalfelden, nur glaubte ich, gelernt zu haben und weit cle-verer zu sein als damals. Wieder erklärte ich von Anfang an, dass ich bei keiner strafbaren Handlung mitmachen würde.

„Klar, Adi, kein Problem. Verstehen wir. Für dich gibt es dabei rein gar nichts zu befürchten ...", beteuerte Bister.

Ich wusste natürlich, was er und seine Kumpane planten: Sie wollten die Tresore einiger Banken knacken und mög-lichst viel Geld erbeuten.

Sie hatten sich schon vier Pistolen besorgt, jetzt wollten sie die Geldinstitute auskundschaften und mein Part dabei war, sie kreuz und quer durchs Land zu fahren, um die diver-sen Banken zu „besichtigen". Ich fuhr die „Bankräuber in spe" also herum, sie stiegen aus und spionierten bezüglich der Gegebenheiten. Dann fuhren wir wieder weg.

Ich sagte immer wieder, dass ich von ihren Plänen gar nichts wissen wollte, und sie hielten sich auch daran, mich nicht zu informieren. So war ich auch bei den Banküberfäl-len selbst nie dabei, weil ich einfach meine endlich wieder-erlangte Freiheit nicht aufs Spiel setzen wollte. Das hatte ich nach dem Ereignis in Saalfelden gelernt!

Phase 3: Die Bankräuber waren schon beim ersten Ver-such erfolgreich und kamen danach zu mir. Sie zeigten mir mehrere Bündel Geldscheine und wedelten damit vor meiner Nase herum. Generös offerierte mir Bister einen Teil vom Geld, wenn ich es für sie als Vertrauensperson aufbewahren würde. Nun, das war ja keine wirklich kriminelle Tat, dachte ich damals zumindest. Bister schlug vor, ein zusätzliches Bankkonto auf meinen Namen zu eröffnen und auch ein Bankschließfach zu mieten. Okay, das konnte ich machen. Die Möglichkeit, hier als „Unbeteiligter" eine Menge Geld einzustreifen, erschien mir äußerst reizvoll. Was konnte mir schon passieren? Ich bewahrte ja nur das Geld anderer Leute in meinem Bankschließfach auf.

Aus der Zeitung erfuhr ich schließlich von den anderen Überfällen und dass die Täter immer unerkannt entkommen konnten. Insgesamt handelte es sich – so glaube ich mich zu erinnern – um fünf Überfälle. Bald schon wurde ich gebeten, auch die Pistolen, aus denen nie ein Schuss abgefeuert wurde, zu verstecken. Da es ein zusätzliches Honorar dafür gab, machte ich das natürlich, aber sonst hatte ich mit den Waffen im Prinzip rein gar nichts zu tun. Dummerweise nahm ich eine der Pistolen als Geschenk an. Ich besaß damit wieder eine Waffe, die ich aber nie benützt habe.

Ich fühlte mich absolut sicher und war froh, auf so einfache Art und Weise zu Geld zu kommen. Nochmals – und in aller Ehrlichkeit – beteuere ich hier, dass ich keinesfalls an einem dieser Bankraube teilgenommen hätte. Ich war niemals auch nur in der Nähe, als die Überfälle durchgeführt wurden. Meine Freiheit war mir das kostbarste Gut, das ich besaß, und ich wollte sie nie, nie wieder gefährden.

Mit dem mir übergebenen Schweigegeld richtete ich meine Wohnung gemütlich ein und kaufte sogar ein neues Auto, mit dem ich die „Erkundungsfahrten" mit Bister durchführte. Noch immer hatte ich kein Schuldbewusstsein, weil ich ja bei der Ausführung der Taten dann nicht aktiv beteiligt war.

Das ging einige Zeit lang gut, bis schließlich dieser letzte, fatale Banküberfall stattfand. Dabei erbeuteten Bister und seine Kumpane rund zweieinhalb Millionen Schilling, davon etwa eine halbe Million in Fremdwährungen wie D-Mark oder Schweizer Franken.

Mir gaben sie davon für die Aufbewahrung des Geldes in meinem Bankschließfach 25 000 Schilling. Nicht viel im Vergleich zur Beute, aber auf der anderen Seite ein nettes Zubrot, vor allem für eine Sache mit der ich nichts zu tun hatte – dachte ich zumindest immer noch.

Auch die Pistolen wurden mir übergeben, um sie zu verstecken. Auf den Adi konnte man sich verlassen. Umgekehrt war es bei den Bankräubern leider nicht so. Der Adi hatte sich wieder einmal auf die falschen Leute verlassen ...

Was ich nicht wusste, war, dass die Bande der Polizei schon längst aufgefallen war und überwacht wurde. So kam auch ich wieder ins Visier der Fahnder. Wieder einmal zog sich eine Schlinge ganz langsam zusammen. Noch wäre Gelegenheit gewesen, zu verschwinden – aber ich fühlte mich absolut sicher.

Bister kam zu mir und übergab mir seine Waffe und etwa 300 000 Schilling, damit ich das Zeug im Bankschließfach deponieren konnte.

Ich machte mich sofort auf den Weg, ging zur Bank und hoch in den Tresorraum, der sich im ersten Stock befand. Als ich damit beschäftigt war, die Banknoten im Fach zu verstauen, kam ein anderer Kunde, der mich argwöhnisch beobachtete. Seelenruhig unterbrach ich meine Tätigkeit, nahm den Rest des Geldes – etwa 130 000 Schilling – wieder mit, ebenso die Pistole. Wozu sich hier, von einem anderen Mann beobachtet, in Schwierigkeiten bringen? Ich hatte ja alle Zeit der Welt. Mein Plan war, später zurückzukehren und den Rest des Geldes sowie die Pistole ins Bankschließfach zu sperren. Dazu ist es aber nie gekommen.

Ich fuhr zum Dorotheum, um dort meiner Freundin ein Goldarmband als Geburtstagsgeschenk zu kaufen. Als ich zu meinem geparkten Auto zurückging, kam ein einzelner Polizist daher, der sich mein Auto genau ansah. Ich hatte vorne einen kleinen Blechschaden. Ich dachte mir nichts dabei, als der Polizist auf mich zukam, während ich meine Tasche in den Kofferraum legte.

„Fahrzeugkontrolle!", sagte der Uniformierte scharf.

Shit! Ich hatte zwar meinen internationalen Führerschein, aber fühlte mich nicht ganz wohl bei der Sache. Hoffentlich kam ich damit auch diesmal durch. Als ich mich in das Fahrzeug beugte, um die Papiere aus dem Handschuhfach zu holen, trat der Polizist einen Schritt zurück zog seine Waffe und bellte: „Herr Schandl, machen Sie keine falsche Bewegung, ich schieße sofort! Sie sind verhaftet!"

„Warum?", fragte ich verdutzt.

„Fragen Sie nicht viel, sondern legen Sie die Hände auf das Autodach!" Mit seinem Funkgerät forderte der Polizist Verstärkung an. Ich war verzweifelt, denn die Pistole Bisters und der Rest seiner Beute befanden sich ja noch hinten im Kofferraum. Für die Polizei ganz eindeutige Indizien.

Hätte ich die Waffe bei mir getragen, hätte ich mich zur Wehr gesetzt. Es wäre sicherlich schlimm ausgegangen, aber ich war fest entschlossen, mich nie wieder verhaften zu lassen. Krampfhaft und extrem angespannt versuchte ich, irgendeine Möglichkeit zu finden, um jetzt doch noch flüchten zu können, aber es war aussichtslos. Der Polizist wusste offensichtlich nur zu gut, dass ich die kleinste Chance zur Flucht nützen würde und hielt sich vorsichtig außerhalb meiner Reichweite.

Kurze Zeit später hörte ich schon die Sirenen und sah die rotierenden Blaulichter der Funkstreifen. Auch ein Wagen mit Kriminalbeamten hielt mit quietschenden Reifen neben mir und die Männer sprangen heraus. Nach nur 16 Monaten in Freiheit klickten erneut die Handschellen. Meine Tasche aus dem Kofferraum nahmen sie mit ins Sicherheitsbüro.

Beim Verhör war von Anfang an auch ein Psychologe mit dabei – wohl deshalb, weil mir der Ruf vorauseilte, nicht sehr „aussagefreudig" zu sein. Sie warfen mir sofort die Beteiligung an den Banküberfällen vor. Ich wehrte ab und sagte seelenruhig, weil es ja auch tatsächlich so war, dass ich damit nichts zu tun hatte.

„Na ja, Herr Schandl, so ist es wohl nicht. Wir haben schon zwei Leute verhaftet und die belasten sie massiv."

Ich war fassungslos und rief aufgeregt: „Wenn das so ist, dann bringen Sie diese Männer her. Sie sollen das in meiner Anwesenheit behaupten. Ich versichere Ihnen, ich war an diesen Banküberfällen nicht beteiligt, und das wird sich auch herausstellen. Ich sage die Wahrheit! Bringen Sie diese Charakterschweine her!"

Die Beamten und der Psychologe versuchten, mich zu beruhigen, und und einer der Männer sagte nur beschwichtigend: „Ja, ja, das machen wir schon noch."

Damit war das Verhör von meiner Seite aus beendet und ich sagte kein Wort mehr. Ich wollte erst wieder reden, wenn man diese zwei „Zeugen" meiner Tätigkeit als Bankräuber brachte. Das war aber nie der Fall. Justitia hatte wieder einmal ein Auge auf mich geworfen.

Man verfrachtete mich in eine Zelle und irgendwann am späteren Abend kam ein Beamter, der mich das Verhörprotokoll unterschreiben ließ. Da stand dem Sinn nach: Nach Einvernahme von Adolf Schandl gab dieser an, dass er mit den ihm angelasteten Banküberfällen nichts zu tun hat. Ich unterschrieb natürlich. Nachdem ich das übliche erkennungsdienstliche Prozedere über mich ergehen lassen hatte, wurde die Untersuchungshaft über mich verhängt. Tags darauf wurde ich in das Landesgericht überstellt. Das war 1991.

Erst später kam ich dahinter, weshalb die Männer letztlich geschnappt werden konnten und man dann in weiterer Folge auch auf mich aufmerksam geworden war. Bei der Polizei war nämlich telefonisch ein anonymer Hinweis eingegangen, wegen der Banküberfälle doch Bister und Konsorten unter die Lupe zu nehmen. Von mir war bei dem Hinweis gar nicht die Rede gewesen. Von mir und meinem Tun wusste – außer Bisters Bandenmitgliedern – niemand etwas und ich hatte auch niemandem von dem separaten Bankschließfach erzählt. Heute weiß ich, dass es ein Bekannter Bisters war, welcher der Polizei damals den Tipp gab. Bister war zu vertrauensselig gewesen und hatte seinem „Freund" von der Sache erzählt.

Zwei der insgesamt vier Bankräuber waren, durch die Verhaftung Bisters und eines anderen Bandenmitglieds alarmiert, nach Frankreich geflohen und dort untergetaucht. Bister und sein Komplize verhielten sich nach unserer Festnahme unfassbar miserabel. Schon einen Tag nach meiner Verhaftung hörte ich im Landesgericht, dass mich die Kerle schwer belasteten. Sie wussten, dass sie sowieso verurteilt werden würden, und in Hoffnung auf eine geringere Strafe luden sie auf mich ab, was sie konnten. Jetzt erst, also im Laufe der vielen nun folgenden Vernehmungen, wurde mir klar, weshalb sie tatsächlich gerade mich ausgesucht hatten, Waffen und Beute zu verstecken: Erstens war es mein Wesen, zuverlässig und verschwiegen zu sein, aber mehr noch mein miserabler Ruf bei der Justiz. Die Bankräuber hatten von Anfang an vor, mich als Sündenbock hinzustellen, wenn die Sache schiefgehen sollte.

Ich hätte es ahnen können: Wer sich mit Hunden ins Bett legt, darf sich nicht wundern, wenn er mit Flöhen aufwacht.

Jetzt war es notwendig, sich einen Anwalt zu nehmen. Ich wählte einen Advokaten aus, der einen guten Ruf hatte und der auch wirklich umgehend zu mir in die U-Haft kam. Der Anwalt legte mir einen Vertrag vor, in dem ich ihm meine Verteidigung übertragen sollte. Ich unterschrieb – was sich später als Fehler herausstellte. Bezüglich seines Honorars erklärte sich jenes befreundete Ehepaar, das mich auch später während meiner Haft immer wieder besuchte, bereit, mir das Geld zu borgen.

Bald danach kam mich dieses Ehepaar besuchen und ich erfuhr, dass auch der Gatte kurzfristig verhaftet worden war, weil man ihm Beteiligung oder Mitwisserschaft an den Banküberfällen zur Last legte. Aber wenigstens in diesem Fall hatte Gerechtigkeit gewaltet und mein Freund war nach 24 Stunden wieder entlassen worden.

Zwei Tage später kam ein weiterer Anwalt, der mich verteidigen wollte. Er war seinerzeit der Verteidiger Freds gewesen. Er bot mir an, dass er mit Bister, der mich so schwer belastete, reden würde, um ihn zu einer wahrheitsgemäßen Aussage zu bewegen. Aber ich blieb meinem Wort treu und hielt an der Zusage fest, die ich bereits dem anderen Anwalt gegeben hatte. Rückblickend bin ich der Überzeugung, dass mich dieser zweite Anwalt viel besser verteidigt hätte.

Bister wurde zur U-Haft nach Hirtenberg verlegt, damit jeder Kontakt zwischen uns unmöglich wurde. So sollte definitiv verhindert werden, dass er bei einer Gegenüberstellung, die – wenn wir im selben Gefängnis gesessen wären – ja sehr einfach zu bewerkstelligen gewesen wäre, seine Lügen eventuell zurückzog. Die Gerechtigkeit wurde hier ganz im Sinne der Justiz gebeugt. Denn wenn Bister mich rehabilitiert hätte und meine Funktion ehrlich dargestellt hätte, wäre die Strafsache gegen mich zusammengebrochen. Ich wurde ja überhaupt fast ausschließlich von ihm massiv verleumdet, sein Komplize, der ihm irgendwie hörig und absolut loyal ihm gegenüber war, hätte bei einer Gegenüberstellung wahrscheinlich die Vorwürfe gegen mich zurückgezogen. Das erklärte er mir zumindest später, als wir einander zufällig während der Haft trafen.

Es dauerte ungefähr ein Jahr bis zu unserer Verhandlung. Ich war in dieser Zeit natürlich nicht untätig. Ich war nicht einmal einem Untersuchungsrichter vorgeführt worden, obwohl das vom Gesetz her vorgeschrieben ist – ein schwerer Formalfehler, der jedoch niemals beachtet wurde.

Die Untersuchungsrichterin hatte meinen Verteidiger nur gefragt, was ich bei einer Anhörung sagen würde, worauf der geantwortet hatte: „Na, ich nehme an, das Gleiche wie damals im Sicherheitsbüro. Er ist ja immer bei seiner Aussage geblieben, mit den Banküberfällen nichts zu tun zu haben." Daraufhin verzichtete die Untersuchungsrichterin darauf, auch nur ein einziges Mal mit mir zu sprechen. Man gab mir nie die Gelegenheit, ihr meine Sichtweise – also die Wahrheit – zu vermitteln.

Bei der Akteneinsicht erfuhr ich schließlich, dass die beiden zuerst nach Marseille entkommenen Bandenmitglieder einige Monate später in München geschnappt worden waren, als sie versuchten, ein Auto zu stehlen. Ihren Anteil an der Beute – etwa 600 000 Schilling – hatten sie zu diesem Zeitpunkt schon ausgegeben. Einer der Männer wurde nach Österreich überstellt, sein Kumpel, der das Auto gestohlen hatte, bekam dafür in Deutschland 30 Monate aufgebrummt und war dadurch beim Prozess zwangsweise verhindert. Er kam erst nach Verbüßung dieser Strafe nach Österreich zurück, um hier dann die Strafe wegen der Überfälle anzutreten. Ich hoffte, dass zumindest einer dieser beiden mich entlasten würde.

Beim Prozess 1992 erlebte ich dann, was es heißt, seinen Namen ruiniert zu haben und ohnmächtig gegen Vorurteile anzurennen. Ich wurde für strafbare Handlungen verantwortlich gemacht, die ich nie begangen hatte. Dies erfuhr ich erst von meinem Anwalt, denn ich war der Drittangeklagte und deshalb waren Bister und sein Freund vor mir zur Aussage dran. Ich konnte somit nicht hören, welche Lügengeschichten sie dem Richter aufgetischt hatten.

Durch das Studium der Akten kam ich auch dahinter, dass es für den letzten Banküberfall, bei dem zweieinhalb Millionen Schilling erbeutet worden waren, einen Zeugen gab. Ein Mann hatte den Tathergang beobachtet. Darauf setzte ich nun all meine Hoffnung. Ich war definitiv niemals dabei gewesen, konnte von dem Zeugen deshalb auch nicht gesehen worden sein.

Der Zeuge hatte gerade seine Schwiegermutter besucht, bekam vom Fenster aus mit, was da gerade in der Bank geschah und verfolgte die Räuber mit seinem Firmenauto.

Vom Mobiltelefon aus verständigte er die Polizei. Er sah, wie die Männer das Fluchtfahrzeug verließen, zu diesem Zeitpunkt natürlich schon unmaskiert. Als die Funkstreife beim Fluchtfahrzeug eintraf, waren die Räuber schon längst über alle Berge, aber der Zeuge gab an, dass er die Männer wiedererkennen würde. Man brachte ihn deshalb ins Sicherheitsbüro und legte ihm dort drei Fotos vor: eines von Bister, über den man ja bereits Bescheid wusste, ein Bild von mir und eines von einem anderen Mann aus Bisters Bekanntenkreis. Der Zeuge sah sich die Fotos genau an und zeigte auf Bister.

„Der hier war ganz sicher dabei", sagte er. Die beiden anderen Porträts schob er zur Seite und sagte im Brustton der Überzeugung, dass diese beiden Dargestellten, einer der beiden war ich, nicht dabei waren.

Bei diesem Zeugen handelte es sich um einen unbescholtenen Bürger – einen besseren Zeugen für meine Unschuld hätte ich mir gar nicht wünschen können.

Als der Mann beim Prozess im Rahmen seiner Stellungnahme vom Richter gefragt wurde, ob er im Gerichtssaal jemanden sehe, der damals nach dem Banküberfall im Fluchtauto war, zeigte er ohne zu zögern auf Bister und sagte: „Ja, ich bin mir sicher, das ist der Mann."

Ich stand auf und bat den Richter, den Zeugen zu fragen, ob er auch mich gesehen hatte, was der Zeuge verneinte. Ich atmete auf und schöpfte Hoffnung.

Allerdings kam nun eine zweite Strategie der Ankläger zum Tragen. Ich hatte ja das Bisters Geld in einem Bankschließfach auf meinen Namen verwahrt und dies auch wahrheitsgetreu angegeben. Jetzt aber erdreistete sich der Kerl, zu lügen, dass sich die Balken bogen. Wie schon in den

Verhören davor leugnete er, dass dieses Geld ihm gehöre. „Nein, das ist nicht mein Geld", wehrte er ab. „Das ist der Beuteanteil vom Schandl!"

Ich war fassungslos.

Als ein der Anwalt der Versicherung der überfallenen Banken vortrat und mich fragte, ob ich bereit sei, das Geld zurückzugeben, antwortete ich: „Das kann ich nicht, es ist ja nicht mein Geld. Ich habe es nur für Bister aufbewahrt." Da wandte sich der Anwalt an Bister und fragte ihn, ob er das Geld freigeben würde.

Der sagte kurz und bündig: „Ja."

Das war doch eindeutig ein Beweis dafür, dass er dieses Geld als seines betrachtete, der Beweis dafür, dass er zuvor gelogen hatte! – So dachte ich zumindest.

Doch letztlich hatte das alles keine Bedeutung für das Urteil. Ich erhielt 19 Jahre Haft. Bister selbst erhielt nur 14 Jahre, sein Komplize sogar nur zehn Jahre.

Das heißt, ich bekam mehr als jene Leute, die tatsächlich die Banken überfallen hatten, mit der Begründung, dass bei mir strafverschärfend wirke, dass ich ich leugnete. Mein Ruf war schon so zerstört, dass man mich unbedingt wieder hinter Gittern sehen wollte, ob zu Recht oder zu Unrecht war anscheinend egal.

Ich ging natürlich sofort in Berufung aber bis zu der nächsten Verhandlung sollte noch ein Jahr vergehen.

*

Nach der ersten Verhandlung wurde ich 1992 nach Graz in die Strafanstalt Karlau überstellt. Dort gab es immer wieder Repressalien und ich ersuchte in meiner Verzweiflung um Gespräche mit Psychologen. Zumindest wollte ich versuchen, wieder nach Garsten zu kommen. Dort herrschten korrektere Bedingungen für Strafgefangene.

Innerlich kochte ich vor Wut über die Verleumdung und das ungerechte Urteil. Ich war eine aktivierte Bombe und es war nur eine frage der Zeit, wann ich explodierte. Das Gefühl des gravierenden Unrechts, das mir widerfahren war, zementierte in mir den Entschluss, mit allen mir zur Verfügung stehenden Mitteln diese Haft nicht abzusitzen. Entweder würde ich tatsächlich Selbstmord begehen oder versuchen, neuerlich zu flüchten. Mein Entschluss stand fest: Auf dieses Urteil musste ich reagieren – auf welche Art auch immer.

Und dann sprach mich in der Karlau bei einer günstigen Gelegenheit ein Mithäftling an. Ich hatte den Gefangenen schon 1985 in Garsten kennengelernt und mich hier nun nach ihm erkundigt. Dabei erfuhr ich, dass er, den Gerüchten nach, selbst bereits einen Ausbruchsversuch geplant hatte und angeblich „in Ordnung" war.

K., wie ich ihn heute nenne – ich will den Namen gar nicht bekannt geben – war Hausarbeiter. Wir gingen damals noch jede Woche zum Wäschetausch in den Keller, wo wir warten mussten, bis wir an die Reihe kamen, während die Hausarbeiter ihre Essenswagen an uns vorbei schoben. Dieser K. sprach mich, wie gesagt, von sich aus an und erklärte mir, dass er in Kürze entlassen werden würde. Er fragte auch gleich direkt, ob er mir irgendwie helfen konnte. Ich war skeptisch und sagte, dass er sich sein Angebot sehr gut überlegen sollte. „Nein, nein", wehrte er ab, „ du kannst mir vertrauen. Nur, ich habe keine Waffen."

Ich flüsterte ihm zu: „Dieses Problem lässt sich lösen" und gab ihm kurz einige Tipps, wo Waffen zu besorgen wären.

Nachdem ich K. nicht regelmäßig traf, übermittelte ich ihm über einen Umweg – einen Gefangenen, der in der Bibliothek beschäftigt war – eine klein zusammengefaltete Botschaft. Diese enthielt die näheren Details, wie ich vorhatte, zu einem Schießeisen zu kommen.

Und dann bahnte sich plötzlich weiteres Unheil an: Ich erhielt die offizielle Nachricht, dass Bemühungen im Gange waren, mir meine Gemeindewohnung in Wien wieder wegzunehmen. Ich erhob dagegen natürlich Einspruch. Im Prinzip bedeutete dies, dass ich nach Wien gebracht werden musste, um einer Verhandlung wegen der Wohnung beizuwohnen.

Das erzählte ich K. und entwickelte sofort einen Plan bezüglich der Pistole, in dem ich diese einmalige Chance, außerhalb des Gefängnisses zu sein, nutzen wollte. Vor seiner Entlassung schrieb ich K. dann noch einen Kassiber, in dem ich ihn anwies, draußen eine bestimmte Person zu kontaktieren. Diese würde ihm dann die Pistole aushändigen. Am Tag meiner Wohnungsverhandlung sollte er kommen und die Waffe, mit einer Zeitung zugedeckt, auf die Bank vor dem Gerichtssaal legen. Wenn ich dann, flankiert von Wachebeamten, käme, sollte er das Gerichtsgebäude schon wieder verlassen haben und draußen in einem Auto auf mich warten. Da ich ja Geld bräuchte, wollte ich gleich danach eine Bank überfallen und ohm aus der Beute eine Million Schilling als Belohnung für seine Hilfe geben. In die Befreiungsaktion selbst wäre er überhaupt nicht involviert gewesen.

Zur Durchführung der Befreiungsaktion selbst hatte ich mir folgendes überlegt: Ich wollte einem der Beamtem einen Stoß geben, mir die Waffe unter der Zeitung schnappen und die beiden Begleiter augenblicklich damit bedrohen. Sofort mussten sie mir die Handfesseln abnehmen. Im Gegenzug würde ich sie mit ihren eigenen Handschellen an eine der Bänke binden und dann mit der Waffe in der Hand fliehen. Vorbild für diesen Plan war ein Ereignis aus den 70er-Jahren: Ein gewisser Herr Karas – er ist heute schon tot – hatte damals seine Scheidungsverhandlung zu genau so einem Ausbruchsversuch genutzt und – das war das Wichtigste – konnte tatsächlich flüchten, nachdem er seine Bewacher gefesselt und entwaffnet hatte. Also, dann könnte es ja auch mir gelingen.

Dann geschah aber, was ich nie für möglich gehalten hätte: K. war eine „Ratte". Er verriet mich bei der Anstaltsleitung, sowie er konkrete Beweise für meine Ausbruchspläne in der Hand hatte. Er gab ihnen den von mir verfassten Kassiber und erhielt quasi als Belohnung die Zusage, einen – zuvor abgelehnten – Ausgang zu erhalten. Die Gegenseite nahm die Information über meinen Fluchtplan dankbar entgegen. Mich freute es später zu erfahren, dass K. seinen Ausgang dann trotzdem nicht bekommen hat. Ich wurde aber natürlich auch nicht nach Wien ins Bezirksgericht „ausgeführt", die Verhandlung dort fand ohne mich statt.

Ich konnte einen Verräter mehr auf die lange Liste all jener setzen, die mich in meinem Leben enttäuschten, verleumdeten oder verrieten, und bekam zusätzlich verschärfte Haftbedingungen.

Schließlich kam es 1993 zur – völlig sinnlosen – Berufungsverhandlung in Wien. Meine Argumente wurden abgeschmettert, das Strafausmaß von 19 Jahren bestätigt. Noch in Wien kontaktierte ich erneut den Psychologen und wiederholte meine Selbstmorddrohungen, wenn ich erneut in die Karlau kommen sollte.

Ich schreckte dabei nicht davor zurück, dem Herrn Doktor zu vermitteln, was sich in mir abspielte und dass ich unbedingt nach Garsten verlegt werden wollte: „Im Prinzip habe ich nur zwei Möglichkeiten", erklärte ich unumwunden, „Entweder bringe ich mich um oder ich fange an, mich zu verstümmeln."

Wobei ich sagen muss, dass das ein Bluff war: Selbstverstümmelung kam für mich nie in Frage. Im Laufe der vielen Jahre hinter Gittern hatte ich diesbezüglich viel gesehen. Es ist geradezu unglaublich, was sich Gefangene in ihrer Verzweiflung einfallen lassen, um in die Krankenabteilung oder ins Spital gebracht zu werden und dort etwas Abwechslung vom Gefängnisalltag zu haben. So habe ich zum Beispiel mitbekommen, wie Häftlinge die Stiele des Bestecks abgebrochen hat, um sie dann zu verschlucken, andere schluckten Rasierklingen und sogar zusammengebogene metallene Kleiderbügel. Im Fall des Letzteren ragte der Haken des Bügels sogar noch oben beim Mund heraus, als der Mann abgeführt wurde. Ich kannte einen älteren Gefangenen, der hatte einen völlig zerschnittenen Magen und konnte nicht mehr operiert werden, weil er viel zu oft diverse Gegenstände verschluckt hatte. Zum Standardrepertoire gehörte auch, sich schwer zu infizieren. Deshalb zog man sich eine mit dem eigenen Kot verunreinigte Schnur durch einen Schnitt in der Haut.

Die Wachen reagierten in solchen Fällen routiniert und äußerlich völlig unbeeindruckt, sogar wenn sich Häftlinge die Pulsadern aufschnitten und ihnen den Arm, aus dem das Blut in weitem Bogen spritzte, durch die Zellenluke entgegenstreckten. Nein, Selbstverstümmelung kam für mich nicht in Frage – ich befasste mich lieber ständig mit Gedanken an Flucht.

Unter dem Druck meiner wiederholten Ankündigung, mich umzubringen, verlegte man mich daraufhin tatsächlich in die Strafanstalt Garsten.

Hier gestehe ich, dass ich dies auch unter dem Aspekt angestrengt habe, dass mir in Garsten die Bedingungen zu weiteren Ausbruchsversuchen wesentlich besser schienen. Aber ich sah in diesem Moment keine andere Möglichkeit mehr, jemals wieder frei zu sein. Immerhin war ich zu diesem Zeitpunkt bereits 57 Jahre alt.

*

In Garsten wurde ich ganz normal in den Haftbetrieb integriert und begann auch gleich wieder, in einer Werkstatt zu arbeiten. Das ermöglichte mir, Mithäftlinge, die ebenfalls hohe Strafen abzusitzen hatten, für Fluchtpläne zu gewinnen.

Irgendwann sprach ich einen Hausarbeiter an, der auch den außerhalb der Gefängnismauer befindlichen Wachturm zu reinigen hatte. Er ging täglich mit seinem Kübel, seinen Lappen und Wischern aus dem Gefängnis hinaus und ich hatte beobachtet, dass er nie kontrolliert wurde.

In mir keimte die Hoffnung und ich fragte diesen Hausarbeiter bei einer guten Gelegenheit direkt, ob er für mich eine in diesem Kübel versteckte Waffe hereinschmuggeln könnte. Er überlegte nicht lange und meinte, dass dies sicherlich möglich wäre. Mehr noch, er zeichnete mir einen Plan der vorhandenen Örtlichkeiten und markierte darin, wo die Möglichkeit bestand, eine Pistole zu verstecken. Es handelte sich um eine Stelle bei einem Fenster, nahe zu jenem Häuschen, in dem die Wachebeamten ihre Ruhezeit verbrachten. Die Justizler hatten ein Dienstrad von drei

Stunden, dann gingen sie für drei Stunden in den sogenannten Ruheraum in Bereitschaft, kamen nach drei Stunden wieder und so weiter ...

Selbstverständlich bot ich meinem Fluchthelfer eine großzügige finanzielle Belohnung an, die ich mir nach dem gelungenem Ausbruch bei einem Banküberfall besorgen wollte. Dieser Hausarbeiter hatte nur noch zehn Monate Haft vor sich und gab mir eine Adresse, wo ich dieses Geld für ihn deponieren konnte. Er würde es dann abholen, wenn er in Freiheit war.

Ich fertigte einen „schwarzen Brief" an, eine Geheimbotschaft an einen meiner Freunde draußen, der mir eine Waffe besorgen konnte. Der Hausarbeiter würde den Kassiber seiner Frau mitgeben. Ihm war ja im Gegensatz zu mir Besuch gestattet. Und wenn er ihr an dem kleinen Tischchen gegenübersaß, konnte er ihr den klein zusammengefalteten Zettel zustecken. Sie sollte dann die Botschaft an eine bestimmte Adresse schicken, damit mein Freund die Pistole herbringen und verstecken lassen konnte.

Ich wollte die Waffe dann bei der ersten sich bietenden Gelegenheit in das Besuchszimmer mitnehmen, da sich dieses nahe beim Ausgang befand. Mit der Waffe in der Hand wäre es nicht schwer gewesen, dem Wachebeamten dort seine Pistole wegzunehmen und ihn zu zwingen, die Tür aufzusperren. Ich wäre auf die Straße gelaufen, hätte ein Auto gekapert und wäre geflüchtet.

Rückblickend muss ich sagen: Dieser Plan war wirklich gut, aber es kam, wie es kommen musste. Wieder einmal scheiterte ich an meiner Vertrauensseligkeit und dem fast schon obligaten, schändlichen Verrat.

Die Besucherin las meine Botschaft und ging damit schnurstracks zur Anstaltsleitung. Wahrscheinlich sah sie in diesem Verrat eine Möglichkeit, wie sie ihrem Gatten, quasi als Belohnung, eine frühere Entlassung herausschinden konnte. Das war natürlich nicht der Fall. Die Direktion nahm den „Zund" zur Kenntnis, aber der Mann blieb im Gefängnis, tragischerweise sollte er sogar noch vor seiner Entlassung im Gefängnis sterben.

Natürlich war mir aufgrund meiner Erfahrungen klar gewesen, dass das Risiko für Verrat immer sehr groß war – aber mein Drang nach Freiheit war größer als alle Vorsicht.

*

Ich erhielt natürlich sofort verschärfte Haftbedingungen und wurde noch 1994 nach acht Monaten in Garsten in die Haftanstalt Stein an der Donau überstellt. Aber dort saß auch Bister ein, mit dem mich seit seiner Verleumdung beim Prozess eine tief sitzende Feindschaft verband. Diesen Verrat, der mich so viele Jahre meines Lebens gekostet hat, konnte ich ihm nicht verzeihen.

Bister bekam es natürlich mit der Angst zu tun, als ich in Stein auftauchte. Er hatte sich in der Zwischenzeit dort beim Anstalts-Seelsorger eingeschmeichelt und wirkte als Messner. Durch seine Tätigkeit hatte er es sich, wie man so sagt, gerichtet und führte ein den Umständen entsprechend relativ schönes Leben, sofern man so etwas im Gefängnis überhaupt haben kann.

Schon am ersten Tag meiner Haft in Stein kam der Geistliche zu mir und versuchte, mich von einer Blödheit abzubringen. Er redete nicht lange herum: „Herr Schandl, jeder hier weiß, wie Sie zu Bister stehen, und ich habe gehört, dass sie alles versuchen würden, um ihn kalt zu machen. Bitte tun Sie das nicht! Schon in Ihrem eigenen Sinne."

Ich versuchte zu beschwichtigen und beteuerte, dass diese Aussage vielleicht einmal im verständlichen Zorn getätigt worden war, ich aber keinesfalls vorhatte, Bister tatsächlich umzubringen. Alles andere seien Gerüchte.

Offensichtlich war ich aber nicht recht glaubwürdig. Die Gefängnisleitung entschied nach dem Motto „sicher ist sicher", dass eine räumliche Trennung von uns im Sinne der Problemvermeidung eine kluge Maßnahme wäre, und ließ Bister in die Karlau überstellen. Ich blieb in Stein auf der Sicherheitsabteilung „West E".

Mein damaliges Verhalten war sicher nicht dazu angetan, mich bei den Wächtern beliebt zu machen. In mir waren nur Wut und Aggression. Ich empfand mein Leben als verpfuscht, ohne irgendeine Aussicht für die Zukunft.

Die Schuld dafür gab ich, neben all den Verrätern und Verleumdern, der Justiz, von der ich nach meinem letzten Prozess maßlos enttäuscht war. Ich wusste, dass auch ich Fehler gemacht hatte, und ärgerte mich auch darüber, aber nie wieder würde ich an dieses Rechtssystem glauben können.

Der Anstaltsleiter persönlich bemühte sich, mich irgendwie gefügig zu machen. Er kam zu mir in die Zelle und appellierte an meine Vernunft.

Ich sah ihn nicht einmal an und bellte nur aggressiv: „Was erwarten Sie von jemandem, der für Taten verurteilt wurde, die er gar nicht begangen hat? Sie wissen doch sehr genau, dass meine Strafe viel zu hoch ist."

Der Leiter nickte sogar und meinte: „Ja, ich glaube Ihnen, aber das nützt nichts. Sie sind rechtskräftig verurteilt – machen Sie es sich doch nicht noch schwerer, als es ohnehin schon ist." Und so weiter ...

Alles nur heiße Luft, alles nur Beschwichtigungsversuche, die an mir abprallten wie an einer Betonwand.

Ich erklärte dem Anstaltsleiter, dass ich erst jetzt so richtig begriff, von wie vielen Leuten, denen ich vertraut hatte, ich nur belogen, verleumdet und hintergangen worden war, und dass ich nicht mehr gewillt sei, auch nur ein bisschen Vertrauen in irgendjemanden zu setzen. Von mir wäre nichts mehr zu erwarten, von niemandem!

Der Gefängnisdirektor sah ein, dass es bei mir keine Anknüpfungspunkte gab, um ein konstruktives Gespräch zu führen. Er ging und kam nie mehr wieder.

Auch auf „West E" begann ich trotz der verschärften Haftbedingungen sofort, mich mit Ideen für diverse Fluchtversuche zu befassen. Ich dachte damals ja an nichts anderes als an Ausbruch. Ich beobachtete permanent meine Umgebung und hielt nach Lücken in der Überwachung Ausschau. Ich war, wie schon angedeutet, eine mental scharf gemachte Bombe ...

Innere Kraft holte ich mir durch die Aussage eines anerkannten holländischen Psychologen. Er schrieb bezüglich des Seelenzustandes von Gefangenen schon vor etwa 35 Jahren, dass ein Mensch, der seiner Freiheit beraubt ist und nicht ständig, mit welchen Mitteln auch immer, versuchte, sich diese Freiheit zurückzuholen, nach dem Prinzip des Menschseins zu einem „wertlosen" Wesen werde. Und ich wollte mich meiner Selbsteinschätzung nach definitiv nicht als wertlos betrachten.

Bei Gesprächen mit anderen Gefangenen versuchte ich ständig herauszufiltern, welchen anderen Insassen der Drang nach Freiheit genauso wertvoll war, wie mir. So konnte ich recherchieren, wer eventuell als Komplize in

Frage kam und auch bereit war, dafür Opfer zu bringen, also im Fall eines Scheiterns die Folgen zu ertragen. Konkrete Gespräche waren natürlich enorm riskant, das hatte ich gelernt. Die Gefängnisse sind voll mit den verschiedensten Typen von Menschen, welche die vielfältigsten Eigenschaften und Interessen mitbrachten. Jeder hat seine eigene Strategie, mit der Extremsituation fertigzuwerden. Die einen resignieren, die anderen geben sich als Maulhelden, um mit möglichst brutalen Geschichten andere zu beeindrucken, wieder andere sind wirklich aggressiv und lassen keinen Streit aus ... Die für mich gefährlichsten waren die „Wamser", also jene, die sich bei den Wachebeamten einschleimten und jede nur halbwegs interessante Information an die Wachen weitergaben, um für sich kleine Vorteile herauszuholen.

In der „Rekrutierungsphase" musste ich permanent damit rechnen, an ein solchen Verräter zu geraten. Erschwerend kam hinzu, dass ich mich in der gesicherten Abteilung befand und wenig Kontakt zu anderen hatte.

Zwischenzeitlich setzte Bister in der Karlau alle Hebel in Bewegung, damit er nach Stein zurück konnte. Klar, er hatte dort seinen Verbindungsmann, diesen Geistlichen ... und der wiederum verfügte über beste Beziehungen zum Ministerium. Bister wollte sein altes – relativ angenehmes – Leben als Ministrant wieder haben. Es gelang ihm.

Anscheinend war tatsächlich etwas von meinen Plänen durchgesickert und so kam es, dass 1996 Bister wieder nach Stein verlegt wurde und ich wegen „akuter Fluchtgefahr" in die Karlau überstellt wurde, wo ich rigoros in der Hochsicherheitsabteilung „C1" weggesperrt wurde. Man gestattete mir nicht einmal, am Sonntag den Gottesdienst zu besuchen. Es handelte sich fast um Isolationshaft, mit einer einzigen Ausnahme: Beim täglichen Hofgang war mir gestattet, mit den anderen Insassen dieser speziellen Abteilung, im Hof meine Runden zu drehen. Wir durften sogar miteinander reden.

Ich spürte, dass ich von den anderen „schweren Jungs" akzeptiert wurde. Ich hatte einen Namen. So etwas war schon damals im Gefängnis keine Selbstverständlichkeit, denn jeder Gefangene wurde intern darauf „abgeklopft", was er sich gefallen lässt. Wenn man Schwäche zeigte, war man in der Hierarchie unten durch. Aber hatte man es geschafft, sich durchzusetzen, dann galt eine Art Ehrenkodex. Heutzutage haben sich die Zeiten in unseren überfüllten Gefängnissen bezüglich der internen Rangordnung völlig verändert. Etwa 70 Prozent der Insassen sind Ausländer, denen dieser seinerzeitige Ehrenkodex herzlich egal ist. Es zählt oft nur noch rohe Gewalt, wodurch die Lebensumstände in den Gefangenenhäusern wesentlich brutaler geworden sind. Und ich weiß, wovon ich rede ...

*

Schon nach ein paar Wochen in der Karlau kam ich näher in Kontakt mit dem palästinensischen Terroristen Tawfik Ben Ahmed Chaovali aus Beirut. Er wurde von uns „Chao" genannt, war in einem Flüchtlingslager geboren worden und seit 1975 Mitglied der PLO. Im Jahr 1983 hatte er sich im Libanon der Terrorgruppe um Abu Nidal angeschlossen, war mit gefälschtem Pass von Ungarn nach Österreich gereist und hatte einen Anschlag auf eine israelische El-Al-Maschine am Flughafen Wien-Schwechat begangen. Dabei waren zwei Österreicher und ein Israeli getötet und ungefähr 40 Menschen bei der Schießerei zum Teil schwer verletzt worden. Chao hatte einen Bauchschuss abbekommen und konnte gefasst werden. Einer seiner Komplizen starb beim Feuergefecht. Beim Prozess wurde Tawfik Ben Ahmed Chaovali wegen zweifachen Mordes, zwölffachen Mordversuchs und Verstoß gegen das Waffengesetz zu lebenslanger Haft verurteilt. Chao, der mich sehr oft „Bruder" nannte, befand sich also in einer ähnlich aussichtslosen Situation wie ich. Im Prinzip hatten wir beide nichts mehr zu verlieren.

Auch Chao hatte schon einen Ausbruch gewagt. Im Mai 1995 konnte er durch ein Dachfenster der Anstaltstischlerei in Garsten flüchten, war aber zwei Stunden später wieder verhaftet worden. Deswegen war er dann auch in die Karlau verlegt worden. Der Palästinenser wusste natürlich, dass ich 1971 in Stein diese aufsehenerregende Geiselnahme gemacht hatte und fragte gleich direkt: „Bruder, Adi, wie schaut es aus? Was können wir machen, um da heraus zu kommen?"

„Nichts können wir machen", antwortete ich resigniert, „wir haben ja keine Waffen und ohne die ist es sinnlos." Der Palästinenser grinste breit und meinte, dass das kein Problem sein würde.

„Warum?", frage ich erstaunt und hatte augenblicklich so eine Art Hoffnungsschimmer im Herzen. Vielleicht war es doch noch möglich, aus der Karlau zu flüchten. Die Hoffnung stirbt bekanntlich zuletzt ...

Chao erzählte mir dann bei weiteren Hofgängen, dass er in einem speziellen Terroristen-Camp als Nahkämpfer ausgebildet worden war und aufgrund seiner Fähigkeiten früher sogar Leibwächter beim Palästinenserführer Arafat war. Er hatte auch gelernt, wie man mit einfachsten Mitteln

Sprengstoff herstellen konnte. Ich war skeptisch, fragte aber trotzdem nach, wie er sich so eine Bombe vorstellte.

„Bruder, ich brauche dazu eigentlich nur Nitro", antwortete er.

„Und das gibt es in der Tischlerei", stellte ich fest. „Also gut, versuchen wir es!"

In der nächsten Zeit heckten wir bei der „Bewegung im Freien" den ganzen Ablauf der Aktion aus. Dass es eine Geiselnahme sein musste, stand von Anfang an fest. Und auch bezüglich der Geiseln hatten wir schon eine Idee. Wir mussten mit den geringen Mitteln, die uns zur Verfügung standen, den größten Druck ausüben. Aus meiner Erfahrung bei der Sache mit dem Richteramtsanwärter und seiner Schriftführerin in Stein wusste ich, dass weibliche Geiseln das massivste Druckmittel sein würden. In der Kantine der Haftanstalt, wo wir unsere Einkäufe erledigten, waren vier Frauen beschäftigt. Somit stand der Ort der Geiselnahme schon einmal fest.

Auf verschlungenen Wegen organisierten wir uns aus der Tischlerei das Nitro und Chao begann damit, im Geheimen die primitiven Sprengsätze zu bauen. Unter Zuhilfenahme von kleinen Glühbirnen, etwas Draht und Batterien. Ich war ziemlich skeptisch und nicht so überzeugt davon, dass die Bomben funktionierten, aber der Palästinenser beruhigte mich immer wieder.

„Adi, verlass dich auf mich!", sagte er, „das haut hin, ich habe so etwas bei meiner Ausbildung trainiert."

Wie dann im Nachhinein festgestellt wurde, hätten unsere Bomben nie funktioniert, waren also tatsächlich reine Blindgänger, definitive Rohrkrepierer, weil ihnen eine wesentliche Zutat fehlte: der Sauerstoff.

Bis jetzt waren wir zu zweit, aber während wir an der Umsetzung unseres Plans arbeiteten, sprach uns ein weiterer Mithäftling bezüglich eines Ausbruchsversuchs an, ebenfalls ein Schwerverbrecher der noch etliche Jahre vor sich hatte. Wir holten ihn ins Boot und weihten ihn in unsere Pläne ein. Bei diesem Mann handelte es sich um den Mörder und Zuhälter Peter Grossauer, der – genauso wie wir – ebenfalls nichts mehr zu verlieren hatte.

Wann der Tag der Geiselnahme sein würde, konnten wir nicht genau festlegen, da wir bestenfalls zu zweit einmal pro Woche in die Kantine zum Einkauf durften. Nur wenn sich die Gelegenheit ergeben würde, dass wir alle drei gleichzeitig eingelassen wurden, konnte der Überfall stattfinden.

Ich muss ein wenig lächeln, wenn ich heute im Internet bei Wikipedia folgenden Satz lese: „Am 14. November 1996 durften aus bis heute ungeklärten Gründen die drei Männer zusammen im Anstaltsgeschäft einkaufen." Diese angeblich „ungeklärten Gründe" kann ich mit einem Wort erklären: Schlendrian! Natürlich hätten wir nicht zusammen dort sein dürfen und man hätte uns auch mit einem Metalldetektor untersuchen müssen, bevor wir die Kantine betraten. Das ist aber nicht geschehen, denn sonst hätte man die „Bomben" entdeckt, die Chao in einer Tasche bei sich hatte. Mehr noch, er trug auch ein rasierklingenscharfes, selbst gebasteltes Messer bei sich ...

*

Bei jedem Einkauf wiederholte sich das gleiche Ritual: Zwei Beamte saßen bei der Kassa, kontrollierten die Einkaufslisten, die ihnen die Häftlinge gaben, und deren Kontostände.

Bewaffnet waren sie nicht, aber jeder von ihnen hatte einen Schlagstock aus Hartgummi bei sich. Wenn sie sich überzeugt hatten, dass alles in Ordnung war, ließen sie die Häftlinge in den Raum und ihren Einkauf erledigen.

Die Kantine war unterteilt in mehrere Bereiche: eine Trafik, einen Lebensmittelbereich und einen Bereich, in dem man Drogerieartikel wie Seife usw. kaufen konnte. Im hinteren Bereich befand sich eine Treppe, die in ein etwas tiefer liegendes Magazin führte, wo die Waren gelagert waren. Von diesem Depot aus konnte man auch einen Hof erreichen. Die schwere Eisentür dort war selbstverständlich immer versperrt und wurde nur beim Einlagern von Waren geöffnet.

In der Kantine arbeiteten insgesamt vier Frauen. Eine von ihnen saß in der kleinen Trafik, eine Kollegin befand sich in der Drogerie. Auf der linken Seite des Ladens arbeiteten zwei Damen bei der Lebensmittelausgabe. Da wir aber nur zu dritt waren, wollten wir auch nur drei Frauen als Geiseln nehmen. So unser Plan.

Chao ging ganz locker in das Geschäft, die Tasche mit den Sprengsätzen in der Hand. Seelenruhig packte er eine seiner „Bomben" aus und stellte sie vor die beiden Beamten auf das Pult.

„Das ist ein schöner Gruß aus der Hölle!", brüllte er und stürzte sich im nächsten Augenblick auf die Trafikantin, die sich allerdings heftig zur Wehr setze. Die beiden Beamten, die mich eskortiert hatten sprangen nach vor, um der Frau zu helfen, aber Chao hatte ja sein Messer und fuchtelte wild damit herum.

Die Justizler schwangen die Gummiknüppel und der Palästinenser stach zu. Einer der Beamten wand sich vor Schmerzen am Boden, der andere wich, ebenfalls angestochen, hinter den Tresen, auf dem noch immer die „Bombe" lag zurück. Im Tumult schaffte es die wehrhafte Trafikantin, zu entkommen, während ein herbeigeeilter Wachebeamter die beiden Verletzten aus dem Magazin zog und Alarm schlug. Eine der Frauen aus der Lebensmittelabteilung schlich sich in gebückter Haltung hinunter ins Depot, um sich dort hinter aufgestapelten Kartons zu verstecken.

Peter und ich hechteten über das Verkaufspult. Ich packte eine Frau fest mit beiden Händen, bemühte mich aber um einen beruhigenden, höflichen Tonfall, als ich zu ihr sagte: „Kommen Sie mit, es passiert Ihnen nichts!" Ich war völlig unbewaffnet. Peter, der ein muskulöser, groß gewachsener Mann war, schnappte sich die andere Frau und hob sie einfach hoch, um sie zum hinteren Ende der Kantine zu tragen.

Mit Klebebändern fesselten wir die beiden Frauen auf Stühle und Chaovali befestigte zwei der verdrahteten Sprengsätze, die aus etwas kleineren Nitro-Behältern bestanden, am Rücken unserer Geiseln. Immer mehr Beamte drängten bereits in die Nähe des Eingangs, wagten es aber nicht, sich uns zu nähern.

„Da drinnen ist flüssiger Sprengstoff!", brüllte der Palästinenser und zeigte auf seine Bomben.

Mit zwei Kluppen, die normalerweise für das Aufhängen von Wäsche verwendet werden, waren die Drähte markiert. Chao zeigte auf diese Wäscheklammern neben dem Zündmechanismus und sagte: „Wenn wir die Kluppen öffnen, ist es zu spät! Dann geht die Höllenmaschine hoch – glaubt mir, ich bin ein ausgebildeter Sprengstoffexperte!"

Wir standen so, dass wir möglichst komplett hinter den beiden Frauen Deckung fanden. Man weiß ja nie, es konnte gut möglich sein, dass einer der Justizler bei der Eingangstür in einem Anfall von unüberlegter Tapferkeit seine Pistole zog und abdrückte.

Selbstverständlich hatte ich wieder ein Schreiben vorbereitet und warf es jetzt den Beamten zu.

Der Zettel enthielt die sachliche Feststellung, dass wir hier in der Kantine Geiseln genommen hatten und es nicht in unserer Absicht lag, den Opfern ein Leid zuzufügen. Dann kamen die Forderungen: Innerhalb von drei Stunden wollten wir einen Hubschrauber zur Verfügung gestellt bekommen und das Lösegeld erhalten. Wir verlangten acht Millionen Schilling und ein Gespräch mit dem Anstaltsleiter.

Dieser ist übrigens nie gekommen. Entweder war er nicht besonders mutig, vermutete ich, oder es war Strategie, uns einfach nicht mit den in unseren Augen Zuständigen reden zu lassen.

Mit einer Handbewegung scheuchten wir die Wachebeamten aus der Kantine und waren nun alleine mit den Frauen. Wir gingen mit ihnen hinunter ins Depot, um uns zu verschanzen, und dort fand ich die dritte Frau hinter einem Kartonstapel.

„Ja, was machen Sie denn da?", fragte ich verdutzt. Ich hatte angenommen, dass die dritte Angestellte ebenfalls mit den zurückweichenden Wächtern das Magazin verlassen hätte.

„Ich, ich hab' mich versteckt", antwortete sie leise mit vor Angst zittriger Stimme. Ich musste lächeln und sagte möglichst sanft: „Leider war das der falsche Weg. Es tut mir leid, aber jetzt sind auch Sie unser Faustpfand."

Wir befestigten die dritte Bombe, die Chao noch immer in der Hand hielt, an dieser Frau. Wir hatten ja immer mit drei Geiseln gerechnet, weshalb es auch drei Bomben gab, bei denen es sich meiner Einschätzung nach ohnehin nur um beeindruckende Attrappen handelte. Wie auch immer, die Dinger waren für unser Vorhaben ausreichend.

In unserem Versteck warteten wir auf die Ereignisse, die nun kommen sollten. Beim Verkaufspult stand ein Telefon und es war klar, dass man mit diesem Apparat den Kontakt zu uns herstellen würde. Nach rund einer halben Stunde läutete das Telefon und ein gewisser Herr Hamedl meldete sich. Er stellte sich als Verhandlungsleiter vor und fragte auch, ob ich damit einverstanden sei, mit ihm zu reden. War ich natürlich. Ich verlangte neuerlich, den Anstaltsleiter zu sprechen, aber bekam nur eine ausweichende Antwort. Nun erkannte ich die Strategie. Hier war ein ausgebildeter Verhandler, der uns so lange wie möglich hinhalten und die Situation deeskalieren sollte. Gut, was konnte ich dagegen tun? Uns war nur wichtig, dass man unsere Forderungen innerhalb des Ultimatums erfüllte.

Das stellte sich angeblich als nicht durchführbar heraus und wir mussten auf Drängen von Herrn Hamedl die Zeitspanne verlängern. Dieser Verhandler verstand sein Handwerk wirklich gut. Immer wieder kam er mir entgegen, um dann im richtigen Augenblick doch irgendein Argument zu haben, warum man unsere Forderungen nicht erfüllen konnte. Immer wieder ging er auf uns ein und versuchte auch, unsere Geiseln als menschliche Wesen einzubinden, damit wir sie ja nicht nur als Verhandlungsgut wahrnahmen. Später habe ich über ihn gehört, dass er es aufgrund seiner Fähigkeiten bei diversen Einsätzen geschafft hat, zahlreiche Selbstmordwillige von ihrem Vorhaben abzubringen.

Natürlich versuchten wir zwischenzeitlich, die Schwachpunkte der Kantine genau im Auge zu behalten. Es gab zum Glück nur einen Eingang und diese Metalltür unten im Depot. Hofseitig gelegen befanden sich drei vergitterte

Fenster und wir verlangten, dass der Hubschrauber genau dort landen sollte, damit wir ihn sehen konnten. Wir wollten dann im Schutz einer übergeworfenen Decke einzeln zum Hubschrauber gehen. So hätten die Scharfschützen nicht genau erkennen können, wo sich unsere Köpfe befanden. Wir wussten, wie gut diese Leute zielen können und diese Maßnahme war deshalb – so glaubten wir zumindest – extrem clever. Ach ja, wie damals im Kultursaal gab es auch hier eine kleine Oberlichte, die wir wegen der Scharfschützen unablässig beobachteten.

Natürlich war klar, dass sie alles versuchen würden, um Zeit zu gewinnen, obwohl der Verhandler immer wieder das Gegenteil beteuerte. Hamedl verlangte, auch mit den Frauen sprechen zu dürfen. Ich willigte gerne ein, denn auf diese Weise konnten wir ganz in unserem Sinn das Tempo steigern, weil die Angehörigen der Frauen sicherlich Druck ausüben würden, unsere Forderungen rasch zu erfüllen.

Die Geiseln verhielten sich erstaunlich ruhig, weit entfernt von jeder Hysterie. Ich setzte mich zu ihnen, entschuldigte mich noch einmal für unser Verhalten. Ich erklärte ihnen meine Situation, versuchte ihnen das Unrecht zu erklären, das mir widerfahren war und das nun mich und sie in diese Lage gebracht hatte. Ich redete wie ein Pfarrer und bemühte mich um einen sanften Tonfall: „Bitte glauben Sie mir, viel lieber hätte ich einen Tunnel gegraben oder wäre über die Mauer gesprungen, nur ist so etwas heutzutage nicht mehr möglich. Wir wollen Ihnen nichts tun, wir wollen nur unsere Freiheit."

Ich erklärte ihnen, dass wir nur nach außen hin so agierten, ja agieren mussten, als wären wir schrecklich brutale Menschen. Dass auch wir Familien hätten, unsere Frauen und Kinder liebten.

Gegenüber den Sicherheitskräften präsentierten wir uns natürlich anders. Gerade Chaovali wurde von uns als beinharter Terrorist dargestellt, der gelernt hatte, andere Menschen zu foltern und zu töten.

Und es war auch so: Chao hätte wahrscheinlich nicht gezögert, das zu tun, wenn es dazu beitrug, unsere Forderungen durchzusetzen. Das sagte er uns und den Geiseln gegenüber immer wieder. Er fuchtelte furchteinflößend mit seinem Messer herum und erklärte laut, dass er in mir nun endlich seinen „Bruder" gefunden hatte, also einen Mann mit „Eiern", der nicht nur herumredete, sondern auch entschlossen handelte. Ich glaube, er sah in mir tatsächlich seinen Kommandanten. Er fragte nicht nur ein Mal: „Soll ich einer der Frauen den Kopf abschneiden? Gib mir den Befehl und ich mache es."

Ich schüttelte nur den Kopf und meinte, dass wir so etwas nie tun dürften, komme, was wolle. Peter stimmte mir zu. Auch er war der Meinung, dass den Frauen nichts geschehen sollte. Chao sah das anders: Er hätte sein Messer eingesetzt, wenn ich es von ihm verlangt hätte.

Natürlich begingen wir mit dieser Geiselnahme ein Verbrechen, aber wir verhielten uns unserem „Ehrenkodex" entsprechend anständig. Wir übten zwar Gewalt aus, aber wir waren nicht grausam.

Umso mehr erschütterte mich dann später bei der Besprechung vor dem Prozess die Bemerkung eines mit der Vorbereitung unserer Verteidigung befassten Juristen. Der „Gesetzeskundige" fragte uns doch allen Ernstes, warum wir die Frauen dort im Depot nicht vergewaltigt hätten, wo sich doch das zu erwartende Strafausmaß für uns dadurch nicht wesentlich vergrößert hätte. Diese Bemerkung des Verteidigers war für uns ein richtiger Schock. Niemals hätten wir auch nur im Traum daran gedacht, unsere weiblichen Geiseln sexuell zu missbrauchen. Welches Bild hatte dieser Mensch von uns? Welche kranken Gedanken trug dieser Mann in sich, der sich anmaßte, das Gesetz zu verkörpern?

Die Verhandlungen in der Kantine zogen sich endlos dahin, insgesamt fast zehn Stunden lang. Klarerweise hatten die Damen auch menschliche Bedürfnisse und wir erlaubten ihnen selbstverständlich, dass sie ihre Notdurft verborgen vor unseren Blicken hinter einem Regal verrichten durften.

Obwohl Hamedl alles tat, um uns mit Engelszungen bei Laune zu halten, riss mir schließlich der Geduldsfaden und ich verlangte ein Mobiltelefon. Man gab es uns, allerdings war der Akku – wahrscheinlich absichtlich – schon fast leer. Es reichte aber aus, um die Frauen bei sich zu Hause anrufen zu lassen, um ihre Familienmitglieder zu beruhigen, aber auch, um bei den Angehörigen der Forderung Nachdruck zu verleihen, dass sie stärkeren Druck auf das Ministerium ausüben mussten. Langsam wurden die Nervenanspannung zu groß und die Zeit knapp. Bald würde ich für nichts mehr garantieren können. Chao war knapp vor dem Ausrasten.

Ich erinnere mich auch an eine sehr überraschende Situation, als eine der Damen mich in dieser extrem angespannten Stimmung bat, ihre Hand zu halten.

„Warum?", fragte ich erstaunt, weil ich diese Reaktion meiner Geisel nicht fassen konnte.

„Ja wissen Sie, Sie strahlen so eine Ruhe aus und sind ein so höflicher Mensch. Wenn Sie meine Hand halten, fühle ich mich sicher."

Also habe ich das eben getan. Der Geiselnehmer Adolf Schandl, der angebliche Schwerverbrecher, hielt mit seinem Opfer Händchen.

Endlich hörten wir einen Hubschrauber. Er machte jede Menge Lärm, aber landete nicht. Über das Telefon berichtete man uns, dass der Helikopter im Hof nicht landen könne, weil dort angeblich zu wenig Platz sei – oder das Gerät zu wenig Auftrieb hätte oder irgendetwas in dieser Art. Das war natürlich ein Täuschungsmanöver. Sie sagten uns, dass das Gerät nur beim Haupteingang landen konnte.

Wir waren sogar damit einverstanden – die Distanz dorthin betrug ja nur etwa 40 Meter. In Wahrheit hatten sie den Lärm des Hubschraubers nur dazu genützt, um von außen eine Sprengladung an der Eisentür am Hintereingang zu befestigten.

Als sie den Sprengsatz zündeten, staubte es zwar gewaltig, aber die Tür hielt stand. Ich, gerade beim Telefon, und meine beiden Komplizen gerieten in Panik. Besonders Chao war nahe daran, die Nerven zu verlieren und brüllte herum, beschimpfte die Polizisten draußen und verhöhnte sie. Ich ließ meiner Empörung freien Lauf und sagte dem Verhandlungsleiter Hamedl am Telefon noch einmal eindringlich, dass es einzig und allein die Schuld der Exekutive sei, wenn, wie soeben geschehen, eine Überreaktion provoziert werde und die Bomben am Rücken der Frauen hochgingen.

*

Unsere Nerven lagen blank. Ich verlangte nun das Lösegeld innerhalb der nächsten Minuten – sonst würde es zur Katastrophe kommen.

„Ja, ja, es ist schon da", versicherte man mir am Telefon, „aber zeigen Sie uns ebenfalls eine Geste des guten Willens und lassen Sie eine der Geiseln frei."

Angeblich hatte es bis zur Übergabe des Geldes so lange gedauert, weil acht Millionen Schilling in dieser kurzen Zeit nicht aufzutreiben waren, worauf wir uns auf vier Millionen herunterhandeln ließen – auch dies eine reine Hinhaltestrategie, um unsere Nerven zu belasten und uns mürbe zu machen.

Ich erklärte mich damit einverstanden, eine Geisel freizulassen, wenn erst das Lösegeld hier sei. Am Telefon vereinbarten wir, dass ich, nachdem ich das Lösegeld in Empfang genommen hätte, die Frau zur Tür brächte, die hinaus auf den Gang führte. Ich ging also zur Tür, öffnete die Verriegelung und ein Justizwachebeamter schob mir einen Karton in den Raum. Der Behälter war bis an den Rand mit Tausend-Schilling-Scheinen gefüllt.

Ich zog die Schachtel herein und ins Hintere des Raums. Wenn ich die Tür nur einen Spalt weiter aufgemacht hätte, hätte ich gesehen, dass mittlerweile auch die Spezialeinheit „Cobra" vor Ort war und sich auf einen Sturmangriff vorbereitete.

So aber freuten wir uns, der Erfüllung unserer Bedingungen wieder einen Schritt näher zu sein. In meiner Freude wandte ich mich sogar an unsere Geiseln und bot ihnen – quasi als Abgeltung für ihren Stress – an, ihnen geheim vom Lösegeld je 300 000 Schilling zuzustecken. Ich erklärte ihnen, dass sie dieses Geld im BH verstecken müssten, weil man es ihnen sonst sofort wegnehmen würde. Zwei von diesen Frauen hätten nach kurzem Zweifeln sofort zugestimmt, nur die dritte Geisel, eine junge Mutter, lehnte ab. Sie wollte nur zurück zu ihren Kindern, mehr wünschte sie sich nicht.

Nun war es an der Zeit, unseren Part der Abmachung zu erfüllen. Ich nahm eine der Geiseln und brachte die vor

Aufregung zitternde Frau zur Tür. Ich öffnete wieder den Riegel und wandte mich zu der Frau, um sie vor mir in den Gang schieben zu können. Diesen kurzen Augenblick der Unachtsamkeit nutzte die Spezialeinheit für ihren Angriff.

Ein Trupp schwarz vermummter Cobra-Kämpfer brach durch die Tür und stürmte den Raum. Was mich heute noch schmunzeln lässt, ist die Tatsache, dass ich mit meinen damals 60 Jahren schneller reagierte, als diese extrem trainierten Cobra-Leute. Während sie Warnschüsse über unsere Köpfe hinweg abfeuerten, hechtete ich über den Tresen, aber es war zu spät. Sie überwältigten mich, obwohl ich mich heftig wehrte.

Im Tumult sah ich noch, wie mich Chao mit vor Schreck geweiteten Augen anstarrte. Er hatte sich auf eine Geisel geworfen und einer der Cobra-Männer zielte mit seinem Gewehr auf ihn. Der rote Punkt der Laser-Zielvorrichtung stand mitten auf der Stirn des Palästinensers.

„Nicht schießen!“, brüllte ich, während sie mir die Hände am Rücken in Handschellen legten und mich hinaus auf den Gang zerrten. Was dann dort unten im Magazin weiter geschah, entzieht sich meiner Kenntnis.

Draußen wurde ich brutal zu Boden geworfen und erhielt auch Fußfesseln. Ich wurde von allen Seiten geschlagen und getreten. Augenblicklich begannen sie damit, mir die Kleider vom Leib zu reißen, beziehungsweise Teile davon mit dem Messer herunterzuschneiden. Mein T-Shirt leistete jedoch erbitterte Gegenwehr und wollte nicht reißen. Fast hätten sie mich damit stranguliert, ich bekam keine Luft mehr, doch sie ließen nicht locker. Sie zogen und zerrten am T-Shirt, ich röchelte nur noch und sah aus den Augenwinkeln, welche Freude es den Männern bereitete, mich auf diese Art und Weise zu quälen.

Als ich endlich nackt auf dem Boden lag, stieg mir ein Beamter mit seinem Schuh auf den seitlich gedrehten Kopf und presste ihn gegen den Steinboden. Jener klein gewachsene Justizler, der mir den Karton mit dem Lösegeld herein geschoben hatte, verhielt sich extrem aggressiv. Er trat mir mit aller Kraft in die Rippen und misshandelte mich mit sichtlichem Genuss.

Später erfuhr ich, dass genau dieser Brutalo einige Zeit später selbst verhaftet und verurteilt wurde, weil er sich ein Zubrot damit verdient hatte, dass er Drogen ins Gefängnis schmuggelte und sie dort zu Wucherpreisen verkaufte. Ich hoffe, dass es ihm im Gefängnis gut ergangen ist – falls er überhaupt eine unbedingte Strafe erhalten hat.

Als ich splitterfasernackt war, zerrten sie mich hoch und durchquerten im Laufschritt den Gang. Mit meinen Fußfesseln konnte ich aber nur zappelnd winzig kleine Schritte machen, stolperte immer wieder, wurde brutal hochgezogen und in den Keller gebracht. Dort gab es einige Korrektionszellen mit doppelter Sicherheit, das heißt, dass vor der üblichen Gefängnis-Metalltür mit der kleinen Klappe für das Essen noch ein massives Gitter befestigt war. In diesem feuchten Raum gab es anstelle einer Pritsche lediglich vier Betonsockel, auf die einige Bretter gelegt waren.

Die Justizler warfen mich – noch immer gefesselt – auf diese Bretter und gingen. Nur langsam kapierte ich, dass ich alleine war. Es war dort unten nicht nur feucht, sondern auch bitter kalt. Es war immerhin Mitte November und die Korrektionszellen wurden „selbstverständlich" nicht geheizt. In kleinen Wölkchen konnte ich meinen Atem aufsteigen sehen. Jeder Atemzug war eine Qual und jeder Knochen tat mir weh.

Eine Weile war es totenstill. Dann hörte ich, wie man meine beiden Komplizen in die Nachbarzellen verfrachtete. Chao war nebenan und schrie laut vor Schmerzen. Später habe ich erfahren, dass sie ihn – ebenfalls nackt – mit den Handschellen an seinen hinter dem Rücken zusammen-gebundenen Händen an ein hoch liegendes Leitungsrohr gehängt hatten. Der Palästinenser hing in dieser Position viele Stunden lang wie bei einer Kreuzigung. Allmählich ging sein Schreien in ein gedämpftes, schmerzvolles Wim-mern über. Das war keine subtile Folter mehr, sondern eine Foltermethode, die nach dem Österreichischen Gesetzbuch sogar geahndet wird. Aber in diesem Moment hatte Justitia ihre Augenbinde ganz fest vor die Augen gezogen.

Ich lag vor Schmerzen und Kälte zusammengekrümmt in der Zelle, als unsere Peiniger so gegen Mitternacht wie-der kamen, um mich zu holen. Sie zerrten mich hoch und schleppten mich im Laufschritt mit sich fort. Aufgrund der Fußfesseln kam ich nur schwer mit und konnte die Stufen hinauf ins Hauptgebäude gar nicht bewältigen. Wie einen Kartoffelsack schleiften sie mich die Treppen hinauf und schlugen mir die Füße wund. Ich sah die Wächter grinsen, bei jedem Stoß, den ich abbekam, bei jeder Ecke, gegen die sie mich rempelten.

Man brachte mich in ein Dienstzimmer, wo an einem klei-nen Schreibtisch eine Sekretärin an der Schreibmaschine saß. Ich musste mich, zitternd vor Kälte, völlig nackt mitten im Raum hinstellen, links und rechts flankiert von Justizwa-chebeamten. Ein Kriminalbeamter, der hinter einem etwas größeren Tisch saß, begann mit meiner Einvernahme, aber ich konnte kaum reden, weil meine Lippen vor Kälte zitterten.

„Seht ihr nicht, dem ist ja kalt", empörte sich der Krimi-
naler. „Gebt ihm wenigstens eine Decke."

Die Wachebeamten schüttelten nur ihre Köpfe. Der Kriminalbeamte wiederholte seine Aufforderung – wieder das
gleiche ablehnende Verhalten meiner Bewacher. Ich sah,
dass der Kriminalbeamte wenigstens einen Funken Mitgefühl hatte. Er sprang auf und rief: „Ich gehe jetzt zum
Anstaltsleiter! Das sind nicht tragbare Zustände hier!"

Einige Zeit später wurde eine stark verschmutzte Decke
gebracht, die mir einer der Beamten zuwarf. Sie verbreitete
einen bestialischen Gestank. Aber mit gefesselten Händen ist es sehr schwer, sich so eine Decke über die Schulter
zu legen. Mit den Zähnen zog ich den Fetzen irgendwie
zurecht, sodass er mich zumindest ein bisschen bedeckte
und wärmte. Jede auch noch so kleine Bewegung tat höl-
lisch weh. Mein Körper war durch die Misshandlungen mit
blauen Flecken übersät.

Nach der Einvernahme brachte man mich auf die gleiche
brutale Art und Weise zurück in die Korrektionszelle. Gnä-
digerweise ließ man mir nach der Einvernahme die schmut-
zige Decke, doch es gelang mir nicht, sie so über mich zu
legen, dass sie mich zugedeckt hätte. Als ich irgendwann
meine Notdurft verrichten wollte, stellte ich erst fest, dass
ich mit den zusammengebunden Beinen und am Rücken
gefesselten Händen mir sehr schwer dabei tat. Bösartiger-
weise hatte man – im vollen Bewusstsein, dass ich sie nicht
benutzen konnte – einen Wasserkrug und einen Plastikbe-
cher neben das aus Ziegeln in der Ecke errichtete Plumpsklo
gestellt.

Irgendwann nach vielen Stunden kamen wieder einige
Wärter – wahrscheinlich auf Betreiben des Kriminalbeamten – und änderten meine Fesselung, indem sie meine

Hände nun vor dem Körper in Handschellen legten. Sie legten sogar eine dünne Schaumstoffunterlage auf die rauen Bretter. Am nächsten Tag – ich dürfte schon blau gefroren gewesen sein – erhielt ich speziell ausgesuchte, „handverlesene" Anstaltsbekleidung: viel zu groß die Hose, zu klein das Hemd, ungewaschen und übel riechend. Vor allem die riesigen Schuhe waren eine Katastrophe, noch dazu hatten sie höhere Absätze. Schuhbänder gab es wegen der Selbstmordgefahr natürlich keine.

So wurde ich zu meiner Stunde Hofgang ausgeführt, wo ich ohne Jacke natürlich fror wie ein Schneider und von selbst schon nach kurzer Zeit wieder ins Haus zurück wollte. Irgendwann im Laufe des Tages erhielt ich sogar ein Stück Seife und ein grob gewebtes Handtuch.

Entgegen der Regelung, dass man nur vier Wochen in der Korrektur sein konnte, wurden es bei uns acht Wochen. Auf Antrag der Anstaltsleitung verlängerte das Gericht unsere Aufenthaltszeit im Keller noch einmal um vier Wochen.

Mittlerweile war es tiefster Winter und die Außentemperaturen lagen weit unter minus zehn Grad. Um dem Gesetz Genüge zu tun und uns offiziell nicht in unbeheizten Räumen dahinvegetieren zu lassen, nahm man am Gang vor den Zellen einen Radiator der Zentralheizung in Betrieb, der gerade einmal vier Heizrippen hatte und höchstens lauwarm wurde.

Ein Mal pro Woche durften wir im Schnellverfahren duschen gehen und erhielten irgendwann sogar Zahnbürsten und Zahnpaste.

Aber auch diese Zeit ging – wenn auch schleppend langsam – vorüber. Wir blieben alle drei bis zum Prozessbeginn in der Karlau, wurden jedoch voneinander getrennt im Hochsicherheitstrakt untergebracht, um jegliche

Kommunikation zu verhindern. Sahen wir uns irgendwann einmal zufällig, versuchten wir zwar, uns etwas zuzurufen, aber das unterbanden die Wachen schnell. Selbstverständlich waren uns alle Begünstigungen gestrichen worden, wie sie unter normalen Umständen im Gefängnis üblich sind. Wir durften keine Besuche erhalten, keine Einkäufe tätigen und so weiter ... das alte Lied.

Ein Beispiel für die Umstände, unter denen ich leben musste, ist der an sich simple Vorgang, zur Dusche zu kommen. Die war ungefähr 20 Meter von meiner Zelle entfernt und es standen sowieso immer drei Wachebeamte herum. Wenn ich zum Duschen ging, dann lief das so ab: Ich musste meine Hände aus der Essklappe meiner Zelle strecken und bekam Handschellen angelegt. Gefesselt führten sie mich in den Duschraum und sperrten die Tür ab. Wieder musste ich meine Hände aus der Klappe halten und die Handschellen wurden abgenommen. Wenn ich mit dem Duschen fertig war, das gleiche Prozedere noch einmal: Hände raus, Handschellen drauf und die 20 Meter zurück in die Zelle, wo mir die „Achter" wieder abgenommen wurden.

Die Justizler hatten auch immer wieder viel Freude damit, mich unnötig zu quälen. Zum Beispiel war die Zellenheizung ohnehin nicht berauschend, aber ein Beamter machte sich einen Sport daraus, jedes Mal, wenn ich auf Hofgang war, mein Fenster sperrangelweit zu öffnen und die Heizung abzudrehen. Wenn ich zurückkam, bibberte ich im Haftraum vor Kälte und es dauerte sehr lange, bis es wieder erträglich temperiert war. Als ich den Beamten nach dem Grund seines Tuns fragte, antwortete er mit einem süffisanten Grinsen: „Es muss ja auch einmal gelüftet werden."

***

Nur nicht im Gefängnis sterben!
Der Weg durch die Instanzen

Ich war in diesem Winter 1996 nach dem gescheiterten Fluchtversuch am Boden und erwartete meinen neuerlichen Prozess in der Gewissheit, eine hohe Zusatzstrafe zu bekommen. Es würde so kommen, wie es mir Wachebeamte immer wieder verbal unter die Nase rieben: „Schandl, Sie kommen nie mehr raus. Sie werden im Gefängnis sterben."

Mein Leben war also sozusagen vorbei und ich saß quasi als lebende Leiche hinter schwedischen Gardinen. Dies gab man mir auch zu verstehen, wenn zum Beispiel grinsend zu mir gesagt wurde, dass sich für mich die Gefängnistore erst wieder öffnen, wenn ich im „Holzpyjama" mit den Füßen voran hinausgetragen werden würde. Nach dieser zweiten Geiselnahme gab es nur noch ganz wenige Wachebeamte, die sich mir gegenüber korrekt verhielten und die man als human bezeichnen konnte.

Nach etwa sechs Monaten erlaubte man mir, als großes „Entgegenkommen", wie sie es bezeichneten, dass ich ohne Handschellen im Hof spazieren gehen konnte. Mit unserem Fluchtversuch hatten wir uns auch den Zorn der Mitgefangenen zugezogen, weil der Verkaufsraum danach zwei Wochen lang sicherheitstechnisch umgebaut wurde und es während dieser Zeit keine Möglichkeit gab, sich irgendetwas zu besorgen. Keine Zigaretten, keine Getränke – nichts. Die Anstaltsleitung ließ ein stabiles Gitter einbauen und das Einkaufen wurde viel komplizierter. Ich erfuhr davon erst später, als andere Gefangene mich beim Hofgang von ihren Zellenfenstern herab wüst beschimpften: „Du alter Idiot, warum hängst du dich nicht auf?" und so weiter …

Im Prinzip verstehe ich diese Reaktionen, aber andererseits ist dazu anzumerken, dass der Vorfall von der Anstaltsleitung gekonnt dazu benützt wurde, um die Gefangenen gegen uns aufzuhetzen.

Äußerlich ignorierte ich die Beschimpfungen, aber der mir immer wieder nahegelegte Selbstmord beschäftigte mich. War es jetzt soweit? Mit einem Schlag wäre ich alle Einschränkungen und Qualen los. Die Hoffnung, jemals wieder in Freiheit leben zu können, hatte ich nun endgültig aufgegeben.

Aber vielleicht war ich zu feig, diesen letzten Schritt zu tun, oder hatte ich noch immer irgendwo in meinem Herzen einen Hoffnungsschimmer? Ich weiß es nicht, was mich letztlich davon abhielt, mit meinem Leben Schluss zu machen.

*

Der erste Prozess gegen Chaovali, Grossauer und mich fand im Dezember 1997 in Graz statt. Mir bot sich ein Rechtsanwalt kostenlos als Verteidiger an, der dafür bekannt war, auf Medienpräsenz großen Wert zu legen. In meinem Fall war das zu erwartende Medieninteresse von Anfang an sicher.

Der Jurist kam ein oder zwei Mal zu mir und sprach ganz offen: „Herr Schandl, in Ihrem Fall können wir kaum mit Milderungsgründen rechnen. Was für Sie spricht, ist Ihr behutsamer Umgang mit den Geiseln, denen ja auch – abgesehen von der psychischen Belastung – wirklich kein Leid zugefügt wurde, und Ihr Beweggrund, dass Sie sich ungerecht verurteilt fühlten, also aus Verzweiflung einen so dramatischen Ausweg gewählt haben. Mehr ist nicht drinnen."

Das „Entschädigungshonorar" für die Geiseln war später natürlich auch beim Prozess ein Thema, wo eben jene Frau dieses Faktum freimütig zugab, deren Hand ich gehalten hatte. Dass dies keine mildernde Wirkung haben würde, war mir aber klar. Es war auch keine Spur davon, dass uns die Geschworenen als „Gentleman-Geiselnehmer" einschätzten. Das war wohl Wunschdenken meinerseits gewesen und völlig unberechtigt.

Wir wurden beim Prozess einzeln einvernommen. Bei jeder Aussage eines Komplizen wurden die anderen beiden nach draußen geführt. Keiner von uns durfte hören, was die jeweils anderen Angeklagten aussagten. Diese Modalität setzte sich auch bei der Einvernahme der Zeugen fort. Besonders in Erinnerung geblieben ist mir die Reaktion einer der Geiseln, die auf Anraten ihres Anwalts eine hysterisch Verängstigte spielte und lauthals schrie: „Ich fürchte mich!" Das war für diese Frau natürlich insofern wichtig, weil sie bereits Ansprüche auf Schadenersatz geltend gemacht hatte. Wir, die Angeklagten, waren bei allen Zeugeneinvernahmen ausgeschlossen, hatten keine Ahnung was im Gerichtssaal gesprochen wurde und konnten demzufolge auch überhaupt nicht darauf reagieren. Juridisch wäre dies ein eindeutiger Grund für eine Nichtigkeitsbeschwerde gewesen.

Mit den Schlussplädoyers endete der Prozess, ohne dass der Richter uns über die Aussagen der anderen Beteiligten informiert hätte. Ein weiterer klarer Verfahrensfehler. Ich nickte meinem Anwalt zu, er nickte zurück. Jetzt hatten wir den Grund für eine Nichtigkeitsbeschwerde beim Obersten Gerichtshof.

Während der gesamten Verhandlung bemühten sich Chaovali und ich, Peter weitestgehend zu entlasten. Er war ja tatsächlich nur so etwas wie ein Mitläufer gewesen, weshalb wir sozusagen Milderungsgründe für ihn anstrebten. Für den Palästinenser und mich würde das sehr schwer werden, war praktisch unmöglich.

Der Richter zog sich mit den Geschworenen zur Beratung zurück und wir warteten auf die Urteile.

Sie fielen wie erwartet hart aus:

Adolf Schandl: 19 Jahre

Tawfik Ben Ahmed Chaovali: 19 Jahre

Peter Grossauer: 17 Jahre

Als Peter dieses Strafausmaß hörte, war er fassungslos, sprang spontan auf und brüllte den Richter an: „Waaaaas? 17 Jahre! Du Arschloch, du bist wohl teppert geworden? Das soll ein mildes Urteil sein?"

Sogar die Geschworenen mussten lachen. Der Richter verzog keine Miene und sagte nur: „Abführen!"

Während Peter mit Gewalt aus dem Gerichtssaal gezerrt wurde, hörte er nicht auf, den Richter auf die unflätigste Art zu beschimpfen. Als früherer Zuhälter hatte er ein beachtliches Repertoire an Schimpfwörtern parat.

In der Folge gingen wir alle in Berufung und argumentierten mit voller Nichtigkeit wegen der bereits angeführten Verfahrensfehler. Dem stand entgegen, dass der Richter bei seiner Urteilsbegründung ins Protokoll schrieb, dass wir, die drei Angeklagten, über alle Aussagen, die während unserer Abwesenheit getätigt wurden, voll informiert worden seien.

Nach dem Prozess wurden wir auf verschiedene Gefängnisse aufgeteilt. Meine Komplizen kamen nach Stein und Garsten, ich blieb in der Karlau.

Zur Berufungsverhandlung wurden wir mit einem Riesenaufwand wieder nach Wien gebracht. Ich saß mit Handschellen gefesselt und von vier Justizwachebeamten begleitet im Anstaltsbus, vor und hinter dem jeweils ein Auto mit zwei Kriminalbeamten fuhr. Einerseits hoffte man, eventuelle Befreiungsaktionen durch Überfälle auf die Gefangenentransporte so verhindern zu können, anderseits sollte dadurch demonstriert werden, wie gefährlich wir waren. Vor allem befürchtete man, dass palästinensische Terroristen versuchen könnten, ihren Helden Chao bei dieser Fahrt zu befreien. Ich hätte es ihm gewünscht, aber offensichtlich ist es auch in diesen Kreisen so, dass ein ehemaliges Mitglied rasch vergessen wird, sobald es im Gefängnis sitzt.

Chao schmort übrigens noch heute in Stein in seiner Zelle. Wenn ich es nur emotional aushalten könnte, die Haftanstalt Stein zu betreten, dann würde ich Chao besuchen ...

*

Bei der Berufungsverhandlung fungierte der Generalprokurator als Staatsanwalt und das Gremium der drei Höchstrichter hatte bezüglich der Rechtskräftigkeit des Urteils zu entscheiden. Sämtliche Argumente unserer Anwälte wurden abgeschmettert.

Somit war das Urteil rechtskräftig und für mich begann der graue Alltag in der Karlau. Ich kam in der Sonderabteilung „C1" in Isolationshaft, war damit – wieder einmal – 23 Stunden alleine in meiner Zelle mit den grauen Wänden und durfte auch nur alleine eine Stunde lang im Hof spazieren gehen. Das Reden wurde mir verboten. Viele Monate lang durfte ich weder zum Einkauf noch Besuch erhalten. Kurzum, ich bekam sämtliche Auflagen, die nur irgendwie denkbar waren.

Da mich der Anstaltsleiter in der Karlau bekanntlich nicht leiden konnte, dürften viele der Repressalien von „ganz oben" angeordnet worden sein.

Jeden Tag wurde ich von zwei Wachebeamten so gegen 9 Uhr abgeholt und die 30 Meter von meiner Zelle zum Hofeingang gebracht. Dort nahmen die zwei Wachen Aufstellung und ich drehte alleine meine Runden. Mit Handschellen gefesselt war ich dabei nur während der ersten sechs Monate. Mein Spazierhof war eher klein, denn es durften dort nur die „Spezialfälle", also die Insassen der Sonderabteilung hinein. Oben an der Mauer befand sich so nach der Art eines Schwalbennests ein kleines Häuschen. Dort saß ein bewaffneter Beamter und beobachtete mich ständig. Den Lauf seines Gewehrs konnte ich sehen.

Nach einer gefühlten Ewigkeit bekam ich meinen ersten Besuch – von dem schon erwähnten befreundeten Ehepaar. Um in den Gesprächsraum zu kommen, musste ich den mit Zusatzkäfigen abgesicherten Sonderbereich „C1" verlassen. Bei der Zellentür wurden mir Handschellen angelegt und zwei Beamte eskortierten mich, einer links, der andere rechts neben mir. Wenn wir die Gänge durchquerten, dann sahen mich natürlich die anderen Gefangen und machten sich teilweise über die Situation lustig. Mehr und mehr entwickelte sich dieser „Spießrutenlauf" für mich zu einer starken seelischen Belastung, die ich kaum ertragen konnte. Der Wunsch, meinem Leben ein Ende zu bereiten, war in diesen Momenten besonders stark.

Der Besuchsraum, in den ich geführt wurde, war natürlich auch ein Spezialraum. Dorthin brachte man nur die besonders gefährlichen Leute oder Häftlinge, die mit Drogen zu tun hatten. Der Besucher war vom Gefangenen durch eine Glasscheibe getrennt, um jeden näheren Kontakt zu vermeiden. Miteinander reden konnten wir nur durch eine Art Telefon. So ein Sprechapparat stand auf jeder Seite der Scheibe. Mit Handschellen ganz knapp gefesselt den Telefonhörer zu halten, war schmerzhaft, die Druck-stellen an den Handgelenken waren jedesmal noch tagelang zu sehen.

Hinter dem Besucher saß ein Beamter, der das Gespräch mitverfolgte und auf meiner Seite war ich von zwei Wäch-tern flankiert.

Die Gespräche wurden natürlich aufgezeichnet für den Fall, dass man verdächtige Worte verwendete oder Aussagen zu den Haftbedingungen machte, die nicht gewünscht wur-den. In so einem Fall wären diese wenigen Besuche gestri-chen worden. Ich musste also extrem vorsichtig sein, was ich von mir gab, und vor allem Verbalinjurien vermeiden, wenn ich Freunden meine Haftbedingungen schilderte.

Besonders bedrückte mich natürlich meine Aussichtslosig-keit: Ich hatte zwei mal 19 Jahre Haft ausgefasst, von denen ich erst zwei Jahre abgesessen hatte. Mit einer Haftreduk-tion war bei meinem strafrechtlichen Vorleben, meinem Verhalten und mit meinem Image als „extrem gefährlicher Verbrecher" nicht zu rechnen. Ich war damals 62 Jahre alt, hatte noch 38 Jahre „Schmalz" vor mir, der Rest ist Mathe-matik und Statistik …

In Anbetracht der mittleren Lebenserwartung meiner Familienangehörigen war es eher unwahrscheinlich, dass ich die Welt noch einmal von der anderen Seite des Gitters betrachten konnte: Mein jüngster Bruder war schon mit 46 Jahren an einem Gehirnschlag gestorben, meine Schwester raffte der Krebs mit 54 Jahren hinweg, mein ältester Bru-der wurde nur 53 Jahre alt und der letzte noch verbleibende Bruder wurde mit 66 Jahren zu Grabe getragen. In diesem Licht betrachtet hatte ich vielleicht gar nicht mehr so lange vor mir …

Bei einem der Besuche durch das befreundete Ehepaar sprach ich auch darüber, dass es wohl besser für alle wäre, wenn es mich gar nicht mehr gäbe. Da sah ich eine Träne über Veras Wange fließen, mit der mich eine innige Freundschaft verbindet. Dieser kurze Augenblick berührte mich sehr.

Nach diesem Gespräch mit meinen Freunden überlegte ich wochenlang sehr intensiv: Sollte ich Schluss machen oder sollte ich den Kampf gegen mein Schicksal aufnehmen? Dass mein Leben so verlaufen ist, hatte ich mir im Prinzip ja selbst eingebrockt – und eigentlich sollte ich korrekt genug sein, diese Suppe auch auszulöffeln. Hier waren wir wieder beim zuvor schon angesprochenen Thema „Ehrenkodex".

Dazu kam noch mein innerer Trotz gegenüber der Justiz: Ich wollte denen die Freude nicht machen, mich letztlich doch noch „geschafft" zu haben. Nun wollte ich nicht mehr vor meinem Schicksal „davonlaufen", sondern mit aller Konsequenz die harte Aufgabe, die vor mir lag, bewältigen. Ich wollte nicht im Gefängnis sterben!

Mir war klar, was mich erwartete, und in gewisser Weise hatte ich davor auch Angst.

Nach etwa 18 Monaten mehr oder minder repressiver Absonderung wurde mir wenigstens wieder erlaubt, gemeinsam mit anderen spazieren zu gehen. Aber diese Verbesserung war nur eine kosmetische Angelegenheit und es geschah vor allem deshalb, damit man sagen konnte, „er ist nicht mehr komplett isoliert". In Wirklichkeit ging ich dort meist mit einem Ausländer herum, der gar nicht Deutsch sprach.

Die lähmende Einzelhaft blieb unverändert bestehen. Jeder Tag hatte gefühlte 46 Stunden. Irgendwann, Monate später, bekam ich die Erlaubnis, hin und wieder eine Stunde im kleinen „Freizeitraum" zu verbringen, wo es sogar ein TV-Gerät gab und man Schach spielen konnte. Mit den Ausländern waren aufgrund der Sprachbarriere Gespräche sowieso kaum möglich und die einheimischen Inhaftierten wussten natürlich, wer ich war. Sie betrachteten mich gewissermaßen als „Häfen-Celebrity". Es hätte gerade noch gefehlt, dass man mich um Autogramme gebeten hätte. Ich wurde dort im Freizeitraum deshalb ohne Unterlass zu meinen Geiselnahmen befragt und die ganze Geschichte hing mir bald zum Hals heraus.

Da ich dauernd Handschellen angelegt bekam, entzündeten sich meine Gelenke und ich entschloss mich widerwillig, um ein Gespräch mit dem Anstaltsleiter zu bitten. Es wurde mir gestattet, wobei der Ablauf des Gesprächs dann ganz anders war, als ich es von meinen bisherigen Erlebnissen dieser Art gewohnt war: In der Karlau musste ich wie beim Bundesheer-Appell strammstehend meinen Wunsch vortragen. Der Anstaltsleiter lebte seine Abneigung gegen mich aus und behandelte mich so sehr von oben herab, dass ich es bereute, überhaupt gekommen zu sein.

Er schüttelte ob meiner Bitte nur süffisant lächelnd den Kopf und sagte: „Nein, ausgeschlossen! Das bleibt so! Die anderen Häfenbrüder sollen ja sehen, welche Konsequenzen das hat, was sie gemacht haben."

Ich drehte mich wortlos um und wurde in meine Zelle zurückgebracht. Ich nahm mir in diesen Momenten vor, nie wieder ein Wort mit diesem Anstaltsleiter zu sprechen – komme, was da wolle. Das habe ich dann in all den kommenden Jahren auch konsequent eingehalten.

Da ich bisher nicht arbeiten durfte, hatte ich mir auch kein Geld verdienen und mir etwas in der Kantine kaufen können. Deshalb war es eine enorme Erleichterung, als ich endlich gefragt wurde, ob ich eine Arbeit annehmen wollte. Ich sagte sofort zu. Daraufhin wurde gegenüber meiner Zelle, also nur wenige Schritte entfernt, ein gesonderter Arbeits-Haftraum eröffnet. Ich erledigte dort kleinere Bastelarbeiten und bekam dafür im Monat so um die 120 Schilling, also nach heutiger Währung nicht einmal 10 Euro.

Da sie mich ja nicht leiden konnten, wurde mir ein anderer Häftling zugeteilt, der quasi zweimal „lebenslang" bekommen hatte. Er war wegen eines Mordes ohnehin schon lebenslang inhaftiert gewesen und hatte dann in der Haftanstalt seine Psychologin getötet. Die Sache war damals in allen Medien. Natürlich stellte ich bald fest, dass der Mann einen geistigen Defekt hatte, was meine Arbeit neben ihm nicht immer angenehm machte.

*

Umgekehrt war das für mich ein Schlüsselerlebnis und ich begriff, dass ich geistig stark Rost angesetzt hatte. Jetzt, wo mein Entschluss feststand, mich nicht umzubringen, war es unverzichtbar, nach einer sinnvollen Tätigkeit für mein Gehirn zu suchen. So begann ich zu lesen und unser Bibliothekar – ein sehr netter junger Häftling – brachte mir gute, also anspruchsvolle Bücher.

Später war in der Karlau auch der bekannte Udo Proksch als Bibliothekar eingesetzt, der sogar vom ehemaligen Wiener Bürgermeister Leopold Gratz besucht wurde. Es ist doch schön, wenn Freunde einen Gestrauchelten auch in problematischen Zeiten nicht verlassen. Meinem innersten Empfinden gemäß fand ich so etwas als guten Charakterzug. Proksch hatte ein ziemlich angenehmes Leben in der

Karlau – mit vielen Privilegien, aber ich will und werde mich dazu nicht näher äußern. Mir war damals nur wichtig, dass ich zu Literatur kam. „Liebet das Buch, die Quelle der Weisheit", sagte schon Gogol. Ganz besonders befasste ich mich mit Biografien und philosophischen Werken. Damit versorgte ich mich mit geistiger Kraft und es ging mir langsam besser.

Meine Freunde hatten mir Geld für einen kleinen Fernseher geschenkt, den ich mir für meine Zelle kaufte. Ich durfte mir einen Sender aussuchen und wählte den bayrischen Bildungskanal „BR-alpha". Über meine Lieblingsserie „α-Centauri" des Physikers Harald Lesch kam ich in Kontakt mit der Astrophysik, die mich extrem faszinierte, und später mit der Sendung „Denker des Abendlandes". Ich konnte nicht genug davon bekommen und las dann natürlich auch die Werke von Aristoteles, Sokrates, Kant, Hegel und wie sie alle heißen. So tastete ich mich geistig bis in die philosophische Gegenwart vor. Ich setzte mich immer stärker mit den Botschaften der geistigen Größen auseinander. Das war natürlich eine wichtige „Krücke" für mich, diese schwere Zeit überhaupt ertragen zu können.

Ich profitierte enorm von meinem Bücherkonsum und wurde eine richtige „Leseratte", wie man sagen könnte.

Dann – Jahre später – passierte ein kleines Wunder. Auf einmal kam man davon ab, mir bei jeder Gelegenheit Handschellen anzulegen. Vielleicht hatte der Anstaltsleiter begriffen, dass sein Versuch, mich auf diese Art zu zermürben, ein Flop war. Oder er sah, dass ich mich in einer Entwicklung befand, die ich selbst noch nicht abschätzen konnte.

Da ich ja mittlerweile, vor allem durch die Literatur begründet, ein so großes Bedürfnis nach geistvollen Gesprächen hatte, beobachtete ich mit einer gewissen Wehmut, dass jeden Freitag ein evangelischer Pfarrer zu uns in die Abteilung kam. Er saß dann mit einem Gefangenen vor dessen Zelle und redete mit ihm. Da ich aber römisch-katholisch war, dachte ich, dass dieser Pfarrer, er heißt Engele, sicher ein interessanter Mensch sei, aber leider für mich nicht „zuständig". Als ich einmal zur „Bewegung im Freien" geführt wurde, sprach ich ihn trotz aller Bedenken an. Ich bedankte mich für das Weihnachtspäckchen, das er jedem Gefangenen zukommen ließ, und fragte, ob er auch mit mir reden würde, obwohl ich nicht evangelisch war.

„Ja selbstverständlich! Sehr gerne!", sagte er sichtlich erfreut. „Sie müssen nur einen Zettel ausfüllen und angeben, dass sie jede Woche mit mir sprechen möchten."

Ich fühlte in diesem Augenblick so eine Freude, dass ich es kaum in Worte fassen kann. Jetzt trat wieder etwas in mein Leben, das meinem Dasein einen inneren Sinn gab. Dieser Pfarrer war ein hoch gebildeter Mann und er kam von nun an jede Woche am Freitag zu mir. Bald darauf waren wir per Du und nach einem unserer meist sehr langen philosophischen Gespräche sagte ich irgendwann zu ihm: „Bei deinem Namen muss man das e am Schluss streichen, denn du bist ein Engel." Der Geistliche lächelte: „Ach, übertreib nicht."

Unsere Gesprächsthemen befassten sich vorwiegend mit den Themen Astrophysik und Philosophie. Da rannte ich bei ihm offene Türen ein.

Auch heute noch treffe ich mich mit diesem „Engel" regelmäßig und der Herr Pfarrer aus dem Gefängnis ist auch ein Freund in der Freiheit geworden, dem ich bedingungslos mein Herz geschenkt habe. Für mich war er tatsächlich ein Engel, der genau zur richtigen Zeit in mein Leben trat. Gäbe es doch nur mehr solche Menschen ...

Und noch etwas passierte: Normalerweise zog sich bei mir der Tag wie der sprichwörtliche Strudelteig, nur bei diesen Gesprächen war mir die Stunde immer viel zu kurz. Besonders gelitten habe ich jedes Mal, wenn der Pfarrer, dem ich nun schon so sehr freundschaftlich verbunden war, auf Urlaub ging.

An einem dieser Tage ließ er mir einen Ausspruch zurück, der mir besonders viel Kraft spendete:

„Achte auf deine Gedanken, denn sie werden Worte.
Achte auf deine Worte, denn sie werden Taten.
Achte auf deine Taten, denn sie werden Gewohnheiten.
Achte auf deine Gewohnheiten, denn sie werden dein Charakter.
Achte auf deinen Charakter, denn er wird dein Schicksal.
Denn was wir denken, das werden wir. "

Von diesen Gesprächen und solchen geistvollen Einflüssen habe ich enorm viel für mein Empfinden und Denken mitgenommen. Dadurch wurde ich ein „anderer" Mensch, was schon viel früher möglich gewesen wäre, wären wir uns nur früher begegnet.

Ganz besonders gut ist es diesem wirklich feinen Menschen gelungen, den Hass in mir langsam, aber beständig abzubauen. Er bestärkte mich darin, mich jetzt vor allem darum zu bemühen, die negativen Aspekte meiner Seele los zu werden. Das gelang nur durch die Hilfe meines Gesprächspartners und ich wurde immer stärker motiviert, die Welt mit anderen Augen zu sehen.

Vor allem schätzte ich es sehr, dass er immer ehrlich zu mir war und mir sogar klipp und klar sagte, dass ich wahrscheinlich nie mehr die Chance haben werde, in Freiheit leben zu dürfen.

Heute habe ich allen meinen ehemaligen „Feinden" von ganzem Herzen verziehen. Ich reiche ihnen – viele von ihnen sind schon tot – die Hand zur Versöhnung. Mittlerweile war ich sogar an Bisters Grab und habe dort gesagt: „Ich verzeihe dir. Mach es besser in einem anderen Leben und lerne daraus." Das war mir wichtig.

„Die Welt kann nur besser werden, wenn wir selbst besser werden", schrieb ich zu dieser Zeit schon in das Tagebuch, das ich begonnen hatte zu führen. In mir begann sich eine massive Wandlung zu vollziehen. Aber ich hatte noch einen langen Weg vor mir ...

So um 1999 wäre ich in der Karlau beinahe jämmerlich ums Leben gekommen. Wie schon gesagt, wurde ich von vielen der dort tätigen Wachebeamten gehasst. Da sie mich nicht direkt attackieren konnten, versuchten sie ständig, mir von hinten herum Schaden zuzufügen.

Einer der Beamten hasste mich besonders inbrünstig – ich weiß bis heute nicht, warum es so war. Er versuchte es auf die indirekte Art und erzählte einem inhaftierten Türken, dass ich gegen den Philosophen Mohammed sei, also auch Moslems ablehne. Das entsprach selbstverständlich nicht der Wahrheit. Aber dieser Mann, vom Justizler völlig falsch informiert und vom Wesen her ein nicht-intellektueller Fanatiker, sprang mich deshalb in der Karlau ohne Vorwarnung von hinten an, ein zersplittertes Glas in der Hand, mit dem er mir die Halsschlagader zerfetzen wollte. Nur ein gütiges Geschick – wir können es auch Vorsehung nennen – bewahrte mich davor, in diesem Moment zu sterben.

*

Im Jahr 2008 tauchte plötzlich einen Silberstreif der Hoffnung an meinen Lebenshorizont auf. Ich erfuhr, dass es ein neues Gesetz gab, nach dem das Gericht verpflichtet war, nach 15 Jahren, unabhängig von der Höhe der Haftstrafe, darüber zu entscheiden, ob eine bedingte Entlassung möglich sein könnte. „Lebenslang" war davon natürlich ausgenommen. Ich stellte – ganz ohne Anwalt – den Antrag auf Wiederaufnahme meiner Angelegenheit.

Er wurde vom Erstgericht erwartungsgemäß abgelehnt. Aber ich hatte mir ja selbst versprochen, zu kämpfen. Also ging ich gegen diesen Bescheid beim Oberlandesgericht in Berufung. Sie wurde gleichfalls abgelehnt, doch das Schreiben enthielt einen Passus, der mir später sehr zugute kommen sollte. Da stand nämlich dem Sinn nach, dass mir – sollte man meinen Beteuerungen, die Banküberfälle mit Bister & Co nicht verübt zu haben, glauben – auf jeden Fall eine Beitragstäterschaft anzulasten sei. Das habe ich mit einem Leuchtstift sofort markiert. Diese anscheinende Nebenbemerkung wurde für mich in Folge enorm wichtig.

Psychologisch gar nicht ungeschickt war die Reaktion des evangelischen Pfarrers, als ich ihm von meinen Anträgen erzählte. Er lächelte nur mitleidig und meinte: „Adi, du hast keine Chance, aber versuche es zumindest mit ganzer Kraft." Damit hat er mich quasi angestachelt, nicht aufzugeben.

Nach fünf Monaten holten mich Wachebeamte völlig überraschend zu einer Vorführung. Ich fragte zwar, worum es diesmal ginge, aber sie gaben mir keine Antwort. Wortlos brachten sie mich in einen Raum, in dem hier in der Anstalt regelmäßig das Gericht tagte. Vor mir saßen drei Richter und ein Schreiber.

Die Juristen kamen gleich zur Sache: „Herr Schandl, Sie haben nach Paragraph 46 einen Antrag auf bedingte Entlassung gestellt."

„Ja, das habe ich. Aber der ist ja abgelehnt worden."

Ich redete mit ihnen ganz offen und ich spürte von Anfang an, dass mir die Herren gar nicht so ablehnend gegenüber saßen. Wären sie grundsätzlich gegen mich eingestellt gewesen, hätten sie es ja gleich gesagt und das Ganze kurz und bündig beendet.

So aber fragten sie mich klar und direkt: „Wie sieht es denn bei Ihnen bezüglich der Lebensumstände aus? Wie Sie in Ihrem Antrag ganz richtig angegeben haben, besteht nach dem Gesetz die Möglichkeit, eine bedingte Entlassung zu erreichen. Welches Einkommen würden Sie haben?"

„Ich habe ja gearbeitet, wenn ich in Freiheit war", antwortete ich. „Dafür müsste ich schon eine, wenn auch nur geringe Pension bekommen."

„Gut, und wie sieht es mit einer Unterkunft aus?"

„Ich habe Freunde, die mir sofort eine kleine Wohnung zur Verfügung stellen würden. Diese Zusage kann ich Ihnen auch schriftlich geben, denn meine Freunde kommen nächste Woche hierher zu Besuch."

Ich wurde hinausgeschickt, damit sich das Gericht beraten konnte. Meinen beiden Wachebeamten blieb vor Staunen der Mund offen. Sie hatten sicherlich damit gerechnet, dass ich hier blitzartig eine Abfuhr bekommen würde. Sie tuschelten miteinander, sagten zu mir aber nichts.

Etwa zehn Minuten später wurde ich wieder zu den Richtern gebracht, die mir auftrugen, eine schriftliche Bestätigung für die Sicherung meiner Wohnsituation im Fall einer Entlassung beizubringen, wie das im Amtsdeutsch so schön heißt. Dann würde ich wieder von ihnen hören.

Ich war ganz verwundert, nein, hocherfreut und als am Freitag darauf mein „Engel" wieder zu mir zum seelsorglich-philosophischen Gespräch kam, erzählte ich ihm natürlich davon. Er war sichtlich erstaunt – aber noch immer habe ich den leichten Verdacht, dass er vielleicht irgendwo ein gutes Wort für mich eingelegt und von meiner inneren Wandlung berichtet hatte. Die Bestätigung bezüglich meiner Unterkunft erhielt ich von meinen Freunden natürlich und legte sie dem Gericht vor.

Es verging einige Zeit, bis mich der zwischenzeitlich eingesetzte neue Anstaltsleiter zu sich rief. Der Direktor sprach auch gleich Klartext: „Herr Schandl, ich war am Montag dieser Woche bei Gericht und ich lüge Sie nicht an, wenn ich Ihnen jetzt sage, dass es da nur wegen Ihnen eine eigene Sitzung gab. Sie sind ein echter Problemfall, denn hier in Graz hätten Sie keine Chance. Hier leben auch die drei Frauen, die Sie bei uns als Geiseln genommen haben, die Medien erinnern sich noch gut an Sie und es würde bei Ihrer bedingten Entlassung einen Sturm der Empörung geben. Die Richter waren sehr freundlich zu Ihnen, aber sie haben sich viel zu weit aus dem Fenster gelehnt. Hier in der Karlau haben Sie noch viele Jahre Haft vor sich ..."

Mir sank das Herz in die Hose, wie man so sagt. Meine Hände wurden schweißnass und ich fühlte wieder dieses tief in mir verwurzelte Gefühl der Hoffnungslosigkeit.

„... aber es gibt eine Möglichkeit", setzte der Anstaltsleiter fort. „Sie müssen weg aus Graz. Ich habe bereits mit meinem Kollegen, dem Hofrat Dr. Minkendorfer telefoniert und Sie werden schon morgen nach Garsten überstellt."

Natürlich war das eine höchst erfreuliche Nachricht. Den Anstaltsleiter von Garsten kannte ich ja gut, er war seinerzeit dort der Psychologe gewesen und ich hatte seinen

Garten betreut. Aber im selben Augenblick erfasste mich Panik. Wenn ich jetzt zustimmte, hätte ich mich nicht von meinem Freund, dem evangelischen Pfarrer, meinem „Engel", verabschieden können, der ja erst am Freitag wieder kommen sollte. So sehr war ich dem Mann im Herzen verbunden, dass mir dies als Erstes einfiel. Ich konnte hier nicht weg!

Die große Überraschung erwartete mich dann vor meiner Zellentür: Engele saß bereits dort und lachte mir entgegen. Er hatte von meiner Verlegung nach Garsten erfahren und war gekommen, um sich zu verabschieden. Für mich war das eine sehr emotionale Angelegenheit, die mir schwer zu schaffen machte. Zu meinem großen Glück riss aber der Kontakt nie ab – bis heute nicht.

*

Mit einem Sondertransport brachten sie mich mit dem grünen Justizbus für einen Gefangenenaustausch nach Garsten. Das heißt, ein anderer Häftling wurde in die Karlau überstellt. Es handelte sich dabei um den Bankräuber Juan Carlos Bresofsky-Chmelir.

Garsten, das war für mich wie Ostern, Weihnachten und Geburtstag zusammen. Sofort nach Betreten der Anstalt wurden mir die Handschellen abgenommen und man brachte mich zu einem Gittertor. Dort nahm ich – wie ich es aus der Karlau gewohnt war – Aufstellung und wartete auf mir unfreundlich entgegengebellte Befehle. Der Beamte sah mich nur kurz an und sagte: „Ja, eh gut, stellen S' Ihnen da bequem her und warten S' ein bisserl." Dann ging er weg. Ich dachte ich träume. Auf einmal kein Bewacher mehr, der ständig neben mir stand.

Immer wieder kamen Beamte und andere Häftlinge vorbei, grüßten freundlich und marschierten weiter. Etwa zehn Minuten später kam der lockere Beamte zurück und meinte jovial: „So, jetzt gehen wir ins Magazin und packen Ihre Sachen aus." In einem kleinen Handwagen führte ich ja meine Habseligkeiten mit mir.

Es herrschte dort in Garsten ein ganz anderes Klima als in der Karlau, ein Umstand, der eintritt, wenn ein Menschenfreund, der noch dazu Psychologe ist, einen wirklich humanen Strafvollzug, der diesen Ausdruck auch verdient, leitet. Kein Vergleich mit der Strafanstalt in Graz.

Nachdem ich die Sachen, die ich für den täglichen Bedarf brauchte, herausgenommen hatte, verstauten wir meine restlichen Habe und der Beamte forderte mich freundlich auf: „So, und jetzt stellen S' Ihnen da draußen wieder hin, Sie werden geholt." Ich weiß nicht, wie lange ich dort mutterseelenallein herumgestanden bin, bis endlich ein Beamter mit einem Hausarbeiter kam, der mir half, meine Sachen zu tragen. Ich kam in eine Gemeinschaftszelle, in der mit mir sechs Leute waren. Der Stockleiter nahm gar nicht weiter Notiz von mir, wir grüßten einander kurz und er gab mir ein paar Informationen über Duschgelegenheiten usw.

Die Zellentür blieb die ganze Zeit über offen und ich fühlte mich wie in einem Sanatorium. Langsam kam in mir – nach all den Jahren der Unterdrückung in der Karlau – sogar so etwas wie ein Glücksgefühl hoch. Die Wachebeamten waren sichtlich psychologisch geschult und bemühten sich um Freundlichkeit. Wenn man ein Anliegen hatte, hörten sie tatsächlich zu und reagierten nicht nur mit einem süffisanten Lächeln, wie das in der Karlau der Fall gewesen war. Am nächsten Tag kam der Kommandant, den ich auch noch von früher kannte, und begrüßte mich mit

Handschlag. Ich war fassungslos, wie gut ich hier behandelt wurde. Der Kommandant sprach freundlich und bat mich, „vernünftig zu sein" und dass ich wohl schon bemerkt hätte, dass hier in Garsten ein anderer Wind weht als in anderen Gefängnissen.

„Bitte, Herr Schandl, machen wir uns das Leben nicht schwerer als es ist", ergänzte er, „bei uns hier läuft alles korrekt ab. Und wenn Sie etwas brauchen, sagen Sie es dem Stockleiter und ich komme dann zu Ihnen. Sie bekommen auch hier wieder eine Einzelzelle, weil Sie ja schon so lange alleine waren. Den Platz müssen wir erst schaffen. Bitte haben Sie etwas Geduld, wir bemühen uns."

Er sprach mich mit „Herr Schandl" an. Das hätte eigentlich nach dem Gesetz in jeder Haftanstalt so sein sollen. Wie lange schon hatte niemand mehr so mit mir gesprochen, mich wie einen Menschen behandelt und nicht wie ein gefangenes Raubtier. In der Karlau war das jedenfalls nicht der Fall. Ich bedankte mich artig – nie wäre mir in den Sinn gekommen, mich so zu benehmen, wie ich es anfangs in der Karlau getan hatte ...

Nach etwa sechs Tagen kam ich in einen Haftraum einen Stock höher. Er war zwar für zwei Personen vorgesehen, aber man hatte ihn so adaptiert, dass ich die Zelle alleine beziehen konnte.

Ich richtete mich dort ein und war hoch erfreut, dass das Fenster straßenseitig lag. So konnte ich das bunte Treiben bei der Schule beobachten und auf dem Fußballplatz die Kinder herumtoben sehen. Sogar die Enns konnte ich sehen.

Was mir immer das Herz schwer machte, waren jene Momente, wenn ich vom Fenster aus zusah, wie die Schulkinder ihre Eltern begrüßten, die sie abholten. Wie dumm und verantwortungslos war es von mir gewesen, meine zwei Kinder so brutal im Stich zu lassen. Ich war ihnen nie ein Vater gewesen, der für sie da war. Diese Gedanken taten damals sehr weh – und sie tun es noch heute.

Bald darauf kam ein Beamter und fragte mich, wo ich arbeiten wollte. Auch das war neu. Zur Festlegung meiner Tätigkeit benötigte ich aber den sogenannten Zugangsrapport, den ich beim Leiter, Hofrat Minkendorfer, zu absolvieren hatte. Als ich zu ihm geführt wurde, sah ich erst, wie viel sich hier in Garsten seit meinem letzten Zwangsaufenthalt verändert hatte. Die Räume waren sauber ausgemalt, größer, alles war viel menschenfreundlicher und es gab auch Räume für Sozialarbeiter und die psychologische Betreuung.

Ich dachte mir: „Wenn man aus der Hölle kommt, dann erscheint einem auch das Fegefeuer wie der Himmel!"

Da hatte ich schon längst meine philosophische Phase und viele solcher Gedanken. Trotzdem durfte man nie vergessen, dass man im Gefängnis – also seiner Freiheit beraubt – war. Der Unterschied zur Karlau war, dass man hier in Garsten als Mensch behandelt wurde, trotz aller Fehler, die man begangen hatte.

Als ich Dr. Minkendorfer vorgeführt wurde, sagte ich zu ihm: „Herr Hofrat, Ihr ehemaliger Gärtner ist wieder hier!"

Er lachte herzhaft, wurde aber sofort wieder ernst: „Herr Schandl, das ist eine sehr bittere Geschichte mit Ihnen. Ich habe Ihren Akt gelesen."

Ich nickte nur und erklärte ihm in kurzen Worten, dass ich den falschen Leuten vertraut hatte und zu Unrecht verurteilt worden war, weil ich die mir angelasteten Banküberfälle wirklich nicht begangen hatte, und mich deshalb um eine bedingte Entlassung bemühte.

Der Herr Hofrat zeigte Verständnis und sagte aufmunternd: „Sie wissen, wenn wir können, werden wir Sie dabei unterstützen. Ich persönlich glaube Ihnen. Gehen S' morgen wegen Ihrer Bemühungen bezüglich einer Pension und so weiter zum Herrn Holzbauer, der wird ihnen helfen. Lassen S' Ihnen aufschreiben."

Ich bedankte mich höflich, was mir in dieser Atmosphäre wirklich ein Bedürfnis war. Zum ersten Mal – mit Ausnahme des evangelischen Pfarrers natürlich – fühlte ich mich hier in Garsten verstanden.

Diesen Herrn Holzbauer kannte ich natürlich ebenfalls aus den 80er-Jahren, damals war er ein ganz junger Sozialarbeiter gewesen. Jetzt, drei Jahrzehnte später, war er Regierungsrat und der Chef des Sozialdienstes. Ich musste mich gar nicht „aufschreiben" lassen, also amtlich um einen Termin bitten, denn ich wurde schon am Tag danach zu Herrn Holzbauer gebracht.

Hier möchte ich schon zu Beginn einfügen, dass es sich bei Herrn Regierungsrat Holzbauer um den zweiten Menschen in meinem Leben handelte – der erste war mein „Engel" –, der mir wirklich immens geholfen hat. Ich fühle mich dem Regierungsrat zu sehr großem Dank verpflichtet. Er war großartig, ein echter Humanist.

Wir begrüßten uns und er kam gleich zur Sache: „Herr Schandl, was können wir miteinander tun?" Ich sagte ihm, was bei dem Gespräch mit den der Richtern herausgekommen war und dass die Chance auf bedingte Entlassung bestände. Jetzt musste ich nur noch meine Pension bewilligt bekommen.

„Gut, dann gehen wir es an …", sagte er freundlich. „Erste Frage an Sie: Haben sie 15 Jahre lang irgendwo angemeldet gearbeitet?"

Ich nickte und antwortete wahrheitsgemäß: „In Österreich nicht, aber mit Australien zusammen erreiche ich diese Jahre sicher."

Damit begann eine grandiose Hilfsaktion. Ich selbst hätte es nie zustande gebracht, alle diese erforderlichen Daten zu sammeln. Holzbauer aber setzte sich ganz locker vor den Computer und ließ sich meine berufliche Aktivität in „down under" schildern. Er listete alles ganz genau auf, meine Schiffslinien, die Fluggesellschaften, wie lange ich in Australien war, also die ersten vier Jahre und meinen zweiten Aufenthalt dort, sowie natürlich die Namen der Betriebe, bei denen ich beschäftigt war. Zum Glück konnte ich mich an alle Fakten erinnern.

Per E-Mail übermittelte Holzbauer die Daten der australischen Einwanderungsbehörde. Auch die Antwort der österreichischen Pensionsanstalt aus Linz kam prompt: Ja hierzulande stimmt alles. Ich würde allerdings nur dann eine Pension bekommen, wenn auch meine Arbeit in Australien von dort anerkannt wurde. Die österreichische Seite war damit erledigt, wir mussten nur noch auf die Antwort aus Australien warten. Dass ich dort gearbeitet hatte, war klar, nicht aber, ob man bereit sein würde, auch einen Beitrag zu meiner Pension zu bezahlen. Das blieb unsicher.

Die Anerkennung meiner Arbeitsleistung in Australien zog sich dahin und nur durch die Unterstützung des Herrn Regierungsrats, der beharrlich blieb, wurde es letztlich ein Erfolg.

Was ich zum Glück nicht wusste, war die Auskunft des Gerichts gegenüber jenen Freunden, die mich im Gefängnis besuchten: „Der Herr Schandl hat keine Chance, jemals wieder entlassen zu werden, aber bitte sagen Sie es ihm nicht, denn dann fällt ihm wieder irgendein Blödsinn ein."

Meine Freunde haben mir das auch nie gesagt, sondern – ganz im Gegenteil – dieses kleine Fünkchen Hoffnung in meinem Inneren behutsam am Leben erhalten. Philosophisch, wie ich zu dieser Zeit schon war, hätte ich damals wahrscheinlich an Werner Kraus gedacht, der schrieb: „Nur wenn alle Stricke reißen, häng' ich mich auf."

Jetzt war ich voller Hoffnung, hatte aber gleichzeitig auch größte Bedenken. Zu viel in meinem Leben war schief gegangen, zu oft war ich enttäuscht worden. Wie auch immer, ich musste alles versuchen und stellte in Steyr bei Gericht den formellen Antrag auf bedingte Entlassung, damit der „Amtsschimmel" zumindest in Trab gesetzt wurde.

Die erste Anhörung fand relativ rasch statt. Zuerst wurde ich jedoch nach Salzburg zu einer psychiatrischen Untersuchung bei Herrn Dr. Mitterauer geschickt. Ich übernachtete dort in einer Zelle des Untersuchungsgefängnisses. Am nächsten Tag machte ich bei einer Psychologin eine Reihe von Tests, wieder einmal die Rohrschach-Untersuchung und so weiter. Mit diesen Unterlagen kam ich dann zu Professor Mitterauer.

Nach dem Gespräch erklärte er mir abschließend: „Herr Schandl, bei Ihrer Lebensgeschichte ist das alles sehr problematisch. Wissen Sie, ich stehe kurz vor der Pensionierung und menschlich gesehen, neige ich dazu, Sie zu verstehen. Obwohl Ihre Ergebnisse ganz gut ausschauen, ist es bei Ihnen so, dass Sie ja bekanntlich nach der Entlassung immer wieder auf die schiefe Bahn geraten sind. Wenn das nun wieder passieren sollte und Sie neuerlich etwas anstellen, dann fällt diese Fehlentscheidung auf mich zurück. Das Gericht selbst trifft nur eine Entscheidung auf Basis meines Gutachtens".

Dr. Mitterauer war ein zierlicher, älterer Herr und sehr freundlich. Ich sah ihm direkt in die Augen und sagte: „Ich versichere Ihnen, wenn Sie mir trotzdem das Vertrauen schenken, dann werde ich dieses Vertrauen niemals missbrauchen. Ich bitte Sie, mir die Chance zu geben, nicht im Gefängnis sterben zu müssen."

Er sah mich durchdringend an und sagte kurz: „Geht in Ordnung".

Dann stand auf, aber bevor er den Raum verließ, blieb er noch einmal bei der Tür stehen, hob drohend den Zeigefinger und sagte: „Aber, wenn Sie noch einmal eine Dummheit machen und mich enttäuschen, dann komme ich als Pensionist zu Ihnen ins Gefängnis und wasche Ihnen den Kopf!" Wir mussten beide lachen.

Ich jubelte innerlich vor Freude. „Du bist so jung wie deine Zuversicht und so alt wie deine Zweifel", lehrte uns schon Albert Schweizer. Noch vor Kurzem war mein Lebensende als Häftling sehr wahrscheinlich gewesen, doch nun eröffneten sich neue Perspektiven.

Kurz danach bekam ich eine Kopie des psychiatrischen Gutachtens. Darin stand nicht, dass der Psychologe eine bedingte Entlassung empfahl, aber es gab auch keine direkt negative Stellungnahme. Ein wenig vage stand da dem Sinn nach, dass meine Entlassung „vorstellbar" sein könnte, mir aber auf jeden Fall Bewährungshilfe zur Seite gestellt werden musste.

Beim Gericht wurde ich einer aus sieben oder acht Personen bestehenden Kommission vorgeführt: Als Richter saßen dort der Gerichtspräsident, der leitende Staatsanwalt, Sozialarbeiter und so weiter. Der Vorsitzende redete nicht lange herum: „Herr Schandl, Ihr Antrag auf bedingte Entlassung ist abgelehnt."

Für mich stürzte eine Welt zusammen. Der Richter begründete seine Entscheidung und sagte zum Schluss: „Natürlich steht es Ihnen zu, gegen diesen Bescheid eine Berufung einzulegen."

Ich antwortete beherrscht höflich: „Nein, ich werde nicht berufen!"

Darin lag natürlich Kalkül, denn ich hatte von Juristen erfahren, dass eine bedingte Entlassung erst nach der Hälfte der Strafe überhaupt möglich ist. Diesen Gedanken fügte ich ganz offen und ehrlich bei der verbalen Stellungnahme am Schluss des Gespräches hinzu. Nun mischte sich zu meiner positiven Überraschung der leitende Staatsanwalt ein und korrigierte mich. „Nein Herr Schandl, Ihre Annahme ist nicht korrekt, denn es stimmt, dass Sie die theoretische Möglichkeit haben, nach 15 Jahren bedingt entlassen zu werden". Ich sah das jetzt wieder als positives Signal und als Zeichen, dass noch nicht alle Hoffnung verloren war. Ich bedankte mich höflich und sagte kurz, dass ich die Entscheidung des Gerichts selbstverständlich akzeptierte und irgendwann wieder einen Antrag auf bedingte Entlassung stellen würde. Diese Antwort kam sehr gut an, denn ich vermittelte dadurch, dass ich nicht die Instanzen bemühen wollte und die Absicht hatte, eine Beschwerde an das Oberlandesgericht zu stellen. Der Richter lächelte und sagte sehr nett: „Einen neuen Antrag können Sie schon morgen stellen."

„Nein, das werde ich nicht tun", antwortete ich und ging aus dem Saal. Natürlich war mir aufgefallen, dass mich die Psychologen des Teams ganz genau beobachtet hatten und dass man meine Nicht-Empörung bezüglich der Ablehnung sehr positiv aufnahm. Auf Antrag des Staatsanwalts wurde ich noch einmal nach Salzburg zu einem anderen

Psychiater geschickt zur Erstellung eines neuerlichen Gutachtens. Obwohl ich wieder ein positives Gefühl hatte, ließ ich dennoch einige Zeit verstreichen, ehe ich den neuerlichen Antrag stellte. Langsam begann ich mich mit dem Gedanken auseinanderzusetzen, mein Leben doch nicht im Gefängnis beenden zu müssen.

Doch die Freude auf Freiheit ist eine Sache, die Angst vor der Realität eine andere. Ich begriff, dass ich quasi in der Gesellschaft überhaupt nicht mehr existent war, und diese Erkenntnis war ziemlich hart. Ich hatte ja nichts und seit meiner Inhaftierung war da draußen alles anders geworden. Ich besaß nur geringe Ersparnisse, einen – inzwischen ungültig gewordenen – Personalausweis und auch mein Pass war natürlich schon längs abgelaufen. Ohne gültige Papiere konnte ich nicht einmal ein Konto eröffnen und so etwas wie eine „E-Card" war mir ohnehin fremd. Die Welt da draußen hatte sich sehr schnell weitergedreht ...

*

Und dann kam kurz darauf der Hammer: Ich wurde anonym beschuldigt, schon wieder einen Ausbruchsversuch zu planen. Das stimmte natürlich nicht. Ich hatte keine Ahnung, was sich da hinter meinem Rücken zusammenbraute, aber der Anstaltsleiter musste selbstverständlich auf die Anschuldigungen reagieren.

Auf dem Rückweg von der Sozialarbeiterin wurde ich plötzlich von Wachebeamten in einen Raum geführt. „Visitation!", sagte einer von ihnen streng und ich wurde aufgefordert, mich komplett auszuziehen. Es ging sogar so weit, dass sie mich rektal kontrollierten. Auch meine Aktentasche, die ich bei mir hatte, wurde genauestens durchsucht.

Als ich mich wieder angezogen hatte, legten sie mir sofort Handschellen an. Da fragte ich natürlich: „Was ist denn eigentlich los? Ich verstehe das nicht, können Sie es mir bitte erklären?"

„Nein, das können wir nicht. Wir erfüllen nur einen Auftrag", war die Antwort. Ein Sondertransport wartete schon im Hof. Begleitet von vier Wachebeamten fuhren wir los – in die Strafanstalt Stein. Warum, konnte oder wollte mir niemand sagen.

Es folgten Monate einer für mich emotional kaum ertragbaren Zeit in Stein. So knapp vor dem Ziel zerplatzten alle meine Hoffnungen. In Stein wurde ich übernommen und sofort wieder nach „West E" gebracht. Meine Zelle war wieder doppelt gesichert. Nun verstand ich gar nichts mehr – auch hier wurde keine meiner Fragen beantwortet. In dieser Nacht konnte ich nicht schlafen und zermarterte mir das Gehirn, was vorgefallen sein könnte. Ich wusste ja, dass es von meiner Seite aus überhaupt nichts gab, was diese Maßnahmen rechtfertigte. Ich löcherte den Beamten, der mir am nächsten Morgen das Frühstück in die Zelle brachte, mit Fragen. Auch er antwortete, dass er nichts sagen dürfte.

„Aber wer kann mir Auskunft geben?", fragte ich genervt.

„Ja, ja, wird schon kommen. Sie müssen sich noch ein bisserl gedulden", versuchte mich der Wächter zu beruhigen. So vergingen einige Tage. Endlich kamen die Kommandanten und erklärten mir, dass es eine Anzeige gibt, wonach ich wieder eine Geiselnahme vorhabe.

„Das ist doch absurd", rief ich entsetzt aus. „Ich habe nun vielleicht doch noch die Chance, bedingt entlassen zu werden. Glauben Sie, dass ich so blöd bin, diese Möglichkeit aufs Spiel zu setzen?"

Einer der Männer, den ich noch von früher kannte, fasste mich am Arm und sagte so ruhig wie nur möglich: „Herr Schandl, wir glauben Ihnen, aber so lange diese Behauptung, Sie würden wieder eine Geiselnahme planen, nicht vom Tisch ist, müssen wir so reagieren. Bitte verstehen Sie das."

Ich nickte nur wortlos. Was sollte ich dazu noch sagen?

Ich musste fast zwei Wochen warten, bis endlich der stellvertretende Anstaltsleiter, Oberst Griener zu mir kam. Wieder gab es eine Art Verhör mit einer größeren Gruppe, darunter auch Psychologen und wieder hörte ich die gleichen, völlig unsinnigen Beschuldigungen. Der Oberst sagte mir auch unumwunden, dass er mir glaubte, nichts mit der Sache zu tun zu haben, aber so lange die Vorwürfe im Raum standen, wären der Behörde quasi die Hände gebunden.

Als Zeichen des Entgegenkommens wurde ich in der Häftlingskategorie wieder abgestuft, nachdem ich vorübergehend auf Stufe 5 – „brandgefährlich" – gesetzt worden war. Ich kam in eine Zelle im zweiten Stock und sollte in der Wäscherei arbeiten dürfen, also wieder unter Menschen sein. Ich bat um meine Schreibmaschine und habe sofort eine Anzeige gegen „Unbekannt" erstattet sowie diverse Richtigstellungen an die für mich zuständigen Behörden übermittelt.

Aus der Arbeit in der Wäscherei wurde nichts, denn ich bekam eine noch wesentlich bessere Tätigkeit als Hausarbeiter. Der für mich zuständige Beamte war einer von jener raren Sorte der liebenswürdigen Menschen. Er sagte mir auch sofort, dass er es nicht glauben kann, dass ich einen Ausbruch planen würde, aber er müsse eben tun, was ihm befohlen wurde. Ich kam in eine Einzelzelle, hatte aber aufgrund meiner Arbeit, relativ viele Freiheiten, wenn man das so bei einem Leben hinter Gittern überhaupt sagen kann. Den zweiten Stock durfte ich allerdings nur in Begleitung eines Wachebeamten verlassen.

Von oberster Stelle bekam ich sehr rasch Antwort auf meine Eingaben und es waren durchaus wohlwollende Schreiben. Ein Regierungsrat munterte mich insofern auf, als er mir schrieb, dass ich froh darüber sein müsste, meinen Antrag auf bedingte Entlassung schon gestellt zu haben. So blieb das Gericht in Steyr zuständig. Wäre da jetzt plötzlich eine Änderung erfolgt, mein Antrag hätte keinerlei Chance mehr gehabt.

Mein Kontakt mit dem evangelischen Pfarrer bestand natürlich noch und auch er schrieb an das Gericht, dass ich eben eine Wandlung durchgemacht hatte und es sich nur um eine hinterhältige Verleumdung handeln konnte. Er besuchte mich freundlicherweise in Stein und wir konnten ein schönes Gespräch führen, bei dem er mir Mut machte, diese „Schweinerei" durchzustehen.

Erst viel später kam ich dahinter, was tatsächlich abgelaufen war und wer mich verleumdet hatte. Der Übeltäter hatte ja noch drei andere Gefangene beschuldigt.

Es dauerte aber insgesamt acht Monate, ehe die Sache vom Tisch war. Wie sich herausstellte, hatten auch die anderen drei Männer, die verleumdet worden waren, Anzeigen gegen „Unbekannt" erstattet und heftig protestiert.

Urheber der Verleumdung war ein wirklich bösartiger Typ, ein Türke, dessen hinterhältige Aktion eigentlich gegen einen seiner Arbeitskollegen in der Küche gerichtet war, den er auf diese Weise loswerden wollte. Wir anderen dienten nur der Ausschmückung seiner Geschichte und waren genauso unschuldig zum Handkuss gekommen wie sein tatsächliches Ziel. Er hatte meinen Namen nur aufgrund meiner zweifelhaften Popularität erwähnt, um der Angelegenheit eine stärkere Dramatik zu verleihen – ich war sozusagen Opfer meines Bekanntheitsgrads geworden.

Nach besagten acht Monaten wurden alle Verdächtigungen offiziell aufgehoben und sie schickten mich wieder zurück nach Garsten.

In jener Zeit, in der ich grundlos dieser bösartigen Verleumdung ausgesetzt war, litt ich unter einer enormen Nervenanspannung und zwischendurch war ich schon nahe daran, aus Verzweiflung fast durchzudrehen. Vor allem hatte ich Angst, dass meine ganzen Bemühungen um eine bedingte Entlassung nun für immer sinnlos waren. Aber das war nicht der Fall.

Man brachte mich noch von Stein aus zu diesem Gerichtspräsidenten und er hatte alle Unterlagen bekommen. Ich muss sagen, er verhielt sich überaus entgegenkommend und freundlich.

Ich erklärte die Umstände der Verleumdung, so weit ich sie eben kannte, und sagte zum Gerichtspräsidenten: „Ich versichere Ihnen bei meinem Ehrenwort, dass ich alles tun werde, um jenes Vertrauen zu rechtfertigen, das Sie mir vielleicht schenken. Ich habe so viel in meinem Leben falsch gemacht, aber jetzt bin ich ein anderer Mensch geworden. Ich bitte Sie, mir weiterhin Vertrauen zu schenken, ich werde Sie nicht enttäuschen."

Der Jurist lächelte und sagte den für mich bedeutungsvollsten Satz seit vielen Jahren so laut, dass es die vier mich begleitenden Wachebeamte gut hören konnten: „Das können Sie jetzt bald beweisen." Da wusste ich, dass noch nicht alles verloren war. Ich hätte vor Freude am liebsten einen

Luftsprung gemacht, aber für so etwas sind meine alten Beine doch schon etwas zu matt.

Ich arbeitete bis zu meinem letzten Tag im Gefängnis, die letzten Wochen verbrachte ich natürlich schon in einer emotionalen Hochstimmung.

Mein erster Freigang in Wien führte mich zum Goethe-Denkmal am Opernring. Ich habe diesem Dichter so viel zu verdanken. Er schrieb doch: „Wenn man weiß, worauf es ankommt, hört man auf gesprächig zu sein."

In Gedanken versunken stand ich lange vor dem Denkmal – und sagte kein Wort …

Heute habe ich meine Freiheit wieder, das ist mir das Wichtigste. Ich war lange ein „hoffnungsloser Fall", aber zum Schluss hat man erkannt, welche innere Wandlung sich in mir vollzogen hat.

Genau das möchte ich hier zum Abschluss jenen Menschen sagen, die in Gefängnissen einsitzen. Nur wenn man seine Einstellung ändert und glaubhaft darum kämpft, nie mehr kriminell zu werden, besteht auch eine Chance auf wirkliche Freiheit …

***

Du bist so jung wie deine Zuversicht,
so alt wie deine Zweifel,
so jung wie deine Hoffnungen,
so alt wie deine Verzagtheit.

Albert Schweizer

Glossar

Achter: Handschellen
am Felsen: in der Haftanstalt Stein an der Donau
am Krawattl packen: am Kragen fassen, sich jemanden vornehmen
auf der Nudelsuppe dahergeschwommen: einfältig, dumm
Bampaletsch: Baby
Bassena: Wasserhahn am Hausflur
Bündel: Tabakpaket zum Selbstdrehen von Zigaretten
einen Hund einedrah'n: einen Knüppel zwischen die Beine werfen
einfahren: in Haft kommen
frank: sauber, nicht kriminell
G'spritzter: mit Soda aufgespritzter Wein
Häfen: Gefängnis
Hawara: Freund
Holzpyjama: Sarg
Kapp'lträger: Uniformierter
Kas: Justizwachebeamter; von: kaiserlicher Arrest-Schließer
Kieberer: Polizist
L'amour-Hatscher: langsamer, engumschlungener Tanz
Landl: Landesgericht in Wien
Nachschlag: zusätzliche Gefängnisstrafe zu einer laufenden Haft
Pawlatsche: offener, außen liegender Gang an der Hofseite
Peitscherlbua: Zuhälter
Puff'n: Pistole
Schmalz: Haftstrafe
Tohuwabohu: Wirrwarr, Durcheinander
Tschick: Zigaretten
Wamser: Verräter
Weisel, den Weisel geben: den Laufpass geben
Zund: Hinweis

PROverbis | Kriminal